“이 책의 제목은 매우 적절합니다. 독자들은 실제로 그리스어 본문으로부터 주해의 보석들을 발견하게 될 것입니다. 더불어 머클은 특정 성서 본문을 다루면서 그리스어 문법을 간략하게 정리해주는데, 이것은 그리스어 학습을 계속하거나 복습할 때, 그리고 동시에 성서 본문을 공부할 때 크게 도움이 될 것입니다.

—토머스 슈라이너(Thomas R. Schreiner),

서던침례신학교 신약 해석학 제임스 뷰캐넌 교수 및 부학장

“머클은 신약 그리스어를 공부하는 학생들을 돕고 이들의 실력을 향상시키는 데 항상 열정적입니다. 그것을 위해 이 책보다 더 좋은 것은 없을 것입니다. 저자는 성서 본문들을 검토하고 그와 관련된 해석 문제와 핵심적인 구문에 초점을 두면서, 그리스어를 공부하는 현재의 학생들과 그리스어를 다시 배우기를 원하는 학생들에게 보물 상자를 선사합니다. 그의 논지는 명료하여서, 그리스어를 공부하는 모든 독자들에게 단단하고 깊이 있는 도움을 제공할 것입니다.

—S. M. 보(S. M. Baugh),

웨스트민스터신학교 신약학 교수

“제목을 오해하지 마십시오. 이것은 보석함에 아무렇게나 굴러다니는 보석들이 아닙니다. 이 찬란한 보석들은 신중하게 선택되고, 정렬되어서, 금으로 된 줄로 묶여 있습니다. 머클은 대부분의 학생들이 성서 그리스어를 배우는 순서에 따라 다루어지는 주요 문법 주제들 중 주해상 중요한 구절을 철저하게 다룹니다. 그의 해설은 명료하고 주해는 통찰력이 넘칩니다. 이 책은 그리스어를 공부하고 있거나 다시 배우기를 시작한 모든 학생들에게 매우 귀중한 안내서가 될 것입니다.

—찰스 L. 콸즈(Charles L. Quarles),

서던침례신학교 신약학/성경신학 교수 및 성경신학 찰스 페이지 의장

# 신약 그리스어와 주해의 보석

벤자민 L. 머클 지음

이영욱 옮김

신약 그리스어와 주해의 보석

지음 벤자민 L. 머클
옮김 이영욱
편집 김덕원, 이판열, 박이삭
색인 이상원

발행처 감은사
발행인 이영욱
전화 070-8614-2206
팩스 050-7091-2206
주소 서울특별시 강동구 암사동 아리수로 66, 401호
이메일 editor@gameun.co.kr

종이책
초판발행 2022.12.16.
ISBN 9791190389785
정가 22,000원

전자책
초판발행 2022.12.16.
ISBN 9791190389792
정가 16,800원

# EXEGETICAL GEMS FROM BIBLICAL GREEK: A REFRESHING GUIDE TO GRAMMAR AND INTERPRETATION

BENJAMIN L. MERKLE

| 목차 |

# 서문

## 왜 이 책인가?

한 문장으로 말하자면, 저는 현재 신약 그리스어를 공부하고 있는 학생들과 이전에 공부했던 학생들로 하여금 그토록 열심히 공부한 그리스어를 사용할 때, 풍성하게 사용하도록 그리고 궁극적으로는 올바르고 적합하게 사용하도록 돕는 도구로서 이 책을 썼습니다. 현재 이와 같은 책이 없기 때문에 이 책의 독특성에 대해 설명하려 합니다. 2017년, 제가 로버트 플러머(Robert Plummer)와 공저한 책은 그리스어를 습득하고 유지하며, 실력이 녹슬었을 때 복구하도록 돕는 실용적인 전략을 제공하는 데 목적이 있었습니다.[1] 그 책은 그리스어 문법과 구문을 너무 상세하게 다루지는 않

1. Benjamin L. Merkle and Robert L. Plummer, *Greek for Life: Strategies for Learning, Retaining, and Reviving New Testament Greek*, with a foreword by

고 학생들을 독려하고 고무시키기 위한 것이었지요. 또한 목회사역 가운데서 그리스어를 사용하는 목회자들의 능력 있는 사례들을 제공하고 신약 그리스어로부터 신앙적 묵상거리를 제시했습니다.

어떤 의미에서 이 책에서 최종적으로 목적한 바는 위에서 언급한『헬라어 성경 읽기 가이드』와 동일하지만, 매우 다른 방식으로 이를 추구합니다. 제목이 나타내는 바와 같이 이 책은 일련의 '주해의 보석'을 제공하는데요, 느슨하게 정의하자면 적절한 그리스어 지식과 사용을 통해 얻어진, 신약 본문들에 대한 실질적인 통찰들을 모아놓았다는 뜻입니다. 신약 그리스어에 대한 지식으로 사람들이 제기하는 모든 주해적 또는 신학적 물음에 답할 수는 없습니다. 그렇지만 이는 많은 중요 구절들 안에서 상당한 차이를 드러냄으로써 논쟁적인 본문에 대한 주해적 답변을 제공하지요. 그러한 예시들을 확인하는 일은 현재 신약 그리스어를 공부하고 있는 학생들과 과거에 공부했던 학생들을 독려하고 언어 학습을 지속할 수 있도록 동기를 제공합니다.

이 책을 읽으면 또 다른 실용적인 결과도 얻을 수 있습니다. 현실적으로 그리스어를 학습하는 것은 어렵고도 지루한 일일 수 있습니다. 이미 그리스어 수업을 들었다 하더라도 800쪽에 달하는 문법책을 읽는 일은 벅차기도 하거니와 심지어는 우리를 낙담시

---

William D. Mounce (Grand Rapids: Baker Academic, 2017) [=『헬라어 성경 읽기 가이드』, CLC, 2019].

킬 수 있습니다. 그러나 참고 문법서(reference grammar)를 다시 읽을 필요 없이 그리스어 구문의 기초를 학습할 수 있는 방법이 있다면 어떨까요? 단순히 그러한 구문의 내용을 들여다보는 것이 아니라 그 과정에서 구문에 대한 지식이 주해에 어떻게 적용되는지 보여주기까지 한다면 어떨까요? 방대한 문법의 내용이 200쪽 내외로 응축되고, 거기에서 수십 가지 주해의 보석들이 드러나게 된다면 어떨 것 같은가요? 이것이 바로 제가 이 책에서 이루고자 하는 일입니다.

### 이 책은 무엇인가?

이 책은 35장으로 구성되어 있는데요, 각각의 장에서는 두 가지 주요한 내용을 전달합니다. (1) 하나는 신약에서 이끌어낸 주해의 보석이고, (2) 다른 하나는 그리스어 구문의 몇 가지 양상을 조망하는 것입니다. 이 책을 덮을 때쯤이면 여러분은 통상 2학년(또는 2학기) 그리스어 구문 및 주해 과정에서 다룰 만한 모든 기본 사항을 공부한 것과 같을 거예요. 각 장에서 다루는 주제의 순서는 제가 안드레아스 쾨스텐베르거(Andreas Köstenberger) 및 로버트 플러머(Robert Plummer)와 공저한 책의 순서를 일반적으로 따랐습니다.[2] 또한 각 장은 기본적으로 (1) 서론, (2) 개관, (3) 해석으로 구성

2. Andreas J. Köstenberger, Benjamin L. Merkle, and Robert L. Plummer, *Going Deeper with New Testament Greek: An Intermediate Study of the Grammar and Syntax of the New Testament* (Nashville: B&H, 2016). 이후로 이 책을 인용할 때는 KMP라고 표기하겠습니다.

되어 있는데요, 서론부에서는 해당 장에 대한 주해의 보석이 담긴 성경 구절을 제시합니다. 또한 그리스어에 대한 충분한 지식, 특히 해당 장에서 다루는 주제에 관한 지식으로 답변 가능한 문제들을 제기하지요. 그러고 나서 개관부에서는 그리스어 구문과 관련해서 간략한 설명을 추가하고, 더 넓은 주제 내에서 당면한 해석적 질문에 답하는 데 필요한 통찰들을 세밀히 다룹니다. 마지막으로 해석부에서는 새롭게 얻은 통찰을 주해적 질문에 적용하고 해결책을 제시합니다.

### 이 책은 누구를 위한 것인가?

이 책은 다양한 배경에 있는, 다양한 독자들이 사용할 수 있겠지만, 가장 분명한 독자층을 언급하자면 다음과 같습니다.

1. **신학부 또는 신대원 학생들.** 이 책은 그리스어를 처음으로 학습하고 있는 학생들, 또는 조금 더 심화 과정에 있는 학생들에게 도움이 됩니다. 예컨대, 여러분이 현재 그리스어 구문 수업을 듣고 있다면, 이 책은 그리스어에 대한 지식이 성경을 해석하는 방식에 있어서 어떠한 차이를 만들어내는지, 수많은 예를 제공합니다. 여러분이 가지고 있는 주요 교과서와 더불어 이 책을 읽는다면 접근하기 쉬운 형태의 압축된 요약 자료를 얻게 되는 셈입니다.

2. **이전에 그리스어를 배웠던 학생들.** 만일 여러분이 몇 달 전에 그리스어 수업을 들었고 지금은 약간 녹슬어 있는 상태, 또는

녹슬지 않도록 유용한 도구를 찾고 있다면 이 책이 제격입니다. 여러분 중 몇몇 분들은 그리스어 문법이나 구문론에 관한 책을 이따금 펼쳐보기를 좋아할지 모르겠지만, 대체로 그러한 일을 원하지는 않을 거예요. 대부분의 문법책은 수업 교재가 아니라 (필요할 때 찾아보는) 참조용 도구의 역할을 하도록 쓰였습니다.[3] 이 책은 그리스어 지식으로부터 새로운 통찰들을 발견할 수 있게 **해주면서도 동시에** 그리스어 구문론의 모든 기본 사항들을 살펴볼 수 있도록 해줍니다.

**3. 그리스어 교사.** 만일 여러분이 그리스어를 가르치고 있다면, 학생들로 하여금 언어 학습의 고충을 이겨내고 계속 공부를 이어가도록 동기를 부여하는 것이 얼마나 어려운 일인지 알 거예요. 이 고단한 길 위에 있는 학생들은 격려가 필요한데요, 이들에게 동기를 부여하는 가장 좋은 방법은 그리스어 지식이 성경을 이해하고 해석하는 데 어떤 차이를 만들어 내는지를 보여주는 것입니다. 이 책은 학생들을 가르치고 또한 고무시키는 데 도움이 되는 35가지 예시를 제공합니다.

### 이 책을 만드는 데 도움을 준 분들

저는 이 책을 쓰는 데 어떤 식으로든 도움을 준 몇몇 사람들에 대해 언급하고자 합니다. 먼저 제 좋은 친구 칩 하디(Chip Hardy)에게 감사의 마음을 전합니다. 칩은 이 책의 방향을 잡는 데 중요한

3. KMP는 주목할 만한 예외입니다.

역할을 해주었습니다. 실제로 칩은 이 책의 짝이 되는 책(*Exegetical Gems from Biblical Hebrew* [Baker Academic])의 저자이지요. 둘째, 이 프로젝트의 시작부터 저를 크게 격려해주고, 과정에서도 귀중한 피드백을 아낌없이 해준 베이커 출판사의 편집자 브라이언 다이어(Bryan Dyer)에게 감사를 드립니다. 셋째, 원고 초안의 편집을 도와준 사우스이스턴침례신학대학원(Southeastern Baptist Theological Seminary) 학생들, 즉 알리샤 클락(Alysha Clark), 알렉스 카(Alex Carr), 데이비드 모스(David Moss)에게 감사의 마음을 전합니다. 넷째, 그리스도를 더욱 깊이 사랑하도록 끊임없이 동기 부여 해주는 제 사우스이스턴침례신학대학원 동료들에게 감사드립니다. 다섯째, 늘 지지해주는 아내와 사랑하는 아이들에게 감사를 전합니다. 마지막으로, 구원자 예수 그리스도께 감사를 드립니다. 저는 한때 잃은 자였지만 지금은 그분께 발견됐기 때문입니다.

> δι᾽ ὑμᾶς ἐπτώχευσεν πλούσιος ὤν,
>
> ἵνα ὑμεῖς τῇ ἐκείνου πτωχείᾳ πλουτήσητε.
>
> 그분은 부요하셨지만 여러분을 위해 가난하게 되셨습니다.
>
> 그 가난함으로 여러분을 부요하게 하기 위함인 것입니다.
>
> (고후 8:9)

# | 약어표 |

## 자주 인용되는 문법서

| | |
|---|---|
| BDF | F. Blass, A. Debrunner, and Robert W. Funk, *A Greek Grammar of the New Testament and Other Early Christian Literature* (Chicago: University of Chicago Press, 1961) |
| B&W | James A. Brooks and Carlton L. Winbery, *Syntax of New Testament Greek* (Washington, DC: University Press of America, 1979) |
| D&M KMP | H. E. Dana and Julius R. Mantey, *A Manual Grammar of the Greek New Testament* (Toronto: Macmillan, 1927) |
| M&E | Andreas J. Köstenberger, Benjamin L. Merkle, and Robert L. Plummer, *Going Deeper in New Testament Greek* (Nashville: B&H, 2016) |
| Porter, *Idioms* | Stanley E. Porter, *Idioms of the Greek New Testament*, 2nd ed. (Sheffield: Sheffield Academic, 1994) |
| Robertson | A. T. Robertson, *A Grammar of the Greek New Testament in the Light of Historical Research*, 4th ed. (Nashville: Broadman, 1934) |
| Wallace | Daniel B. Wallace, *Greek Grammar beyond the Basics: An Exegetical Syntax of the New Testament* (Grand Rapids: Zondervan, 1996) |
| Young | Richard A. Young, *Intermediate New Testament Greek: A Linguistic and Exegetical Approach* (Nashville: Broadman & Holman, 1994) |
| Zerwick, *Bib. Gk.* | Maximilian Zerwick, *Biblical Greek: Illustrated by Examples*, Eng. ed. adapted from the 4th Latin ed. by Joseph |

Smith (Rome: Scripta Pontificii Instituti Biblici, 1963)

## 일반

| | |
|---|---|
| × | times |
| AB | Anchor Bible |
| aor. | aorist |
| *BBR* | *Bulletin for Biblical Research* |
| BDAG | Walter Bauer, Frederick W. Danker, William F. Arndt, and F. Wilbur Gingrich, *A Greek-English Lexicon of the New Testament and Other Early Christian Literature*, 3rd ed. (Chicago: University of Chicago Press, 2000) |
| BECNT | Baker Exegetical Commentary on the New Testament |
| | BNTC Black's New Testament Commentaries |
| *BSac* | *Bibliotheca Sacra* |
| BTCP | Biblical Theology for Christian Proclamation |
| ca. | *circa*, about |
| CBQ | Catholic Biblical Quarterly |
| CEB | Common English Bible |
| cent. | century, centuries |
| chap(s). | chapter(s) |
| CSB | Christian Standard Bible |
| ed. | edition, edited by |
| e.g. | *exempli gratia*, for example |
| EGGNT | Exegetical Guide to the Greek New Testament |
| Eng. E | nglish verse numbering |
| esp. | especially |
| ESV | English Standard Version |
| exp. | expanded |
| fut. | future |

| | |
|---|---|
| *GTJ* | *Grace Theological Journal* |
| HCSB | Holman Christian Standard Bible |
| ICC | International Critical Commentary |
| i.e. | *id est*, that is |
| impf. | imperfect |
| ind. | indicative |
| inf. | infinitive |
| ISV | International Standard Version |
| IVPNTCS | IVP New Testament Commentary Series |
| *JBL* | *Journal of Biblical Literature* |
| *JETS* | *Journal of the Evangelical Theological Society* |
| JSNTSup | Journal for the Study of the New Testament Supplement Series KJV King James Version |
| L&N | Johannes P. Louw and Eugene A. Nida, *Greek-English Lexicon of the New Testament Based on Semantic Domains*, 2 vols. (New York: United Bible Societies, 1988) |
| LNTS | Library of New Testament Studies |
| LXX | Septuagint |
| $NA^{28}$ | *Novum Testamentum Graece*, ed. Eberhard Nestle, Erwin Nestle, B. Aland, K. Aland, J. Karavidopoulos, C. M. Martini, and B. M. Metzger, 28th rev. ed. (Stuttgart: Deutsche Bibelgesellschaft, 2012) |
| NABRE | New American Bible (Revised Edition) |
| NAC | New American Commentary |
| NASB | New American Standard Bible |
| NEB | New English Bible |
| NET | New English Translation |
| NETS | *A New English Translation of the Septuagint*, ed. Albert Pietersma and Benjamin G. Wright, rev. ed. (New York: |

| | |
|---|---|
| | Oxford University Press, 2014), http://ccat.sas.upenn.edu/nets/edition/ |
| NICNT | New International Commentary on the New Testament |
| *NIDNTTE* | *New International Dictionary of New Testament Theology and Exegesis*, ed. Moisés Silva, 2nd ed., 5 vols. (Grand Rapids: Zondervan, 2014) |
| NIGTC | New International Greek Testament Commentary |
| NIV | New International Version (2011 ed.) |
| NIV 1984 | New International Version (1984 ed.) |
| NIVAC | NIV Application Commentary |
| NJB | New Jerusalem Bible |
| NKJV | New King James Version |
| NLT | New Living Translation |
| NLV | New Life Version |
| NPNF[1] | *A Select Library of Nicene and Post-Nicene Fathers of the Christian Church*, ed. Philip Schaff, 1st series, 14 vols. (New York: Christian Literature, 1886–90; repr., Grand Rapids: Eerdmans, 1956) |
| NRSV | New Revised Standard Version |
| NT | New Testament |
| opt. | optative |
| OT | Old Testament |
| Phillips | *The New Testament in Modern English*, J. B. Phillips |
| p(p). | page(s) |
| pl. | plural |
| plupf. | pluperfect |
| PNTC | Pillar New Testament Commentary |
| pres. | present |
| ptc. | participle |

| | |
|---|---|
| repr. | reprinted |
| rev. | revised |
| *RevExp* | *Review and Expositor* |
| RSV | Revised Standard Version |
| SBG | Studies in Biblical Greek |
| SBJT | The Southern Baptist Journal of Theology |
| SBLGNT | The Greek New Testament: SBL Edition, ed. Michael W. Holmes (Atlanta: Society of Biblical Literature, 2010) |
| *STR* | *Southeastern Theological Review* |
| subj. | subjunctive |
| TNTC | Tyndale New Testament Commentaries |
| trans. | translated by |
| *TynBul* | *Tyndale Bulletin* |
| Tyndale | William Tyndale's translations (first printed 1525–36) |
| UBS[5] | *The Greek New Testament*, ed. B. Aland, K. Aland, J. Karavidopoulos, C. M. Martini, and B. M. Metzger, 5th rev. ed. (Stuttgart: Deutsche Bibelgesellschaft, 2014) vol(s). volume(s) |
| WBC | Word Biblical Commentary |
| ZECNT | Zondervan Exegetical Commentary on the New Testament |

# 제1장
# 코이네 그리스어
# 마태복음 18:8

### 서론

통상적으로 가장 문자적인 성경 번역이 가장 좋은 번역이라는 인식이 있습니다. 다른 말로 하자면, 그리스어가 무엇을 말하고 있든 번역되는 언어에서 더하거나 빼는 것 없이 그대로 옮겨져야 한다는 것이지요. 하지만 그러한 융통성 없는 번역 이론 이해를 가지고 성경을 번역한다면 이상적인 결과를 산출하기 어려울 것입니다. 언어는 복잡하면서도 끊임없이 변화하기에 우리는 성경이 (문자적 의미와는) 조금 달리 번역될 수 있다는 입장을 허용할 필요가 있습니다. 예컨대, 마태복음 18:8은 "만일 네 손이나 네 발이 너를 범죄하게 하거든 찍어 내버리라. 장애인이나 다리 저는 자로 영생에 들어가는 것이 두 손과 두 발을 가지고 영원한 불에 던져지는 것보다 나으니라"(개역개정)라고 말하고 있지요. 여기서 '~보다 나으니라'(better)라고 번역된 그리스어(καλόν)는 통상적으로 '좋은'

(good)의 의미를 가지고 있는 원급 형용사인데요, 그렇다면 예수께서 장애인이나 다리 저는 자로 영생에 들어가는 것이 정말로 (단순히) '좋은 것'이라고 말씀하고 계신 걸까요?

## 개관

20세기 초에 기독교인들은 통상적으로 신약 그리스어가 특별한 성령의 영감을 받은 언어이고 따라서 이는 1세기의 일반적인 그리스어와 다르다고 주장하곤 했습니다. 그 이후에 학자들은 신약 그리스어를 당시 다양한 파피루스에 나타나는 그리스어와 비교하면서 신약 그리스어가 평범한(common: 구어적인 또는 대중적인) 일상 그리스어라는 것을 밝혀냈지요.[1] 즉, 신약 그리스어는 다른 사람들로 하여금 읽도록 문학 작품을 저술한 학식 있는 사람들(예, 플루타르코스[Plutarch])의 언어보다도 평범한 사람들의 언어에 더 가깝다는 것입니다.[2] 그런데 신약 그리스어는 여전히 독특한 면이 있습니다.[3] 이 독특함은 아마도 적어도 두 가지 요인에서 비롯됐

---

1. 특히, Adolf Deissmann, *Light from the Ancient East: The New Testament Illustrated by Recently Discovered Texts of the Graeco-Roman World*, trans. Lionel R. M. Strachan (Peabody, MA: Hendrickson, 1995; German original 1909)을 보십시오.
2. J. Gresham Machen은, "의심의 여지 없이 신약의 언어는 책에 나오는 인공적인(artificial) 언어나 유대-그리스 전문 용어가 아니라 당대에 살아 있고 자연스러웠던 언어다"라고 말했습니다. *New Testament Greek for Beginners* (Toronto: Macmillan, 1923), 5 [= 『신약 헬라어』, 솔로몬, 2006].
3. Wallace, 28은 이렇게 요약합니다. "[신약 그리스어의] 문체는 셈어적이고, 구문은 대화적(conversational)/문학적 코이네(아티카 방언에서 유래)이며,

을 것입니다. 첫째로 신약 저자들은 칠십인역(즉, [히브리어/아람어로 된] 구약을 그리스어로 번역한 것)에 상당한 영향을 받았습니다. 이러한 영향은 칠십인역을 인용할 때뿐 아니라 구문과 문장 구조에서도 드러나지요. 둘째로 신약의 저자들은 복음으로 주어진 현실(reality of the gospel)에 영향을 받았고 이에 따라 새로운 방식으로 자신들을 표현할 필요에 마주했던 것입니다. 메이첸(Machen)은 이렇게 말했습니다. "그들[기독교인들]은 새로운 확신에 변혁적인 영향을 받게 됐는데, 그러한 새로운 확신은 언어 영역에 영향을 미치게 됐다. 평범한 단어들(common words)에 새롭고 더 높은 차원의 의미가 부여될 필요가 있었다."[4]

신약이 기록될 당시의 그리스어는 코이네(공통) 그리스어(Koine [common] Greek: 주전 300-주후 300년)로 알려져 있습니다. 이 시기 이전에는 고전 그리스어(Classical Greek: 주전 800-500년), 이오니아-아티카 그리스어(Ionic-Attic Greek: 주전 500-300년)가 있었지요. 고전/아티카 그리스어에서 코이네 그리스어로 전환되면서 많은 중요한 변화들이 발생했습니다. 몇 가지 변화 사항들은 아래와 같습니다.

- 단어들 사이의 관계를 나타내기 위해, 격(cases)만 사용하기보다 전치사를 사용하는 것이 증가했습니다: 예, προορίσας ἡμᾶς <u>εἰς</u> υἱοθεσίαν <u>διὰ</u> Ἰησοῦ Χριστοῦ <u>εἰς</u> αὐτόν, <u>κατὰ</u> τὴν εὐδοκίαν τοῦ

---

어휘는 지방 특유의(vernacular) 코이네이다."

4. Machen, *New Testament Greek for Beginners*, 5.

θελήματος αὐτοῦ("He predestined us to adoption as sons through Jesus Christ to Himself, according to the kind intention of His will," NASB; "그 기쁘신 뜻대로 우리를 예정하사 예수 그리스도로 말미암아 자기의 아들들이 되게 하셨으니", 엡 1:5 개역개정). 더불어 각 전치사가 가지고 있는 엄격한 구분이 다소 희미해졌습니다(예, διά/ἐκ [롬 3:30], ἐν/εἰς 또는 περί/ὑπέρ).

- 희구법의 사용이 감소했습니다(신약성경에는 단지 68회만 나옵니다). 이들 중 대부분은 μὴ γένοιτο("결코 그럴 수 없느니라!": 14회는 바울서신, 1회는 누가복음)와 εἴη("~일 수 있다": 11회는 누가복음, 1회는 요한복음)과 같은 형식적인 구조에서 발견됩니다.
- 특정 동사의 철자가 변화됐습니다. 예컨대, 제2부정과거에 제1부정과거 어미가 적용되기도 하고(εἶπαν이어야 하지만 εἶπον ["그들이 말했다"] 형태로 나옵니다) ο-동사 어미가 몇몇 μι-동사에서 발견되기도 합니다(ἀφιέασιν이어야 하지만 ἀφίουσιν["그들이 허용한다/용서한다"]).
- 더 짧고 더 단순한 문장이 많아졌고, 등위 접속사절(또는 등위절)이 증가했습니다.

그리고 이번 장에서 중점적으로 다룰 변화 사항은 바로 다음과 같습니다.

- **최상급**(*superlative*: 예컨대, 우리말로 "~중 가장 ~한"으로 옮겨질 수 있다—역주) **이나 절대 최상급**(*elative*: 예컨대, 우리말로 "매우/대단히 ~한"으로 옮겨질 수 있다—역주)**을 표현하는 데 있어서 원급/비교급 형용사의 사용이 증**

**가했습니다.**

**해석**

위에서 나열한 코이네 그리스어에서 변화된 것들 중 마지막 사항은 많은 구절들이 종종 특히 '문자적으로' 번역되지 않는 이유를 이해하는 데 도움을 줍니다. 마태복음 18:8에서 예수는 장애인이나 다리 저는 자로 영생에 들어가는 것이 정말로 '좋다'고 말씀하고 계신 걸까요? 대답은 분명 '아니오'(no)입니다. 왜냐하면 사람이 그렇게 영생에 들어가는 것이 절대적으로 '좋다'(good)는 이야기가 아니라 아예 들어가지 못하는 것보다 그렇게라도 들어가는 것이 '낫다'(better)는 말이니까요. 이렇게 여기서는 비교급 형용사의 자리에 원급 형용사가 사용됐어요. 이것은 코이네 그리스어의 일반적인 특징이에요. 이 해석은 우리가 다루고 있는 구절을 마태복음 앞부분에 나오는 유사한 예수의 말과 비교해볼 때 확인됩니다. 즉, 마태복음 5:29-30에서 καλόν ... ἐστίν("그것은 좋다") 대신 συμφέρει("그것은 유익하다", "그것은 더 낫다")라는 동사가 사용됐습니다.

원급 형용사가 비교급(또는 최상급)의 의미를 전할 수 있고 또한 비교급은 최상급의 의미를 전할 수 있다는 것을 알 수 있는 또 다른 이유는 이 용법이, 형용사가 '일반적' 의미와는 다른 방식으로 기능하는 것이 **틀림없이 분명하고,** 매우 상식적인 맥락에서 발견되기 때문입니다. 예를 들어, 마태복음 22:38은 αὕτη ἐστὶν ἡ μεγάλη καὶ πρώτη ἐντολή(문자적으로, "이것은 크고 첫째 되는 계명이다") 라고 말하고 있습니다. 영어 성경에서는 이 구절을 일관성이 없게 번역하고 있지만, 원급 형용사 μεγάλη("큰")를 최상급 형용사("가장 큰")로 옮기는 것이 가장 좋아 보입니다. 이러한 해석은 저 계명이 (문맥 안에서 '첫째'와 '둘째'라는 단어의 사용으로 확인되는 것처럼) 많은 계명 중 하나의 계명이라는 사실에서 나옵니다. 그래서 예컨대 NRSV는 이 구절을 다음과 같이 번역했습니다. "이것은 가장 큰(the greatest) 계명이며 첫째 되는 계명이다"(또한 CSB, NET, NJB, NLT를 보십시오).[5] 또 다른 예는 고린도전서 13:13에 나오는데, 여기서 바울은 νυνὶ δὲ μένει πίστις, ἐλπίς, ἀγάπη, τὰ τρία ταῦτα· μείζων δὲ τούτων ἡ ἀγάπη, "그래서 믿음, 소망, 사랑, 이 세 가지는 항상 있는데, 그중 가장 큰 것(the greatest)은 사랑이다"라고 쓰고 있습니다. 여기서 바울은 비교급 형용사 μείζων("더 큰")을 사용하는데요, 그런데 문제는 (영어에서는) 비교급 형용사가 보통 두 개체만 있을 때, 그리고 그때 하나가 다른 하나보다 더 클 경우에만 사용된다는 거예요. 그래서 예를 들면, '사랑은 믿음보다 더 큰 것으로 간주된다'(love is considered greater than faith)라고 쓸 수 있지요. 그러나 고린도전서 13:13에서 바울은 세 가지 개념을 제시하고 있어요. (1) 믿음, (2) 소망, (3) 사랑 말입니다. 세 개 이상의 개념이 서로 비교될 때는 (적어도 영어에서는) 최상급 형용사가 필요합니다. 하지만 전형

5. 또한 Charles L. Quarles, *Matthew*, EGGNT (Nashville: B&H, 2017), 265을 보십시오.

적으로 최상급이 사용되어야 할 때 바울이 비교급 형용사를 사용하고 있는 것에서 볼 수 있듯이, 우리는 (코이네 그리스어에서) 최상급을 표현하기 위해 비교급 형태를 사용하는 경우를 분명히 확인할 수 있습니다.

여기서 언급할 것이 하나 더 있습니다. 원급 형용사는 비교급 내지 최상급으로 기능하고, 비교급 형용사는 최상급으로 기능하는 경우가 일반적이었는데요, 그렇지만 비교급 형용사가 원급으로 기능하거나, 최상급 형용사가 비교급 내지 원급으로 사용되는 경우는 거의 **없습니다**. 다음의 그림은 형용사가 상위 단계의 형용사로 기능할 수는 있지만 (통상적으로) 하위 단계의 형용사로는 기능할 수 없다는 것을 보여줍니다.

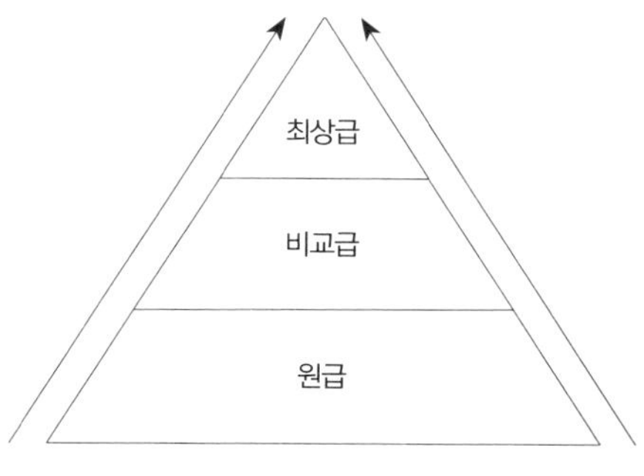


[하위 단계 형용사의 상위 단계로의 쓰임]

# 제2장
# 본문비평
# 로마서 5:1

## 서론

바울이 로마에 있는 그리스도인들에게 보낸 편지, 로마서는 분명 유사 이래 가장 위대한 편지라고 할 수 있을 것입니다.[1] 존 스토트(John Stott)가 선언한 것처럼 "이것[로마서]은 신약성경 중 복음에 대해 가장 완전하고, 가장 명료하며, 가장 장엄한 진술입니다."[2] 이 편지를 사도 바울이 썼다는 데는 의심의 여지가 없지만 바울이 정확히 무엇이라고 썼는지에 대해 논쟁이 벌어지고 있는 곳은 몇몇 군데 있습니다. 예를 들어, 우리는 로마서 5:1을, "그러므로 우

1. 참고, Benjamin L. Merkle, "Is Romans Really the Greatest Letter Ever Written?," *SBJT* 11, no. 3 (2007): 18–32.
2. John R. W. Stott, *The Message of Romans*, Bible Speaks Today (Leicester, UK: Inter-Varsity, 1994), 19 [= 『로마서: 온 세상을 향한 하나님의 복음』, IVP, 2019].

리가 믿음으로 의롭다 하심을 받았으니 우리 주 예수 그리스도를 통해 하나님과 화평을 가지고 있다[ἔχομεν, we have]"라고 읽습니다. 그러나 스탠리 포터(Stanley Porter)와 같은 몇몇 학자들은 이 구절이 다음과 같이 번역되어야 한다고 주장하지요. "그러므로 우리가 믿음으로 의롭다 하심을 받았으니 우리 주 예수 그리스도로 말미암아 우리가 하나님과 화평을 가지자[ἔχωμεν, let us have]." 포터는 무엇에 근거하여 이런 주장을 펴고 있는 것일까요?[3]

### 개관

포터의 주장에 대한 근거는 본문비평(Textual criticism)과 관련이 있습니다. 본문비평이란, 본문에서 어떤 이문(variant: 사본들 사이에서 서로 차이가 나는 부분[단어, 어구, 문장 등]을 '이문'이라고 부릅니다—역주)이 원문일지 그 가능성을 살피고 결정하는 연구입니다. 원본(저자의 친필 원고)이 남아 있지 않기 때문에 우리는 원본을 필사한 사본에 의존할 수밖에 없습니다. 필사본이 약간씩 서로 차이(즉, 이문)가 있을 때 문제가 발생하지요. 오늘날 우리는 기원전 125년으로부터 기원후 16세기 사이에 있는 6,000개에 육박하는 신약 그리스어 필사본에 접근할 수 있는데요, 가장 가능성 있는 독법을 결정하기 위해서는 외적 증거(외증)와 내적 증거(내증) 모두를 고려하는 것이 중

---

3. Stanley E. Porter, "Not Only That (οὐ μόνον), but It Has Been Said Before: A Response to Verlyn Verbrugge, or Why Reading Previous Scholarship Can Avoid Scholarly Misunderstandings," *JETS* 56, no. 3 (2013): 577-83.

요합니다.

**외증**(*External evidence*)은 필사본의 시기/나이, 장소, 수량과 관련이 있습니다. 아래에 외증을 판별하기 위한 몇 가지 일반적인 원칙을 나열해 보았습니다.

- **더 오래된 사본이 원본일 가능성이 큽니다**. 이는 사본이 오래될수록 오류가 개입될 수 있는 시간이 줄어든다고 상정하기 때문입니다. 반대로 사본이 젊을수록 원본과 시간적으로 더욱 멀어지면서 원본에 오류가 개입할 기회가 많아지는 것이지요. 그래서 흔히 원본으로서 선호되는 사본은 א(시내산 사본[Sinaiticus], 4세기), A(알렉산드리아 사본[Alexandrinus], 5세기), B(바티칸 사본[Vaticanus], 4세기). C(에프라임 재생사본[Ephraemi Rescriptus], 5세기), 그리고 바울서신을 포함한 일부 D(클라로몬타나 사본[Claromontanus], 6세기)가 있습니다.
- **다수의 (중요한) 필사본이 지지하는 독법이 원문일 가능성이 큽니다**. 다수의 필사본이 (중요하지 않은) 비잔틴 전통에서 나왔기에 이 판별 기준은 '중요한'(significant)이라는 수식어로 한정되어야만 합니다. 오늘날 우리가 가지고 있는 대부분의 필사본에는 '비잔틴'이라는 딱지가 붙어 있습니다. 서방에서는 라틴어가 우세한 반면, 동방에서는 그리스어가 계속 사용돼 왔거든요. 그래서 동방의 필사본 다수는 비잔틴 독법을 따르면서도 비교적 오래되지 않은 필사본들인 경우가 많습니다(8-15세기). 이런 후기 필사본들은 그보다 앞선 시기의 표본(exemplar)에서 갈라져 나온 것이기에 중요한 것으로

간주되지 않곤 합니다.[4] 그래서 사본은 단순히 숫자로 평가할 수 있는 것이 아니라 중요성을 가늠해보아야 합니다.

- **다양한 사본 계열에서 가장 잘 입증된 독법이 원문일 가능성이 큽니다**. 지리적 출처에 입각한 세 가지 주요 사본 계열이 있는데요, (1) 비잔틴 계열, (2) 알렉산드리아 계열, (3) 서방 계열이 그것이지요. 같은 군에 속한 필사본들은 가족유사성(family resemblance)을 나타내어 공통된 출처를 보여줍니다. (ℵ, A, B, C를 포함하는)[5] 알렉산드리아 계열은 가장 신뢰될 수 있는 사본군으로 간주되곤 합니다. 논쟁 중인 어떤 독법이 여러 계열의 사본에 (동시에) 포함된 경우 중요한 것으로 볼 수 있습니다.

**내증**(*Internal evidence*)은 논쟁 중인 이문의 맥락과 관련됩니다. 말하자면, 이문이 저자의 문체, 신학, 더 큰 맥락에 있는 논증과 어떻게 관련되느냐는 것입니다. 내증을 판별하는 방법에 관한 몇 가지 일반 원칙은 아래와 같습니다.

- **저자의 문체와 신학에 가장 부합하는 독법이 원문에 가까울 가능성이 큽니다.** 다양한 저자들이 어느 정도 예측 가능한 일정한 문체(stylistic patterns)를 사용하고 특정 신학의 모티프를 받아들이는 경향

4. '표본'이란 다른 문서를 생산하는 데 사용된 문서를 가리킵니다.
5. A와 B 사본에 있는 복음서 부분은 비잔틴 본문 전통의 일부분으로 간주됩니다.

이 있기에 이런 특징들을 염두에 두는 것은 중요합니다. 그러나 그러한 요소는 (1) 필경사(amanuensis: 고대의 서기), (2) 편지의 목적, (3) 수신자에 따라 달라질 수 있음을 기억해야 합니다.

- **다른 이문들의 기원을 가장 잘 설명하는 독법이 원문일 가능성이 큽니다.** 이는 이문이 처음에 발생된 원인을 조사하는 것이기에 아마 가장 중요한 내적 기준이 될 거예요. 그래서 '어떤 독법이 다른 이문을 발생시킨 것일까?'라고 묻는 것이 도움이 됩니다. 사본이 필사되는 경향들을 안다면 이 질문에 대답하기 수월해질 것입니다.
- **어려운 독법이 원문일 가능성이 큽니다.** 필사자는 본문을 '수정'하거나 '개선'하려고 하는 경향이 있기에 어려운 독법을 원문으로 확정하는 것이 가장 좋습니다. 말하자면, 필사자는 본문을 혼란스럽고 어렵게 만들기보다 본문을 명확하게 만들려고 했을 가능성이 더 크다는 것이지요.
- **짧은 독법이 원문일 가능성이 큽니다.** 필사자들은 본문을 명료하게 하거나 설명을 덧붙이는 경향이 있기에 더욱 간략한 독법을 원문으로 간주하는 것이 가장 좋습니다. 이는 특별히 공관복음의 병행구절을 연구할 때 사실로 드러나지요.[6]

---

6. 본문비평에 관한 표준적인 작품으로는 다음을 보십시오. Bruce M. Metzger and Bart D. Ehrman, *The Text of the New Testament: Its Transmission, Corruption, and Restoration*, 4th ed. (New York: Oxford University Press, 2005) [=『신약의 본문: 본문의 전달, 훼손, 복원』, 한국성서학연구소, 2009]. 또한 다음을 보라. David Alan Black, *New Testament Textual Criticism: A*

**해석**

위에서 제시된 정보에 근거해볼 때 로마서 5:1에서는 어떤 독법이 선호되어야 할까요? 본문을 살펴봅시다: δικαιωθέντες οὖν ἐκ πίστεως εἰρήνην ἔχομεν [ἔχωμεν] πρὸς τὸν θεὸν διὰ τοῦ κυρίου ἡμῶν Ἰησοῦ Χριστοῦ. "그러므로 우리가 믿음으로 의롭다 하심을 받았으니 우리 주 예수 그리스도로 말미암아 우리가 하나님과 화평을 가지고 있다[가지자]." 두 이문의 차이를 살펴보면, 어떤 사본에는 직설법 형태(ἔχομεν)로 되어 있는 반면 다른 어떤 사본에는 (권유적[hortatory]) 가정법 형태(ἔχωμεν)로 되어 있다는 것입니다.

외증에 따르면 가정법이 선호되어야 하는데요, 가정법은 가장 이른 시기의 많은 사본들(א*, A, B*, C, D)에서[7] 발견되고 또한 다양한 사본군(비잔틴 계열: K, L; 알렉산드리아 계열: א*, A, B*, C, 33, 81; 서방 계열: D)

---

*Concise Guide* (Grand Rapids: Baker, 1994); Black, ed., *Rethinking New Testament Textual Criticism* (Grand Rapids: Baker Academic, 2002); Michael Holmes, "Textual Criticism," in *New Testament Criticism and Interpretation*, ed. David Alan Black and David S. Dockery (Grand Rapids: Zondervan, 1991), 100–134; KMP 24–35; Arthur G. Patzia, *The Making of the New Testament: Origin, Collection, and Canon*, 2nd ed. (Downers Grove, IL: IVP Academic, 2011), 229–47 [= 『신약성서의 형성: 기원, 수집, 본문 및 정경』, CLC, 2004]; Daniel B. Wallace, ed., *Revisiting the Corruption of the New Testament: Manuscript, Patristic, and Apocryphal Evidence* (Grand Rapids: Kregel, 2011).

7. 사본학 기호 옆에 있는 별표(*)는 원문(original reading)을 가리킵니다. (이 사본이 후대에 수정됐기 때문에 그것을 구분해주기 위한 것입니다.)

에 나타나기 때문이지요. 이와는 달리 직설법 독법은 א[1], B[2], F, G, P, Ψ에 의해 지지됩니다.[8] 이렇게 강력한 외증이 있음에도 가정법 독법을 선택한 영어 성경 번역이 별로 없는 이유는 무엇일까요? 이 경우에 내증이 외증보다 더 중요한 증거로 간주됐기 때문입니다.[9]

내증에 근거할 경우 직설법이 선호됩니다.[10] 가정법이 더 읽기 어려운 독법이긴 하지만, 많은 사람들에게 너무 어렵게 보인다는 것이 문제입니다. 게다가 직설법은 맥락과 바울 신학에 가장 잘 어울립니다. 메츠거(Metzger, *Textual Commentary*, 452)는 이렇게 설명하지요. "바울은 이 구절에서 권면하고 있는 것이 아니라 사실을 진술하고 있는 것처럼 보이기에('화평'은 의롭다 함을 받은 사람들의 소유다), 오로지 직설법만이 사도의 논증과 일치한다." 이 경우 두 독법의 차이는 헬레니즘 시대에 오미크론(o)과 오메가(ω)의 발음이 비슷한 데서 연유한 것이기에 내증이 우선시된 것입니다. 더욱이 메츠거와 어만(Ehrman)은, 더 어려운 독법이란 것은 "상대적인 것이

---

8. 윗첨자로 표기된 1과 2는 사본의 수정된 판의 순서를 가리킵니다.
9. Bruce M. Metzger는 가정법이 더욱 우세한 외증을 가지고 있기는 하지만 "신약본문비평위원회의 대부분의 학자들은 여기서 내증을 우선시해야 한다고 판단한다"라고 언급합니다. *A Textual Commentary on the Greek New Testament*, 2nd ed. (Stuttgart: United Bible Societies, 1994), 452 [=『신약 그리스어 본문 주석』, 대한성서공회, 2016.]
10. 이 입장에 대한 변호를 위해서는, Verlyn D. Verbrugge, "The Grammatical Internal Evidence for "EXOMEN in Romans 5:1," JETS 54, no. 3 (2011): 559-72을 보십시오.

며, 독법이 너무 어렵다고 판단되는 경우는 단지 필사 과정에서 우연히 발생한 것일 수도 있다"라고 주장했지요.[11]

마지막으로, 직설법과 가정법 사이의 차이는 이 서신 전체에 비추어 볼 때 매우 사소합니다. 페르브뤼헤(Verbrugge)는 이렇게 요약했습니다. "바울이 사실을 진술하든('우리가 하나님과 화평을 가지고 있다'), … 명백한 권고('우리가 하나님과 화평을 누리자')를 전하든 상관없이, 진리는 우리의 화평이신(엡 2:14) 예수 그리스도의 구원 사역을 통해 우리가 하나님과 화평하게 됐다는 것입니다."[12]

---

11. Metzger and Ehrman, *Text of the New Testament*, 303.
12. Verbrugge, "Grammatical Internal Evidence," 572.

# 제3장
# 주격
# 요한복음 1:1

## 서론

최근에 한 학생이 해당 학기의 그리스어 수업과 관련해 저와 논의할 것이 있어서 제 연구실을 찾아왔습니다. 이 학생의 시어머니가 여호와의 증인(Jehovah's Witness)에 속해 있었는데, 그와 관련하여 대화하는 중에 요한복음 1:1에 대해 물었습니다. 여호와의 증인의 공식 성경 번역인 신세계역(The New World Translation)에는, "시초에 '말씀'이 계셨다. '말씀'이 하나님(God)과 함께 계셨으며, '말씀'은 신(a god)이셨다"라고 되어 있거든요(한국어판 신세계역은 '하나님' 대신 '하느님'이라고 옮기지만 이 차이는 여기서 전혀 중요하지 않기에 단순히 '하나님'으로 옮깁니다—역주). 그리스어에서 이 구절의 마지막 어구는 καὶ θεὸς ἦν ὁ λόγος입니다. 여기서 주격 명사 θεός에 관사가 없다는 것은 잘 알려져 있지요. 그렇다면 이것이 여호와의 증인의 요한복음 1:1 해석이 옳다는 것을 의미하는 걸까요? 아니면, 그러한 해석은 신학적 결함 또는/그리고 문법적 오용의 결과일까요?

### 개관

주격은 동사의 주어를 가리킬 때 가장 흔히 사용됩니다. 하지만 주격에는 몇 가지 다른 기능이 있지요. 주격의 몇 가지 핵심적인 용법은 아래와 같습니다.

- **주어**(*Subject*: 정형 동사[finite verb]의 주어): "아버지는[ὁ πατήρ] 아들을 사랑하신다"(요 3:35).
- **주격술어**(*Predicate nominative*: 연결 동사[copulative verb]로서 주어의 특징이나 상태를 표현): "생명은 사람들의 빛이다[ἦν τὸ φῶς]"(요 1:4).
- **동격**(*Apposition*: 어떤 주제에 대한 추가적인 정보 제공): "바울, 그리스도 예수의 사도[ἀπόστολος]"(골 1:1).
- **독립**(*Absolute*: 문법적으로 독립적이며 흔히 인사에 사용): "우리 주 예수 그리스도의 은혜가[ἡ χάρις] 너희와 함께 [있을 것이다]"(살후 3:18).
- **호칭**(*Address*: 호격 대신 사용): "남편들아[οἱ ἄνδρες], 아내를 사랑하라"(골 3:19).

대부분의 동사는 목적격을 직접 목적어로 취합니다. 그러나 주격술어의 경우 주어**와** 주격술어 **모두가** 주격 형태를 가집니다. 그러한 구조에서는 (εἰμί, γίνομαι, ὑπάρχω 같은) 등가 동사가 명시적/암시적으로 사용됩니다. 주격술어는 주어에 대한 추가적인 정보를 제공하며 사실상 주어와 동등할 수도 있습니다. 그러나 주어와 주격술어 모두가 주격으로 사용된다면 우리는 어떤 것이 주어인지 어떻게 알 수 있을까요? 월리스(Wallace 42-46)은 다음과 같은 지침을 제시하고 있습니다.

1. (명시되든지 동사에 포함되든지) 대명사가 있다면 그것이 주어가 됩니다.
2. 두 주격 중 하나가 관사가 있으면 그것이 주어가 됩니다.
3. 두 주격 중 하나가 고유명사라면 그것이 주어가 됩니다.

더 나아가 월리스는 두 명사 중 하나가 다음과 같은 특징을 가질 때의 우선권 순서를 언급합니다. 곧, 대명사가 가장 높은 우선권을 가지고, 관사를 가진 명사와 고유명사는 그 다음으로 동일한 우선권을 가집니다.

**해석**

요한복음 1:1의 예에서 "말씀"(ὁ λόγος)에 관사가 붙어 있고 "하나님"(θεός)에는 관사가 없기 때문에 "말씀"이 분명히 주어가 됩니다. 그러나 여기 θεός에 관사가 없는 (즉, 무관사인[anarthrous]) 이유에 관한 물음이 여전히 남아 있습니다. θεός가 '신'으로 번역될 수 없으며, 그 대신 삼위일체의 제2위인 하나님으로서 완전한 신성을 가진 예수를 지칭하는 것으로 보아야 하는 몇 가지 이유는 다음과 같습니다.

1. 요한은 이미 “태초에 말씀이 있었다”(요 1:1)라고 진술했고, 이어서 “만물이 그로 말미암아 지은 바 되었다”(요 1:3)라고 주장하지요. 창세기 1:1은 “태초에 하나님이 천지를 창조하셨다”라고 진술하는데, 이 병행은 예수가 실제 창조주라는 사실을 함의합니다.
2. 요한은 유대인으로서 유일신론을 확고히 믿었습니다. 그렇다면 요한이 다른 인격을 가리키며 ‘신’(a god)이라고 불렀을 가능성은 매우 희박합니다.
3. 관사가 포함됐다면 요한이 의도했던 것과는 다른 의미를 전했을 것입니다. 카슨(Carson)은 이렇게 설명합니다: “사실 요한이 관사를 포함시켰다면 사실이 전혀 아닌 바를 전달하게 된다. 즉, 요한이 말씀과 하나님을 그렇게 동일시했다면 어떤 신적인 존재도 말씀과 동떨어져 존재할 수 없었을 것이다.”[1] 실질적으로 요한이 καὶ ὁ λόγος ἦν ὁ θεός라고 썼다면 이는 후대에 사벨리우스주의(Sabellianism)로 불린 것—그리스도와 하나님을 동일시하여 위격의 구분을 인정하지 않은 이단 사조—을 입증하는 것이 됐을 것이라는 말이지요. 이러한 이해는 또한 ‘말씀이 하나님과 **함께**(πρός) 있었다’는 요한의 앞선 진술과 충돌합니다. 이 전치사 πρός는 저 문맥에서 개인적인 관계를 보여주거든요.[2] 실제로 그리스도와 하나님 아버지

---

1. D. A. Carson, *The Gospel according to John*, PNTC (Grand Rapids: Eerdmans, 1991), 117 [=『요한복음』, 솔로몬, 2017].
2. BDF §239.1, p. 125; Edward W. Klink III, *John*, ZECNT (Grand Rapids: Zondervan, 2016), 91 [=『요한복음』, 디모데, 2019].

가 (완전히) 동일시된다면, 누군가가 자기 자신과 '함께' 있다는 진술은 성립하지 않기에, 그 구절은 의미가 없어집니다.

4. 신약 그리스어 구문론에서 주격술어가 동사 **앞에 올 때**, 통상적으로 관사가 생략됩니다. 명사의 비한정성 여부와 관계없이 말이지요(콜웰의 원리[Colwell's Canon]). 다른 말로, 문법 구조가 관사의 생략을 결정하고, 오직 **문맥**이 명사의 비한정성 여부를 결정하게 된다는 말입니다. 더 나아가 이러한 유형의 구조에서 주격술어는 "일반적으로 성질상의 것/질적인 것(qualitative)을 나타내며, 때로는 한정적이고, 비한정적인 경우는 극히 드뭅니다"(Wallace 262).
5. θεός의 무관사 용법은 근접 문맥에서도 발견되는데 그럼에도 한정적인 것으로 간주됩니다. 흥미롭게도 신세계역조차도 이 경우들을 한정적인 것으로 번역하여 일관성 없음을 보여줍니다.[3]

- 하나님의[θεοῦ] 대표자로 보냄을 받은 사람이 왔는데, 그의 이름은 요한이었다(요 1:6)
- 그러나 그분은 자신을 받아들인 사람들 모두에게 하나님의[θεοῦ] 자녀가 되는 권한을 주셨다. 그들이 그분의 이름에 믿음을 나타냈기 때문이다(요 1:12)

---

3. 실제로 R. H. Countess는 θεός가 무관사로 사용된 282회 중 신세계역이 이 단어를 비한정적으로 사용한 경우는 단 16회, 즉 단 6%에 불과하다는 사실을 입증합니다. *The Jehovah's Witnesses' New Testament: A Critical Analysis of the "New World Translation of the Christian Greek Scriptures"* (Philipsburg, NJ: Presbyterian and Reformed, 1982), 54–55.

• 그들은 혈통이나 육적인 뜻이나 사람의 뜻에서 나지 않고 <u>하나님에게서</u>[θεοῦ] 났다(요 1:13)
• 어느 때에든 <u>하나님을</u>[θεόν] 본 사람은 아무도 없지만(요 1:18)

이 네 가지 예는 모두 요한복음 1:1의 근접 문맥에 나타나는데 θεός가 무관사로 사용됐더라도 결코 '신'으로 번역되지 않았습니다. 더구나, 다른 용어들의 경우에 있어서 무관사이지만 여전히 한정적인 의미로 번역되는 문맥에서 동일한 주장이 제기될 수도 있습니다: ἐν ἀρχῇ, "태초에"(in *the* beginning, 요 1:1, 2)와 ζωή, "생명"(요 1:4)의 경우가 그러하지요.

6. 예수가 단지 '신'(a god) 내지 '신적인'(divine)이라는 의미를 전하기 원했다면 요한은 예수가 θεῖος("신적인", "신성한"; 참조, 행 17:29; 벧전 1:3, 4)라고도 말할 수 있었을 것입니다.
7. 예수가 참 하나님이라는 개념은 요한복음 다른 곳에서 예수에 대한 요한의 묘사와 일치합니다. 즉, 요한복음에서 발견되는 호칭, 사역, 특성은 예수의 신성(deity)을 확증해줍니다(예, 요 5:23; 8:58; 10:30을 보십시오). 실제로 예수와 관련하여 관사를 동반한 θεός가 사용된 것은 요한복음 20:28에서 확인할 수 있습니다. 거기서 도마는 "나의 주, 나의 하나님!"(ὁ κύριός μου καὶ ὁ θεός μου)이라고 고백합니다.

이렇게 요한복음 1:1은 "인격은 구분되면서도 하나님의 말씀과는 본질적으로 하나 됨에 관해 매우 신중히 이야기합니다."[4] 말씀(예수)은 하나님(아버지)의 모든 속성을 공유하지만 그분과 구분되는 인격입니다. 이렇게 그리스어의 주격술어 사용은 성질적인 것/질적인 것(qualitative)을 전달합니다. 곧, 예수는 아버지의 본질을 소유하지만 아버지로 식별되지는 않습니다. 월리스(Wallace 269)는 이렇게 요약하지요. "복음서 저자가 이 사상을 표현하려고 선택한 구조는 말씀이 하나님이면서 아버지와는 구별된다고 진술할 수 있는 가장 **간결한** 방법이었다." 니케아 신조는 다음과 같이 예수의 인성과 신성의 본질을 적절하게 설명하면서 확신하고 있습니다.

> 우리는 또한 하나님의 독생자이신 한 분, 주 예수 그리스도를 믿습니다. 그는 영원 전에 성부에게서 태어난, 신 중의 신이며 빛 중의 빛이고, 참신 중의 참신으로서, 창조되지 않고 출생되었으며, 성부와 동일한 본질[*homoousion*]을 가지신 분입니다. 모든 것이 그로 말미암아 창조되었습니다. 그는 우리를 위하여, 우리 구원을 위하여 하늘에서 내려와, 성령의 능력과 동정녀 마리아를 통해 육신을 입어 사람이 되셨습니다. 그는 우리를 위하여 본디오 빌라도가 다스릴 때에 십자가에 못 박혔습니다. 그는 고난을 받고 장사되었으며, 성경대로 사흘 만에 부활하시고, 하늘에 오

4. Rodney A. Whitacre, *John*, IVPNTCS (Downers Grove, IL: InterVarsity, 1999), 50.

르사 아버지의 우편에 앉으셨습니다. 그는 산 자와 죽은 자를 심판하러 영광 중에 다시 오실 것이며, 그의 나라는 끝이 없을 것입니다. …[5]

5. http://www.armenianchurchlibrary.com/files/creed.pdf. (한국어 번역은, https://lckedu.or.kr/47/?q=YToxOntzOjEyOiJrZXl3b3JkX3R5cGUiO3M6MzoiYWxsIjt9&bmode=view&idx=7160718&t=board에서 인용합니다—역주).

# 제4장
# 호격
# 에베소서 5:21-22[1]

## 서론

바울은 에베소서 5:21에서 독자들에게 "그리스도를 경외함으로 피차 복종하라"(NIV)고 권면합니다. 하지만 '복종하라'(submit)로 번역된 그리스어 단어, ὑποτασσόμενοι가 실제로 흔히 영어에서 submitting(이 submitting이 한국어로는 여러 가지로 번역될 수 있기에 영문을 그대로 남겨둡니다—역주)으로 흔히 번역되는 종속 부사적 분사(dependent adverbial participle)라는 것은 잘 알려져 있지요. 따라서 21절은 앞선 문맥과 밀접히 연관되어 있습니다. 예컨대, 로버츠(Roberts)는 많은 영어 성경이 21절에서 새로운 문장을 시작함에도

1. 이 장은 앞서 출판된 제 논문을 요약한 것입니다. "The Start of Instruction to Wives and Husbands—Ephesians 5:21 or 5:22?," *BSac* 174, no. 694 (April–June 2017): 179–92.

불구하고 "그리스어 본문에서는 [ὑποτασσόμενοι가] 분사이며, submitting은 문법적으로 명령형('충만함을 받으라'[be filled], 18절)에 의존하고 있습니다. 따라서 21절은 18절에서 시작된 권면을 완성하는 것이지요."[2]

에베소서 5:18-22

| NA$^{28}$ | UBS$^{5}$ | SBLGNT |
|---|---|---|
| [18] … **πληροῦσθε** ἐν πνεύματι, [19] λαλοῦντες … ᾄδοντες καὶ ψάλλοντες, … [20] εὐχαριστοῦντες πάντοτε ὑπὲρ πάντων ἐν ὀνόματι τοῦ κυρίου ἡμῶν Ἰησοῦ Χριστοῦ τῷ θεῷ καὶ πατρί. | [18] … **πληροῦσθε** ἐν πνεύματι, [19] λαλοῦντες … ᾄδοντες καὶ ψάλλοντες, … [20] εὐχαριστοῦντες πάντοτε ὑπὲρ πάντων ἐν ὀνόματι τοῦ κυρίου ἡμῶν Ἰησοῦ Χριστοῦ τῷ θεῷ καὶ πατρί. | [18] … **πληροῦσθε** ἐν πνεύματι, [19] λαλοῦντες … ᾄδοντες καὶ ψάλλοντες, … [20] εὐχαριστοῦντες πάντοτε ὑπὲρ πάντων ἐν ὀνόματι τοῦ κυρίου ἡμῶν Ἰησοῦ Χριστοῦ τῷ θεῷ καὶ πατρί, [21] ὑποτασσόμενοι ἀλλήλοις ἐν φόβῳ Χριστοῦ. |
| [21] Ὑποτασσόμενοι ἀλλήλοις ἐν φόβῳ Χριστοῦ, [22] αἱ γυναῖκες τοῖς ἰδίοις ἀνδράσιν ὡς τῷ κυρίῳ. | 표제: 아내와 남편<br>[21] Ὑποτασσόμενοι ἀλλήλοις ἐν φόβῳ Χριστοῦ, [22] αἱ γυναῖκες τοῖς ἰδίοις ἀνδράσιν ὡς τῷ κυρίῳ. | [22] Αἱ γυναῖκες τοῖς ἰδίοις ἀνδράσιν ὡς τῷ κυρίῳ. |

이것이 사실이라면 어째서 NA$^{28}$, UBS$^{5}$ 및 많은 주요 영어 번역본들이, 특히 문법과 구문에 있어서 가장 좋은 증거에 비추어서, 21절 앞에 문장/단락 휴지(마침표 및 줄바꿈)를 추가한 것일까요(표를 보십시오)? 더욱 중요한 것은 이것인데요, 21절이 뒷부분을 소개하

2. Mark D. Roberts, *Ephesians*, Story of God Bible Commentary (Grand Rapids: Zondervan, 2016), 193–94. 또한 Markus Barth, *Ephesians* 4–6, AB 34A (Garden City, NY: Doubleday, 1974), 608을 보십시오.

기(NA[28], UBS[5])보다 앞부분을 마무리하는 것(SBLGNT)이 더 낫다는 어떤 증거가 있나요? 이 질문에 대한 한 가지 중요한 대답은 호격과 관련이 있습니다.

### 개관

호격은 흔히 문장이나 절(clause)의 시작부에 나타나고 사람(또는 단체)을 지칭하는 효과를 보입니다. (특히 호격 복수형과 주격 복수형이 종종 겹치기 때문에) 호격이 독립된 격(distinct case)으로 불릴 수 있는지에 대해 몇 가지 문제 사항들이 있지만, 호격이 따로 존재한다고 생각하는 것이 가장 좋을 것 같습니다. 호격은 관사가 있든 없든 상관없이, 그리고 때로는 호격 불변사(inflectional particle) ὦ를 동반하면서 직접적으로 말을 걸거나(address) 추가적인 강조 내지 깊은 감정을 드러낼 수 있습니다.[3] 호격 형태에서 가장 공통적인 특징은 어미 -ε입니다(예, κύριε).

### 해석

많은 성경 역본들과 주석들은 에베소서 5:20과 5:21 사이를 나눕니다. 그러면 21절은 아내와 남편과 관련된 새로운 문장(또는 단

---

3. 호격 불변사 ὦ는 신약에서 17회 호격과 함께 사용됩니다. Zerwick, *Bib. Gk.*, §35, p. 12은 ὦ의 기능과 관련해서 "이것은 소사(little particle)에 불과하지만 우리 주와 사도들의 마음 상태에 빛을 비추어 주며, 그렇기에 성경을 읽을 때 어느 누구도 이 소사가 가리키는 바를 무시하고 싶은 사람은 없을 것이다"라고 언급했습니다.

락)으로 시작하게 되지요. 새 단락이 21절에서 시작되면 이는 22-33절의 표제(heading)로 볼 수 있고, 그럴 경우 이를 통해 본문의 나머지 부분을 이해하게끔 해주는 해석적 틀로 간주됩니다. 말하자면, 21절—"피차 복종하라"라며 상호 간의 복종을 요청하는—이 전체 단락을 통제하는 구절로 간주되곤 한다는 말입니다. 이 입장을 지지하는 주요한 근거는 다음과 같습니다. 곧, (1) 21절 분사(ὑποτασσόμενοι)의 독립적 (명령) 기능, (2) 복종과 경외라는 21-33절의 공통된 주제, (3) 22절에서 동사의 부재(22절의 동사는 21절의 '복종하다'로 추정됨)가 그것입니다.

어떤 사람들은 21절을 끝으로 단락 나누기를 선호합니다. 이것은 회너(Hoehner)의 견해이지요. "이 구절은 새로운 단위의 시작이 아니라 … 5:18로 시작된 바 성령 충만을 다루는 단락에 적합한 결론이다."[4] 다음의 세 가지 이유를 포함하여 이 해석이 선호되는 몇 가지 이유들이 있습니다. 곧, (1) 분사의 종속 (부사적) 사용, (2) 22절의 사본학적 이문, (3) 그리고 이 장에서 가장 중요한, 새로운 단위/단락을 소개하는 호격("아내들이여")의 사용이 그것입니다.

21절이 단락의 마지막이 되는 이유는 분사 "복종"(ὑποτασσόμενοι)이 18절의 명령 "충만함을 받으라"(πληροῦσθε)에 의존하고, 따라서 자체로서 독립된 동사가 아니라는 데 있습니다. 21절 앞에서

---

4. Harold W. Hoehner, *Ephesians: An Exegetical Commentary* (Grand Rapids: Baker Academic, 2002), 716; 또한 Ernest Best, *Ephesians*, ICC (London: T&T Clark, 1998), 517을 보십시오.

단락이 끊기면 이 분사는 명령적으로 기능하게 되는데 이는 매우 드문 용법이거든요.[5] 의심스러울 때는 일반적으로 독립 명령 분사보다는 주동사에 (부사적으로) 의존하는 분사로 보는 것이 좋습니다.[6] 그렇기에 분사를 부사적으로 해석하여, 18절의 πληροῦσθε를 수식하면서 결과의 의미를 전하는 것으로 보는 것이 가장 좋습니다(Wallace 639; Young 157). 실제로 ὑποτασσόμενοι는 누군가 성령 충만함을 받았을 때의 모습을 묘사한 다섯 개의 무관사 (현재 시제형) 분사 중 마지막에 위치하고 있습니다. 마지막 분사 앞에서 단락을 구분 짓는 것은 다소 근거가 없어 보입니다. 이처럼 이 분사는 명령으로, 그리고 새로운 문장을 시작하는 것으로 이해되어서는 분명 안 될 것입니다.

21절에서 단락을 맺는 두 번째 이유는 22절에 나타난 사본학적 이문과 관련됩니다. NA와 UBS의 본문은 22절에서 ὑποτάσσω의 명령형을 받아들이지 않았는데요, 왜냐하면 몇몇 초기 사본에서는 발견되지 않는 단어이기 때문이지요. 동사 ὑποτάσσεσθε(명령형, "[너희 모두는] 복종하라")는 $P^{46}$(약 주후 200년), B(바티칸 사본) 및 소수의 초기 교부들의 저서에서 나오지는 않지만, D, F, G의 γυναῖκες

5. Wallace 639, 659n6; G. B. Winer, *A Grammar of the Idiom of the New Testament*, trans. and rev. W. F. Moulton, 7th ed. (Andover, MA: Draper, 1892), 351.

6. Robertson 1133–34; B&W 138; Steven E. Runge, *Discourse Grammar of the Greek New Testament* (Peabody, MA: Hendrickson, 2010), 266–67; Wallace 651.

뒤에 포함되어 있고, 대부분의 비잔틴 사본 유형에서 ἀνδράσιν 뒤에 포함되어 있습니다.[7] 대체 형태인 ὑποτασσέσθωσαν(명령형, "그들로 하여금 복종하게 하라"[Let them submit])는 Ψ에서 γυναῖκες 뒤에 나타나며, ℵ(시내산 사본), A(알렉산드리아 사본) 및 다른 중요한 필사본에서는 ἀνδράσιν 뒤에 나타납니다. UBS 편집위원회는 더 짧은 독법을 선택했는데요, 왜냐하면 "에베소서 저자는 훈계를 할 때 간결한 문체를 사용하기 때문이고, 또한 (원문이 짧은 독법이라면) 다른 긴 독법은 문장을 명료하게 하도록, 말하자면 특히 Αἱ γυναῖκες가 교훈 구절의 시작부에 있을 때 필요로 하는 주동사를 보충하도록 확장시킨 것으로 설명할 수 있기" 때문입니다.[8]

여기서 제 요점은 동사가 포함된 것을 찬성하거나 반대하는 데 있지 않습니다(물론 저는 본래 동사가 없었을 것이라고 생각합니다).[9] 그보다도 이러한 이문들은 초기 기독교인들이 흔히 21절 뒤에서 단락이 끝나는 것으로 생각했음을 보여줍니다. 곧, 새로운 단락이 22절에서 시작하는 것으로 간주했기에 동사를 추가하려 한 것 같습니다. 그래서 동사가 보충된 것이지요. 추가된 동사로 인해 특히

7. ὑποτάσσεσθε 형태는 골 3:18에도 나옵니다. 이때 필사자가 두 구절에 나오는 문구(wording)를 무의식적으로 조화시켰을 가능성이 있기에 저 독법은 조금 의심스럽습니다.

8. Bruce M. Metzger, *A Textual Commentary on the Greek New Testament*, 2nd ed. (Stuttgart: United Bible Societies, 1994), 541 [=『신약 그리스어 본문 주석』, 대한성서공회, 2016].

9. 대부분의 주석가들은 동사가 없는 형태를 선호합니다. 예외에 대해서는, Hoehner, *Ephesians*, 730-31을 보십시오.

성서정과 읽기(lectionary readings)에 도움이 됐을 거예요.[10] 병행 본문인 골로새서 3:18(ὑποτάσσεσθε; 참조, 벧전 3:1)에 나오는 명령형뿐 아니라 에베소서 5:25(ἀγαπᾶτε), 6:1(ὑπακούετε), 6:5(ὑπακούετε)에도 명령형을 포함하고 있기 때문에, 대부분의 사본에서 이 분명한 어려움을 해결하기 위해 명령형을 포함하고 있는 것은 놀라운 일이 아닙니다. 이렇게 대부분의 사본에서 22절에 동사를 추가했다는 것은 이 구절이 앞의 문맥과 구분되어 읽혔다는 것을 암시합니다.

21절 끝에서 단락이 끊기는 것으로 보아야 하는 마지막 이유는 22절이 호격(αἱ γυναῖκες: 기술적으로는 주격이 호격 내지 인사말[address: 말을 겖]의 주격으로 사용됐습니다)으로 시작한다는 데 있습니다.[11] 종종 그렇듯이 호격은 새로운 부분의 시작을 신호합니다(Young 253). 이 사용법은 호격, "아이들아"(τὰ τέκνα, 6:1), "종들아"(οἱ δοῦλοι, 6:5)로 이어지는 단락에서 새로운 부분을 시작하는 호격 사용으로 확증되지요.[12] 더불어 접속사의 부재(무접속사[asyndeton])가 본문의 단절을 표시할 수도 있을 것입니다.[13] 레빈슨(Levinsohn)은 "새로운 단

---

10. Best, *Ephesians*, 531; J. Armitage Robinson, *St Paul's Epistle to the Ephesians*, 2nd ed. (London: Macmillan, 1914), 204.
11. BDF §147.3, pp. 81-82; Wallace 58.
12. 참고, Runge, *Discourse Grammar*, 117-18.
13. Runge, *Discourse Grammar*, 20-23. 또한 다음을 보십시오. Winer, *Grammar*, 537; Robertson 428, 440; Herbert Weir Smyth and Gordon M. Messing, *Greek Grammar*, rev. ed. (Cambridge, MA: Harvard University Press, 1966), 484-85; BDF §458, pp. 239-40; Wallace 658; Stephen H. Levinsohn, "Some Constraints on Discourse Development in the Pastoral Epistles," in *Discourse Analysis and the New Testament: Approaches and*

락/부분에 자체 핵심(nucleus)을 가지고 있을 경우" 무접속사가 "시작부에서 발견된다"고 쓰면서, "접속사의 부재는 호격과 같이 잠재적으로 경계를 짓는 특성과 관련할 때만 중요하다"고 추가적으로 이야기했습니다.[14] 따라서 무접속사와 호격의 결합은 본문에 휴지(break)가 있다는 것을 강조하여 나타내줍니다. 따라서 NA[28], UBS[5] 및 많은 영어 역본들이 21절 앞에서 문장 휴지(심지어는 단락 휴지)를 만들고 있지만, 문법과 구문은 21절이 앞의 문맥과 더 밀접하게 연결되어 있음을 분명하게 보여줍니다.

이 구절에 대한 구조 이해는 우리의 해석(특히 22-23절에 나오는 복종의 의미와 성격)에 영향을 미칠 수 있으며, 반대의 경우도 마찬가지입니다. 클라인 스노드그라스(Klyne Snodgrass)가 말했듯 "[이 단락의] 구조를 바르게 이해하지 못했기 때문에 이 부분은 성경에서 가장 오해된 본문 중 하나가 됐습니다."[15]

---

*Results*, ed. Stanley E. Porter and Jeffrey T. Reed, JSNTSup 170 (Sheffield: Sheffield Academic, 1999), 318, 330; Stephanie L. Black, *Sentence Conjunctions in the Gospel of Matthew: καί, δέ, τότε, γάρ, οὖν and Asyndeton in Narrative Discourse*, JSNTSup 216 (Sheffield: Sheffield Academic, 2002), 182.

14. Stephen H. Levinsohn, *Discourse Features of New Testament Greek: A Coursebook on the Information Structure of New Testament Greek*, 2nd ed. (Dallas: SIL International, 2000), 276; see also 118, 278.

15. Klyne Snodgrass, *Ephesians*, NIVAC (Grand Rapids: Zondervan, 1996), 286 [= 『NIV 적용주석 에베소서』, 솔로몬, 2014].

# 제5장
# 속격
# 디모데전서 3:6

## 서론

속격은 다른 격보다도 폭넓은 기능을 가지고 있다는 점에서 그리스어에서 가장 유연하게 사용된다고 말할 수 있습니다. 문맥이 주어질 경우 문맥이 격의 특정 기능을 결정하기 때문에 구문론적으로 폭넓었던 가능성은 크게 감소하지요. 대부분의 경우에 있어서 속격의 특정 용법을 식별하는 것은 어렵지 않고 논쟁적이지도 않습니다. 그러나 해석의 여지가 남아 있는 구절들이 몇몇 있습니다. 예를 들어, 바울은 디모데전서 3:6에서 최근에 개종한 사람은 교회의 새 감독자가 될 수 없다고 이야기합니다. 그렇게 되면 후보자가 교만해져서 "마귀의 정죄"(κρίμα τοῦ διαβόλου: 개역개정판에서는 "마귀를 정죄하는 그 정죄"라고 옮겼습니다—역주)에 빠질 수 있기 때문이지요. 하지만 이 속격 구조가 '마귀가 주는 정죄'를 의미할까요? 아니면 '마귀가 받는 정죄'를 의미할까요? 이 둘 모두는 속격 사용에 관하여 문법적/구문적으로 해석 가능합니다.

### 개관

속격은 제한(restriction), 설명(description), 분리(separation)의 격을 가리키곤 합니다. 목적격이 동사를 제한하는 반면 속격은 종종 사람이나 사물의 성질을 지칭하면서 명사를 제한하거나 한정하지요 (그래서 형용사와 비슷합니다). 예를 들어, "예수 그리스도의 탄생"(τοῦ Ἰησοῦ Χριστοῦ ἡ γένεσις, 마 1:18)은 누구의 탄생이 언급되고 있는지 구체화하고 있으며 "영광의 아버지"(ὁ πατὴρ τῆς δόξης, 엡 1:17)는 '영광스러운 아버지'를 의미하는 수식적(형용사적) 속격으로 가장 잘 이해됩니다. 대부분의 경우 (이 속격을 표현하기 위해) 영어 번역에서는 of("~의")가 사용됩니다. 물론 (속격과 관련된) 명사와 속격 사이의 관계를 표현하기 위해 항상 이 단어를 사용하는 것은 너무나도 단순한 방법이기는 합니다. 아래 열거한 예들에서 볼 수 있듯 from("~으로부터"), in("~안에", "~에"), by("~에 의해"), than("~보다도") 역시도 속격 번역에 사용될 수 있습니다. 전형적으로 속격 명사는 선행사(head noun: 수식받는 명사) 뒤에 따라오지만 강조나 대조를 위해 이 어순이 바뀌는 경우도 있습니다.

- **소유**(*Possession*: 선행사의 소유권을 나타냄): "그가 <u>하나님의</u>[τοῦ θεοῦ = 하나님 <u>소유의</u>/하나님<u>에게 속한</u>] 집으로 들어가셨다"(마 12:4).

- **관계**(*Relationship*: 부모, 배우자, 형제자매 같은 가족 관계를 나타냄): "야고보의[τοῦ Ἰακώβου = 야고보의] 형제 요한"(막 3:17).
- **속성**(*Attributive*: 선행사의 속성이나 특성을 전달함): "의의[δικαιοσύνης = 의로우신] 왕"(히 7:2).
- **출처**(*Source*: 선행사의 기원을 가리킴): "하나님의[θεοῦ = 하나님으로부터 온] 선물"(엡 2:8).
- **내용 또는 재료**(*Content or material*: 물건의 내용 또는 물건이 만들어진 재료를 가리킴): **내용**—"물고기의[τῶν ἰχθύων = 물고기로] 가득한 그물"(요 21:8); **재료**—"금의[χρυσοῦ = 금으로 된] 상품"(계 18:12).
- **부분**(*Partitive*: 선행사는 부분이 되고 속격은 전체를 보여줌): "예언자들의[τῶν προφητῶν = 예언자들 중] 하나"(마 16:14).
- **주격적**(*Subjective*: 선행사에 함의된 동사 개념 주어로 기능): "하나님의[τοῦ θεοῦ: = 하나님의 사랑하시는] 사랑이 우리 가운데 나타났다"(요일 4:9).
- **목적격적**(*Objective*: 선행사에 함의된 동사 개념 직접 목적어로 기능): "하나님의[θεοῦ = 하나님을 믿는] 믿음을 가지라"(막 11:22).
- **시간**(*Time*: 동작이 일어나는 시간을 특정함): "[그가] 밤에[νυκτός] 아기와 어머니를 데리고 갔다"(마 2:14).
- **분리**(*Separation*: 문자적으로든 표상/비유적으로든 멀어지는 움직임을 가리킴): "이스라엘의 나라로부터 멀어진[τῆς πολιτείας]"(엡 2:12).
- **비교**(*Comparison*: 비교급 형용사와 함께 비교를 나타냄): "하나님의 어리석음이 사람보다[τῶν ἀνθρώπων] 지혜롭다"(고전 1:25).
- **동격**(*Apposition*: 선행사의 대체물을 지정하거나 설명하여 재진술함): "성령의

선물[τοῦ ἁγίου πνεύματος = (하나님의) 선물, <u>곧 성령</u>: 예, GNT, "and you will receive God's gift, the Holy Spirit"—편주]"(행 2:38).

- **직접 목적어**(*Direct object*: 감각, 감정, 의지, 공유[sharing], 지배, 분리 동사는 속격을 직접 목적어로 취할 수 있음): "그는 <u>선한 일을</u>[καλοῦ ἔργου] 사모한다"(딤전 3:1).

주격적 속격과 목적격적 속격은 모두 선행사가 동사적인 개념을 가지고 있을 때 해석 가능한 선택지라는 점에서 서로 비슷합니다. 주격적 속격에서 선행사는 동사 개념의 주어로 기능하지요. 그래서 "하나님의 사랑"은 곧 "하나님이 누군가를 사랑하시는 사랑"을 의미합니다. 그리고 목적격적 속격에서 선행사는 동사 개념의 목적어로 기능하고요. 그래서 "하나님의 사랑"은 곧 "누군가가 하나님을 사랑하는 사랑"을 의미하게 됩니다.

### 해석

그러면 위에서 언급한 우리의 예에서(딤전 3:6) "마귀의 정죄"(κρίμα τοῦ διαβόλου)는 "마귀가 정죄하는 정죄"(주격적 속격)을 의미할까요?[1] 아니면, "마귀를 정죄하는 정죄/마귀가 받는 정죄"(목적격적 속격)를 의미할까요?[2] 전자인 주격적 속격은 여기서 분명히 가능하

---

1. 주격적 속격을 따르는 것은 NET(the punishment that the devil will exact, "마귀가 가할 형벌")와 NLT(the devil would cause him to fall, "마귀가 그를 넘어지게 할 것이다")가 있습니다.
2. 목적격적 속격을 따르는 것은 NIV(the same judgment as the devil, "마귀가

며 몇몇 주석가들이 이를 지지합니다. 이 입장을 지지하는 근거는 다음과 같아요. (1) 이어지는 구절에서 병행되는 속격 구조는 분명 주격적 속격입니다.[3] 바울은 새 감독자 후보자가 비방과 "마귀의 올무"(παγίδα τοῦ διαβόλου, 딤전 3:7; 참조, 딤후 2:26)에 빠지지 않기 위해 외부인으로부터 선한 증거를 가지고 있어야 한다고 말합니다. 거의 모든 주석가들은 이 속격이 주격적인 것으로서 마귀에 의한 올무를 지칭하는 것으로 보며 이것이 마귀가 사로잡힌 올무(즉, 교만)를 뜻하는 것은 아니라고 확신하지요. (2) 이 병행 구조는 두 절(딤전 3:6과 3:7)이 마귀와 관련된 무언가에 **빠지는/떨어지는**(ἐμπέσῃ) 새 감독자 후보자를 언급하고 있다는 사실로 강화됩니다.

두 번째 선택지인 목적격적 속격은 다음과 같은 이유들로 선호됩니다. (1) 문맥에 가장 잘 어울린다는 것입니다. 바울은 개종한 지 얼마 안 된 사람이 감독자가 될 수 없다고 경고합니다. 그러한 사람은 교만해지기 쉽기 때문입니다. 이 교만은 마귀가 경험한 것과 동일한 교만입니다. (2) 6절의 속격이 주격적이라면("마귀가 정죄하는 정죄"), 7절은 (6절에 이어) 잉여적인 것이 됩니다("마귀가 놓는 올무"). (3) 심판하거나 정죄하는 마귀에 대한 언급이 신약에서 흔하

---

받는 심판과 동일한 심판"), NASB(the condemnation incurred by the devil, "마귀에 의해 초래된 정죄"), NKJV/NJB(the same condemnation as the devil, "마귀가 받는 비난과 동일한 비난")가 있습니다.

3. Philip H. Towner는 "3:7에서 마귀의 적극적인 역할은 이 진술[3:6]에서도 마귀의 적극적인 역할을 기대하게끔 한다"라고 언급했습니다. *Letters to Timothy and Titus*, NICNT (Grand Rapids: Eerdmans, 2006), 258 [=『디모데전후서·디도서』, 부흥과개혁사, 출간예정].

지 않습니다. 반대로 마귀가 정죄받는다고 언급하는 본문은 많이 있지요.[4] 따라서 디모데전서 3:6은 마귀가 받은 정죄에 대한 언급으로 이해하는 것이 가장 좋습니다. 새롭게 개종한 자들은 감독자의 권위를 가지고 교만해져서 마귀가 받은 바, 바로 그 정죄에 빠질 수 있기에 교회의 지도자로 고려하지 않는 것이 좋다는 말입니다.

4. 마 25:41; 눅 10:18; 요 16:11; 히 2:14; 요일 3:8; 유 9절; 계 12:7-17; 20:7-10; 또한 창 3:14-15을 보십시오. Luke Timothy Johnson은, "이 해석은 마귀가 하나님에 대해 교만했기에 형벌을 받은 자가 됐다는 전통에도 부합한다"라고 말합니다. *The First and Second Letters to Timothy: A New Translation with Introduction and Commentary*, AB 35A (New Haven: Yale University Press, 2001), 217.

# 제6장
# 여격
# 에베소서 5:18

## 서론

바울은 에베소서 5:18에서 "술 취하지 말라 이는 방탕한 것이니 오직 성령으로 충만함을 받으라"(개역개정)라고 말합니다. 이 구절의 전반절은 다소 분명합니다. 즉, 바울은 에베소의 그리스도인들이 (그리고 함축적으로는 우리도 역시) 술에 취해 술의 통제 아래 있을 만큼 와인(보통 발효된 포도즙과 물이 1:3으로 구성된 알코올 음료)을 마시지 말라고 했습니다. 그런데 이 구절의 하반절은 무엇을 의미하나요? "성령으로 충만함을 받으라"(πληροῦσθε ἐν πνεύματι, Be filled with the Spirit: 문자적으로는 "성령으로 채워져라"). 성령이라는 것이 그리스도인들이 채워져야 하는 **내용**인 것인가요? 아니면 성령이라는 **수단**으로 그리스도인들이 채워져야 하는 것인가요?

### 개관

일반적으로 여격은 동사의 동작을 제한하는 역할을 합니다. (1) 동작과 관련된 **인물**을 특정함으로써('누구에게?', '누구를 위해?'), (2) 동작의 **장소**를 지정함으로써('어디에서?'), (3) 동작이 동반된 **수단**을 지칭함으로써('어떻게?') 말이지요. 전체적으로 여격은 속격보다 더욱 분명하고 또 통상적으로 분류하기 쉽습니다. 그 이유 중 하나는 속격이 다른 명사들과 관련되는 반면 여격은 전형적으로 동사와 관련되기 때문입니다.

- **간접 목적어**(*Indirect object*: 행동이 누구에게 수행되는지를 가리킴): "내가 그들에게[αὐτοῖς] 영생을 준다"(요 10:28 NASB).
- **이익 또는 불이익**(*Advantage or disadvantage*: 동사의 행동이 누구에게 이익[또는 해]이 되는지를 나타냄): "너희를 위해[ὑμῖν] 보물을 땅에 쌓아두지 말라"(마 6:19).
- **관련/연관**(*Reference/respect*: 동사 행위의 범위를 한정하거나 제한함): "믿음에 있어서[τῇ πίστει] 온전한"(딛 2:2).
- **소유**(*Possession*: 이 '여격'은 동등함을 나타내는 동사[εἰμί 또는 γίνομαι]의 '주어'를 소유하고 있음: 아래 마 18:12의 예의 경우, 여격인 '사람'이 주어인 '백 마리의 양'을 가지고 있는 양상입니다—역주): "만일 [어떤] 사람이[τινι ἀνθρώπῳ] 백 마리의 양을 가지고 있다면"(마 18:12).
- **영역/장소**(*Sphere/place*: 문자적 또는 표상적/비유적 위치를 가리킴): "그러나 영 안에서[πνεύματι] 살리심을 받은"(벧전 3:18).

- **시간**(*Time*: 동사의 동작이 성취되는 시간을 가리킴): "제삼일에[τῇ τρίτῃ ἡμέρᾳ] 살아나야 할 것"(마 16:21).
- **수단**(*Means*: 주어진 동사의 동작이 성취되는 비인격적 수단을 가리킴): "그가 큰 소리로[φωνῇ μεγάλῃ] 외치셨다"(요 11:43).
- **방법**(*Manner*: 주어진 동사의 동작이 성취되는 방법을 가리킴): "아무도 그에게 대해 공개적으로[παρρησίᾳ] 말하지 않았다"(요 7:13 NASB).
- **대리자**(*Agency*: 주어진 동사의 동작을 성취하는 인격적 대리자를 가리킴): "그는 천사들에게[ἀγγέλοις] 보이셨다"(딤전 3:16).
- **연합**(*Association*: 누군가[또는 무언가]와 연관된 사람[또는 사물]을 가리킴): "[그는] 우리를 그리스도와 함께[τῷ Χριστῷ] 살리셨다"(엡 2:5).
- **동격**(*Apposition*: 여격으로 주어진 실명사에 대한 추가적인 정보 제공): "우리는 항상 하나님, 곧 아버지에게[πατρί] 감사를 드린다"(골 1:12).
- **직접 목적어**(*Direct object*: 신뢰, 복종, 섬김, 예배, 감사, 따름[following]의 동사는 여격으로 직접 목적어를 취함): "그들이 … 그를[αὐτῷ] 따랐다"(마 4:20).

대부분의 영어 성경 번역은 이 여격 구조를 내용의 여격('성령이라는 **내용으로**[*with*] 채워져야 한다')으로서 ἐν πνεύματι(엡 5:18)로 채워져야 한다는 명령으로 해석하지요. 어떤 사람들은 수단의 여격('성령을 **수단 삼아**[*by*] 채워져야 한다')으로 이해할 때 가장 이해하기 좋다고 주장합니다. 즉, 성령이 그리스도인을 채우는 것인가요? 아니면, 성령은 그리스도인들을 채우는 도구인가요?[1] ἐν πνεύματι를 내용

1. 지금 이 구조는 여격만 나오는 것이 아니라 '전치사 + 여격' 구조입니다. 코

의 여격으로 해석하는 사람들의 논거는 다음과 같습니다.[2] (1) 동사 πληρόω(또는 πίμπλημι)가 내용을 표현하는 여격과 연결될 수 있습니다.[3] (2) 이것이 수단의 여격으로 이해된다면 무엇으로 채워져야 하는지는 언급되지 않은 채 남게 됩니다. (3) 하나님의 임재로 채워지는 성전이라는 구약의 개념과 하나님의 영으로 채워지는 신자라는 신약의 개념 사이에 밀접한 병행이 있습니다(참조, 엡 2:22).

그러나 이 어구는 수단의 여격(by the Spirit, "성령**에 의해**")으로 해석하는 것이 가장 좋습니다.[4] 이 입장을 지지하는 논거는 다음과

---

이네 시대에는 단순 여격이 (여격과 동사 사이의) 관계를 더욱 명료하게 만드는 '전치사 + 여격'으로 대체됐습니다.

2. 이것은 대부분의 영역본과 Clinton E. Arnold, *Ephesians*, ZECNT (Grand Rapids: Zondervan, 2010), 349-51 [= 『강해로 푸는 에베소서』, 디모데, 2017]; F. F. Bruce, *The Epistles to the Colossians, to Philemon, and to the Ephesians*, NICNT (Grand Rapids: Eerdmans, 1984), 379-80에 의해 지지되는 해석입니다. 몇몇 학자들은 이 구절에서 내용과 수단 모두가 전달된다고 주장하기도 합니다: Markus Barth, *Ephesians 4-6*, AB 34A (Garden City, NY: Doubleday, 1974), 582; Andrew T. Lincoln, *Ephesians*, WBC (Dallas: Word, 1990), 344 [= 『에베소서』, 솔로몬, 2006]. Frank Thielman은 영역/장소의 여격이라고 주장합니다. "성령 안에서": *Ephesians*, BECNT (Grand Rapids: Baker Academic, 2010), 360 [= 『에베소서』, 부흥과개혁사, 2020]을 보십시오.
3. 예, 눅 2:40, πληρούμενον σοφίᾳ, "지혜로 채워진"; 롬 1:29, πεπληρωμένους πάσῃ ἀδικίᾳ, "그들은 모든 불의로 가득찼다"; 고후 7:4, πεπλήρωμαι τῇ παρακλήσει, "나는 위로로 가득하다"; 또한 시 65:4(64:5 LXX); 『바룩3서』 15.2; 『시뷜라의 신탁』 5.201; 『아리스테아스의 편지』 261.6; 『헤르마스의 목자』의 「계명」 5.2.7; Ignatius, 『스뮈르나인들에게 보낸 편지』 1.1.
4. 이것은 CSB와 NET에서 선호되는 해석입니다. Wallace 93, 170-71, 215, 375;

같습니다. (1) **내용의 여격**은 "극도로 드물지만" **수단의 여격**은 "매우 일반적인" 용례 범주입니다(Wallace 162, 170). 신약 전체에서 내용의 여격으로 사용된 경우는 단 세 차례뿐이며, 이 세 경우 모두 (전치사를 동반하지 않은) 단순한 여격으로 사용됐습니다(눅 2:40; 롬 1:29; 고후 7:4). (2) 동사 πληρόω와 함께 사용된 ἐν + 여격이 내용을 표현한 경우는 성경 어디에도 나오지 않습니다. 이 의미를 전하는 데는 보통 속격이 사용되지요.[5] (3) 명백하게 수단의 여격으로 사용된 οἴνῳ와의 병행('술[술을 수단으로] 취하지 말라')은 하반절에서도 동일한 용법을 암시합니다.[6] (4) 바울이 독자들에게 "성령을 따라 행하라"(πνεύματι περιπατεῖτε)라고 가르친 갈라디아서 5:16과의 병행은 이 해석과 일치합니다.

ἐν πνεύματι가 채움의 **수단**(by the Spirit, "성령에 의해")을 나타낸

---

Ernest Best, *Ephesians*, ICC (London: T&T Clark, 1998), 501, 508; Harold W. Hoehner, *Ephesians: An Exegetical Commentary* (Grand Rapids: Baker Academic, 2002), 704. 참조, 엡 4:30, μὴ λυπεῖτε τὸ πνεῦμα τὸ ἅγιον τοῦ θεοῦ, ἐν ᾧ ἐσφραγίσθητε: "너희는 하나님의 성령을 근심하게 하지 말라. 너희는 그 성령에 의해[by whom] 인침을 받았다." (성령을 가리키는) 여격 관계대명사는 수단의 여격입니다; 참조, 또한 롬 15:16; 고전 12:3을 보십시오.

5. 참고, 눅 1:15(πνεύματος ἁγίου πλησθήσεται), 41(ἐπλήσθη πνεύματος ἁγίου), 67(ἐπλήσθη πνεύματος ἁγίου); 행 2:4(ἐπλήσθησαν ... πνεύματος ἁγίου), 28(πληρώσεις ... εὐφροσύνης); 4:8(πλησθεὶς πνεύματος ἁγίου), 31(ἐπλήσθησαν ... τοῦ ἁγίου πνεύματος); 9:17(πλησθῇς πνεύματος ἁγίου); 13:9(πλησθεὶς πνεύματος ἁγίου), 52(ἐπληροῦντο χαρᾶς καὶ πνεύματος ἁγίου); 롬 15:13(πληρώσαι ... πάσης χαρᾶς καὶ εἰρήνης), 14(πεπληρωμένοι πάσης [τῆς] γνώσεως).
6. Robertson 533; Wallace 375.

다면, 이때 어떤 **내용**으로 채워지는 것일까? 이 질문은 에베소서 전체 맥락, 특히 바울이 사용한 '충만함/가득함'(fullness) 언어를 염두에 두고 답해야 합니다. 1:23에서 그리스도의 몸 된 교회는 그리스도의 충만/가득 채움에 참여합니다. 3:19에서 바울은 독자들이 "하나님의 모든 충만/가득함으로 충만하게/가득하기를"(πληρωθῆτε εἰς πᾶν τὸ πλήρωμα τοῦ θεοῦ) 기도합니다. 4:10에서 그리스도는 "만물을 충만하게/가득하게 하시려고" 승천하셨다고 합니다(πληρώσῃ τὰ πάντα). 4:13에서 신자의 성장 목표는 "그리스도의 충만함/가득함"(τοῦ πληρώματος τοῦ Χριστοῦ)으로 정의됩니다. 따라서 그 성령은 신자들이 채워지는 수단이지만 충만해지는 것/가득 채워지는 것의 내용은 삼위일체이신 하나님의 충만함/가득함입니다. 월리스(Wallace 375)는 이렇게 요약합니다. "신자들은 그리스도에 **의해**(*by*), 성령을 **수단 삼아**(*by means of*), 하나님의 충만하심을 내용**으로**(with) 충만해져야/가득 채워져야 한다."

# 제7장
# 대격
# 로마서 10:9

## 서론

로마서 10:9은 "네가 만일 네 입으로 예수를 주로 시인하며 또 하나님께서 그를 죽은 자 가운데서 살리신 것을 네 마음에 믿으면 구원을 받으리라"(개역개정)라고 말합니다. 사실상 "누구든지 주의 이름을 부르는 자는 구원을 받게 됩니다"(롬 10:13). 그런데 사람이 고백해야 하는 것은 정확히 무엇일까요? 흥미롭게도 여러 영어 성경에서는 9절을 서로 다르게 번역하고 있습니다.

- "예수가 주시라는 것을"(Jesus is Lord: CSB, ESV, NIV, NLT, NRSV, RSV)
- "예수를 주로서"(Jesus as Lord: NASB)
- "주 예수를"(the Lord Jesus: KJV, NKJV)

어째서 이 어구가 이렇게 다양하게 번역됐을까요? 그리고 (만약 있다면) 각각의 의미상의 차이는 무엇일까요?

**개관**

대격(accusative: 또는 '목적격')은 동사의 동작을 종종 제한하기에 **제한**의 격(case of *limitation*)으로 간주됩니다. 더 구체적으로 말하면 대격은 목적, 방향, 동작의 범위을 전하고, 종종 '얼마나 멀리?'라는 질문에 대답하기도 합니다(D&M 91-92). 월리스(Wallace 178)가 대격과 속격/여격 사이의 구분을 설명한 것은 도움이 됩니다. "**속격**은 **질**(*quality*)과 관련해 제한하지만 **대격**은 **양**(*quantity*)과 관련해 제한한다. … 여격은 동사의 행동이 어디에 관련되고, 어디에 위치하며, 또는 무엇에 의해 수행되는지와 연관되지만, 대격은 동사의 행동의 범위와 정도와 연관된다."

- **직접 목적어**(*Direct object*: 동작의 수혜자/대상을 가리킴): "말씀을[τὸν λόγον] 선포하라"(딤후 4:2).
- **이중 대격**(*Double accusative*: 동사의 목적을 완성하기 위해 두 개 이상의 대격을 가질 때): "아버지가 아들을 구원자로[τὸν υἱὸν σωτῆρα] 보내셨다"(요일 4:14 NASB).
- **동격**(*Apposition*: 실명사에 대한 추가적인 정보를 대격으로 제공함): "의로우신 분[δίκαιον], 예수 그리스도"(요일 2:1 CSB).
- **정도**(*Measure*: [시공간과 관련한] 동작의 정도를 가리킴): "밤낮으로[νύκτα καὶ

ἡμέραν] 섬기며"(눅 2:37 NASB).

- **방법**(*Manner*: 동작이 수행하는 방식을 구체화함): "거저[δωρεάν] 주라"(마 10:8 NASB).
- **관련**(*Respect*: 동작의 범위를 제한하거나 수식함): "그들은 마음에[τὴν καρδίαν] 찔렸다"(행 2:37).
- **부정사의 주어**(*Subject of infinitive*: 부정사에 의해 전달되는 동작을 수행하는 행위자를 나타내면서 부정사의 주어로 기능함): "우리로 하여금/우리가[ἡμᾶς] … 그의 영광의 찬송이 되게 하려 함이다"(엡 1:12).

**해석**

이렇게 어떤 문맥에서 동사는 의미를 완전하게 전달하기 위하여 하나 이상의 목적어를 취할 수 있습니다. 이 경우에 두 개의 직접 목적어는 대격으로 나타납니다. 이중 대격 구조에는 두 가지 관계 형태가 있습니다. 그것은 바로 (1) 인격적 목적어와 비인격적 목적어(γάλα ὑμᾶς ἐπότισα, "나는 너에게 젖을 먹인다", 고전 3:2 NET),[1] (2) 목적어와 보어(ὁ δοὺς ἑαυτὸν ἀντίλυτρον, "자신을 대속물로 주신 분", 딤전 2:6) 입니다.[2] 두 번째 예에서 첫 번째 대격은 동사의 목적어로, 두 번째

---

1. 이중 대격의 인격적-비인격적 목적격 구성과 자주 사용되는 동사는 다음과 같습니다: (1) 가르치다(διδάσκω), 기억하다(ἀναμιμνῄσκω), (2) 옷 입다(ἐκδύω), 기름 붓다(χρίω), (3) 구하다(ἐρωτάω), 묻다(αἰτέω), 그리고 특정 사역동사들(ποτίζω, φορτίζω). Wallace 181-82을 보십시오.
2. 이중 대격의 목적어-보어 구성과 자주 사용되는 동사는 다음과 같습니다: (1) 부르다(καλέω), 부르다/칭하다(λέγω), 고백하다(ὁμολογέω), (2) 만들다 또는 임명하다(ποιέω), (3) 보내다(ἀποστέλλω), 쫓아내다(ἐκβάλλω), (4) 생

대격은 서술 보어로 기능합니다.[3]

이제 우리의 예문으로 되돌아가 보자면(롬 10:9), '예수가 주시다'는 것을 고백해야 할까요? 아니면 '예수를 주로서', 또는 '주 예수를' 고백해야 하나요? 이 구절은 이렇게 쓰여 있습니다: ὅτι ἐὰν ὁμολογήσῃς ἐν τῷ στόματί σου κύριον Ἰησοῦν. 여기서 동사는 이중 대격을 제시하면서 목적어-보어 구조를 보여줍니다. 두 개의 목적어는 κύριον과 Ἰησοῦν인데, 고유명사 Ἰησοῦν은 목적어로 기능하고 κύριον은 보어로 기능합니다. 위에서 언급된 세 개의 번역 중 마지막 선택지('주 예수를')는 가능성이 가장 낮습니다. 그렇게 해석되기 위해서는 κύριον 앞에 정관사가 와야 하기 때문입니다.[4] 처음 두 선택지('예수는 주시다'라는 것과 '예수를 주로서') 사이에는 큰 차이가 없는 것처럼 보이지만, 첫 번째 번역이 가장 좋습니다. "목적어-보어 구조는 주어-주격술어 구조와 의미상 동일하기 때문입니다"(Wallace 184). 따라서 이 구절은 비록 대격으로 표현되어 있지만 '예수는 주시다'(κύριος Ἰησοῦς)라고 진술하는 것과 본질상 동일합니다.[5]

---

각하다(λογίζομαι, νομίζω), 고려하다/간주하다(ἡγέομαι), (5) 선언하다 또는 주다/제시하다(ἀποδείκνυμι, δίδωμι, παραδίδωμι, παρίστημι, προτίθημι). Wallace 182-85을 보십시오.

3. 롬 10:9에서 볼 수 있듯이 목적어가 일반적으로 먼저 오지만 항상 그런 것은 아닙니다.
4. 참조, 행 11:17, 20; 16:31; 롬 13:14; 고후 4:14; 골 2:6; 몬 5절.
5. 참조, 주어-주격술어 구조: 고전 12:3: "그러므로 나는 너희가 이해하기를 원한다. 하나님의 영으로 말하는 자는 누구든지 '예수가 저주받았다'[Ἀνάθεμα

하지만 우리는 이 고백을 너무 빨리 지나쳐버리지 않도록 주의해야 합니다(참조, 고후 4:5). 던(Dunn)은 이렇게 썼습니다. "누군가를 '주인'으로(as 'lord') 고백한다는 것은 그렇게 불린 자에게 복종의 태도와 종속 내지 헌신을 나타내겠다는 것을 의미한다. 그리고 만일 이것이 세례 때 사용됐다면, … 충성의 이동, 인정된 소유권의 변화를 뜻할 것이다. … 분명한 함의는 주로서의 예수(Jesus as Lord)가 한 분이신 하나님의 주권을 공유하고 계신다는 것이다."[6] 여기에 더하여 '예수가 주시다'(Jesus is Lord)라는 고백은 로마 황제가 선포한 주권에 대해 직접적인 모욕이 될 수 있었습니다. 마이클 버드(Michael Bird)는 이렇게 말했습니다.

> 그리스도인은 왕이신 예수에 대해 복종하면서 산다고 공언하고, 하나님께서 다가올 세상으로 인도하기 위해 예수 안에서 행하셨다고 믿는 사람이다. 그뿐 아니라 바울이 로마 제국의 중심에 있는 가정 교회 무리에게 이 말을 기록한 것은 바로 황제의 코앞에서 담대하게 로마에 의해 보통 범죄자로 처형된 한 유대인의 주권을 담대하게 선언했다는 점에서 굉장히 도발적인 것이라 할 수

---

Ἰησοῦς]라고 말하지 않고, 또 성령으로 아니하고는 누구든지 '예수가 주시다'[Κύριος Ἰησοῦς]라고 할 수 없다"; (2) 빌 2:11: 바울은 쓰기를, 언젠가 "모든 입이 '예수 그리스도가 주시다'[κύριος Ἰησοῦς Χριστός]라고 시인할 것이다"라고 했습니다.

6. James D. G. Dunn, *Romans*, WBC 38B (Dallas: Word, 1988), 608 [=『로마서 9-16』, 솔로몬, 2005].

> 있다. 로마 황제는 제국 전역의 지지자들과 가신들(clients)에게 주(*Kyrios*)로 칭송받는 사람이기에 도발적인 것이다. … 바울이 '예수는 주시다'라는 진술을 제국의 제의 선전에 고의로 저항하는 반사회정치 선언으로 들리게끔 의도했는지는 논쟁적이다. 그러나 그 주장이 적어도 잠재적으로는 선동적이었고 정치적으로 불충성스럽게 인지될 수 있었음을 인정할 필요가 있다. 로마 당국은 기독교인들이 주 네로(Lord Nero)의 영역 위에서 '예수는 주시다'라는 주장을 탐탁치 않게 생각했을 것이다.[7]

따라서 누군가가 구원을 받기 위해서는 하나님께서 예수를 죽은 자 가운데서 살리신 것을 마음으로 믿을 뿐 아니라 자신의 삶에 대한 예수의 주권을 분명하게 선포해야 합니다.

---

7. Michael Bird, *Romans*, Story of God Bible Commentary (Grand Rapids: Zondervan, 2016), 359.

# 제8장
# 관사
# 디모데전서 3:2

## 서론

지역 교회의 조직은 **가장** 중요한 문제는 아니겠지만 분명히 중요한 주제라고 할 수 있습니다. 복음의 진리, 삼위일체, 이신칭의, 그리스도의 대속 속죄론과 같은 다른 주제들이 틀림없이 더욱 중요하겠지요. 그렇지만 교회를 조직하는 문제는 **누가** 지도자가 되어야 하고, 지도자가 **무엇을** 하며, 지도자가 **어떤** 자질을 가지고 있어야 하는지 결정하곤 하기에 (역시) 중대하다고 말할 수 있습니다. 디모데전서 3:1-7에서 바울은 감독으로 섬길 자가 지녀야 할 자질에 대해 알려주고 있습니다. 나열되는 목록의 시작에서 바울은 "그러므로 감독은[τὸν ἐπίσκοπον] 책망할 것이 없어야 한다"(2절)라고 씁니다. 흥미롭게도 바울은 '감독'이라는 호칭 앞에 관사를 포함하고 있는데요, 어떤 이들은 이것을 가리켜 바울(또는 많은 학자들에 따르면, 바울의 이름으로 쓰고 있는 후대의 어떤 인물)이 장로보다 높은 직분을 가진 단 한 명의 '감독' 또는 '주교'를 의미하고 있다는 것으로 받아들였습니다. 그렇다면 이 관사는 정확히 어떻게 기능하고 있을까요? 이는 **단 한 명**의 감독이 '[바울이 말한] 그 감독'(the overseer)으로서 각 교회를 이끌어야 한다는 것을 가리키고 있는 것일까요? 아니면 '어떤 감독'(an overseer)과 같은 자격을 가지고 섬기는 사람들을 총칭하여 가리키고 있는 것일까요?

## 개관

관사(이 책에서 '관사'는 '정관사'를 말합니다. 그리스어에는 영어의 a/an에 해당하는 '부정관사'가 없습니다—편주)는 신약에서 가장 많이 등장하는 단어로서 거의 20,000회 가까이 나타납니다. 관사는 (종종 한 철자로서) 작은 위치를 차지하는 단어라서 놓치기 쉽고 그 존재(또는 부재)는 사실상 간과하기 쉽습니다. 하지만 관사는 성경을 이해하는 데 있어 종종 중요하게 작용하곤 합니다. 그리스어 관사는 적어도 세 가지 기본적인 기능을 가지고 있습니다. 곧, (1) 관사는 다양한 품사를 가상적인 명사로 변화시킬 수 있습니다(명사화). 또한, (2) 관사는 하나의 명사를 다른 실명사(들)와 구분하게 합니다(구별자). (3) 관사는 명사를 제한/한정합니다(한정자). 아래에 관사의 더욱 구체적인 용법 몇 가지를 나열했습니다.

- **지칭**(*Identification*: 특정 개인, 무리, 대상을 다른 것[개인, 무리, 대상]과 구별해내며 종종 다양한 품사를 명사로 변환시킴): "유대인의 왕으로 난 자가[ὁ τεχθείς] 어디에 있는가?"(마 2:2 NIV).
- **특정**(*Par excellence*: 동종의 무리 안에서 특정한 것을 지칭함): "네가 그 예언자냐[ὁ προφήτης]냐?"(요 1:21).
- **단일**(*Monadic*: 유일한 한 가지의 사람이나 사물을 지칭): "하나님의 나라[ἡ βασιλεία]가 가까이 왔다"(막 1:15).
- **앞의 것을 지칭/전방조응**(*Previous reference / anaphoric*: 이전에 언급된 것을 지칭): "그 생수[τὸ ὕδωρ τὸ ζῶν]는 어디에서 얻을 수 있나요?"(요 4:11, 앞서 10절에서 언급된 생수를 가리킴).
- **추상명사와 함께**(*With abstract nouns*: 영어에서는 관사가 필요하지 않는 추상명사와 함께 종종 사용됨): "사랑은[ἡ ἀγάπη] 인내합니다"(고전 13:4).
- **총칭**(*Generic*: 단체나 무리/계층을 지칭; 예, '거리에 있는 [그] 남자'): "일꾼은[ὁ ἐργάτης] 임금을 받을 만합니다"(딤전 5:18 CSB).
- **대명사로서**(*As a pronoun*: 다음과 같이 대명사처럼 기능할 수 있음: [1] 인칭대명사, [2] 소유대명사, [3] 지시대명사, [4] 대안적 대명사): "그러나 그가[ὁ] 그들에게 말씀하셨다"(요 4:32).

### 해석

디모데전서 3:2에 있는 관사(τὸν ἐπίσκοπον)는 장로들 위에 있는 한 사람의 감독자의 높은 지위를 가리키는 것일까요?[1] 이것은 캄

---

1. 디도서 1:7과 관련해서 동일한 질문이 제기될 수 있습니다.

펜하우젠(Campenhausen)의 입장입니다. "목회서신에서 '주교'[bishop]는 늘 단수로 언급된다. 이 주장에 대한 가장 간단한 설명은 군주적 감독제도(monarchical episcopacy)가 지금까지 우세한 체제이며 한 명의 주교가 이미 장로회의 지도자가 되어 왔다는 사실에 있다."[2] 아니면, 바울은 감독으로 봉사해야 하는 사람이라면 누구든지 거기에 해당하는 자격을 갖추고 있어야 한다고 가리키고 있는 것일 뿐일까요? 다른 말로 하자면, 이때의 관사의 용법은 단일의 용법(monadic)일까요? 아니면, 총칭의 용법(generic)일까요? 여기에서의 관사를 총칭의 용법으로 보아야 하는 이유는 적어도 다섯 개가 있습니다. 따라서 이 관사는 단일한 지도자가 아니라, 특정 무리/계층을 대표하여 나타내는 표현으로 볼 수 있습니다.[3]

---

2. Hans von Campenhausen, *Ecclesiastical Authority and Spiritual Power in the Church of the First Three Centuries*, trans. J. A. Baker (Stanford, CA: Stanford University Press, 1969), 107.
3. Gordon Fee, *1 and 2 Timothy, Titus* (Grand Rapids: Baker, 1988), 84; Donald Guthrie, *The Pastoral Epistles*, rev. ed., TNTC 14 (Grand Rapids: Eerdmans, 1990), 32–33; J. N. D. Kelly, *A Commentary on the Pastoral Epistles*, BNTC (London: Adam & Charles Black, 1963), 13, 74; George W. Knight, *The Pastoral Epistles*, NIGTC (Grand Rapids: Eerdmans 1992), 155, 176; Thomas D. Lea and Hayne P. Griffin, *1, 2 Timothy, Titus*, NAC 34 (Nashville: Broadman, 1992), 109; I. Howard Marshall, *The Pastoral Epistles*, ICC (London: T&T Clark, 1999), 160, 178, 477; William D. Mounce, *Pastoral Epistles*, WBC 46 (Nashville: Nelson, 2000), 163 [= 『목회서신』, 솔로몬, 2009]; Phillip H. Towner, *Letters to Timothy and Titus*, NICNT (Grand Rapids: Eerdmans, 2006), 246–47, 686 [= 『디모데전후서·디도서』, 부흥과개혁사, 출간예정].

첫째, 모든 감독자는 개개인이 그 자격들을 만족시켜야 했기에 단수를 동반한 총칭의 용법을 사용한 것은 자연스럽습니다. 단수 형태는 나열된 자격들을 충족하는 모든 사람들을 지칭합니다. 그렇다면 바울은 각 교회에 단 한 사람의 감독자(또는 한 도시에 한 사람의 주교)가 있음을 가리키는 것이 아니지요. 단수형은 무리/계층으로서의 감독자들을 가리키는 표현입니다.

둘째, '감독자'(the overseer)라는 단수 표현은 선행하는 구절(딤전 3:1)에 나온 "만일 누군가가"(εἴ τις)라는 표현의 단수 사용에 영향을 받았을 수 있습니다. 피(Fee)는 "1절에 나오는 '만일 누군가'를 동반한 절은 단수를 이끌면서, 제한하지 않고 일반화하고 있는 조건절이다. 이는 디모데전서 5:8과 6:3에서 반복되고, 두 경우에 모두—특히 6:3에서—한 사람 이상으로 구성된 한 무리를 가리킨다"라고[4] 주장했습니다.

셋째, 목회서신 내에서 총칭 명사가 단수와 복수로 번갈아 사용된 것은 드물지 않습니다. 예컨대, 디모데전서 2:8에서 바울은 **남자들에게**(τοὺς ἄνδρας) 말하지만 12절에서는 단수인 **남자**(ἀνδρός)에게 말합니다. 2:9에서 바울은 단정한 옷을 입도록 **여자들에게**

---

4. Fee, *1 and 2 Timothy, Titus*, 84. Mounce, *Pastoral Epistles*, 163도 이와 유사하게 설명합니다: "디모데전서에서 바울은 (많은 사람들이 그 역할을 수행하는) 단 하나의 감독직이 있기 때문에 3:1-7에서 총칭의 단수로 시작하여 … 계속해서 단수 형태를 사용한다." 참고, 딤전 5:8, "만일 누구든지[εἰ δέ τις] 자기 친족 특히 자기 가족을 돌보지 아니하면 믿음을 배반한 자요 불신자보다 더 악한 자다"; 딤전 6:3-4, "만일 누구든지[εἴ τις] 다른 가르침을 가르치며 … 그는(he) 교만하여 아무 것도 알지 못한다."

(γυναῖκας) 권면하지만 11절에서는 "**여자는**[γυνή] 복종함으로 조용히 배우라"라고 이야기하지요.[5] 디모데전서 2:15에서는 여자의 역할에 대한 논의를 다음과 같이 말하면서 마무리합니다. "그러나 **그들이**(*they*) 만일 정숙함으로써 믿음과 사랑과 거룩함에 거하면[μείνωσιν] **그녀는**(*she*) 해산함을 통해 구원을 얻을 것이다[σωθήσεται]." 디모데전서 5:1에서 바울은 디모데에게, **연로한 자를**(πρεσβυτέρῳ) 책망하지 말라고 명하면서, 그를 아버지처럼 대하며, **어린 자들을**(νεωτέρους) **형제들**(ἀδελφούς)처럼 대하라고 권합니다. 같은 장의 3절과 4절에서는 교회에 "참 **과부들을**[χήρας] 공경하라"고 상기시키고 나서, "만일 **과부가**[χήρα] 자녀나 손주들이 있다면"이라고 (단수로 받으면서) 이야기를 이어갑니다. 11절에서는 "**젊은 과부들**"(νεωτέρας χήρας)이라고 칭하면서 다시 복수 형태로 되돌아갑니다. 마지막으로 디모데전서 5:17에서는 (복수로) "잘 다스리는 **장로들은**[πρεσβύτεροι]" "두 배로 존경받을 만하다"라고 진술지만, 19절에서 우리는 교회가 "두세 증인이 있는 경우가 아니라면 **장로**[πρεσβυτέρου]에 대한 기소를 받지 말"(NASB)라는 말을 들을 수 있습니다. 그러고 나서 20절은 "**죄를 범한 자들**[τοὺς ἁμαρτάνοντας]"(NKJV)에 대해 말하는데, 이때 그것이 장로들을 가리킨다는 데 대부분 동의합니다. 목회서신에 나오는 이런 패턴에 근거하여 우리는 저자가 먼저 '장로들'(복수)을 언급하고 나서 '감독'(단수)을

5. 여기 및 이 단락 안에서 이어지는 구절들에 볼드체로 강조된 것은 제(저자)가 표시한 것입니다.

지칭하는 것에 대해 의아하게 여길 필요는 없습니다.

넷째, 신약에서 지도자에 관한 모습을 보자면 교회는 다수의 지도자들의 인도를 받습니다. 그래서 디모데전서 3:2에서는 단수를 사용하고 있지만, 신약성경은 각각의 모임이 탁월한 권위를 가진 한 사람의 지도자가 아니라 여러 명의 지도자를 가졌다는 사실을 일관되게 증언하고 있습니다. 실제로 신약에는 단 한 사람의 장로나 단 한 사람의 감독이 회중을 인도한 예가 나오지 않습니다. 유대(행 11:30), 비시디아 안디옥, 루스드라, 이고니온, 더베(행 14:23), 에베소(행 20:17; 딤전 5:17), 빌립보(빌 1:1), 그레데의 마을들(딛 1:5), 야고보가 편지를 썼던 흩어져 있던 교회들(약 1:1), 본도, 갈라디아, 갑바도기아, 아시아, 비두니아(벧전 5:1), 히브리서가 보내진(히 13:7, 17, 24) 교회(들)에는 여러 명의 장로가 있었지요(행 11:30).

다섯째, '장로'와 '감독'이라는 용어는 신약성경에서 교호적으로(interchangeably) 사용된다는 것입니다. '감독'(ἐπίσκοπος)이라는 용어는 신약에서 자주 사용되지 않는데요, 이 마지막 요점은 앞서 나왔던 요점들과 상응합니다. 이렇게 앞 단락들에서 축적된 증거들은 ἐπίσκοπος와 πρεσβύτερος가 교호적으로 사용될 수 있는지 여부에 어느 정도 달려 있습니다. 바울은 사도행전 20장에서 사람을 에베소의 장로들에게(τοὺς πρεσβυτέρους) 보내어 그들의 일을 권면했습니다(20:17). 바울은 장로들을 가리켜 성령이 그들을 "감독자들"(ἐπισκόπους)로 삼으셨으니 그들 자신과 모든 양 떼를 위하여 주의하라고 독려합니다(20:28). 누가는 먼저 바울이 저들을 장로들이라고 불렀다고 기록했지만 바울은 감독자들이라고 언급합니다. "바울이 밀레도에서 사람을 에베소로 보내어 교회 장로들을 청하니 … 성령이 그들 가운데 여러분을 감독자로 삼으셨다"(행 20:17, 28). 장로와 감독의 밀접한 관계에 대한 또 다른 예는 베드로전서 5:1-2에 나옵니다. 여기서는 "너희 중 장로들에게[πρεσβυτέρους] 권하노니 … 너희 중에 있는 하나님의 양 무리를 감독하되[ἐπισκο-ποῦντες]"(NKJV)라고 쓰여 있습니다. 비록 동사형(ἐπισκοπέω)이 사용됐지만 이 본문은 장로의 의무가 교회를 감독하는 것과 관련 있음을 보여주지요. 장로와 감독이 교호적으로 사용될 수 있는 용어임을 가장 설득력 있게 보여주는 구절은 디도서 1:5-7일 것입니다. 5절에서 바울은 디도에게, "내가 너를 그레데에 남겨 둔 이유는 남은 일을 정리하고 내가 명한 대로 각 성에 장로들을[πρεσβυτέρους] 세우게 하려 함이다"라고 썼습니다. 하지만 7절에서 장로들의 자격을 설명하면서는 '장로'라는 용어를 '감독'으로 바꾸었습니다. 바울은 '감독은[τὸν ἐπίσκοπον] 하나님의 청지기로서 책망할 것이 없어야 한다'고 말합니다. 여기서 디모데전서 3:2에서와 같이 관사를 동반한 단수형이 사용됐는데요, 그렇지만 디도서 1:5에서 앞서 언급된 "장로들"('감독'과 교호적으로 사용된 복수형—역주)을 보자면 바울의 생각에 단 한 명의 주교를 염두에 둔 것은 아니라는 사실이 드러납니다.[6] 결과적으로 디모데전서 3:2에서 바울이 관사를 동반

---

6. 이 주제에 대한 더욱 세심한 논의를 위해서는, Benjamin L. Merkle, *40 Questions about Elders and Deacons* (Grand Rapids: Kregel, 2008), 76-83 [=

하여 단수형 ἐπίσκοπος를 쓴 것을 이해하는 가장 좋은 방식은 이 관사를 총칭의 용법으로 보는 것입니다. 곧, 각 개개의 잠재적 감독 후보자들은 다양한 자질들을 가지고 있어야 한다는 것이지요.

『장로와 집사에 관한 40가지 질문』, CLC, 2012]을 보십시오.

# 제9장
# 그랜빌 샤프의 법칙
# 디도서 2:13

## 서론

신약성경은 예수 그리스도의 완전한 신성에 대해 가르치고 있을까요? 일부 학자들은 신약 저자들 중 한 명(누가) 외에는 모두가 유대인이었고, 유대인과 같이 된다는 것은 유일신론을 분명하게 고백한다는 것을 의미하기에, 이것은 있을 법한 일이 아니라고 생각합니다. 또한 최초기 그리스도인들의 신학이 다소 덜 발전되었기에 예수의 신성 개념이 신약에 명료하게 나타나지 않는다는 주장도 이따금씩 제기되지요. 하지만 여기가 바로, 그리스어 문법이 신약의 몇몇 논쟁적인 구절들을 바르게 해석하는 데 도움이 되는 곳입니다. 예컨대, 디도서 2:13에서 바울은 믿는 자인 우리가 "복된 소망과 우리의 크신 하나님이자 구원자이신 예수 그리스도(our great God and Savior Jesus Christ)의 영광이 나타나심을 기다리게 하셨다"라고 말하면서 진정 예수를 하나님이라고 부른 것일까요? 그랜빌 샤프(Granville Sharp)의 법칙이 이 질문에 답하는 것을 도와줄 것입니다.

#### 개관

그랜빌 샤프의 법칙은 하나의 관사가 καί로 연결된, 동일한 격의 두 명사(명사 상당 어구)를 지배할 때 동일한 인물을 가리키는 경우를 일컫는 법칙입니다. 이 규칙은 (1) 단수, (2) 인격적 대상, (3) 비-고유명사, (4) 동일한 격일 경우에만 적용됩니다.[1] 예를 들어, 히브리서 3:1은 예수가 "우리 고백의 사도이자 대제사장이시다"(τὸν ἀπόστολον καὶ ἀρχιερέα τῆς ὁμολογίας ἡμῶν)라고 말합니다. 이 구조는 예수가 **사도**이자 동시에 **대제사장**이심을 분명하게 해줍니다. 반대로, 요한일서 2:22은 이 법칙이 적용되기에 적절하지 않습니다. 왜냐하면 두 개의 명사가 하나의 관사의 지배를 받지 않기 때문이지요. 그래서 "아버지와 아들을 부인하는 자"(ὁ ἀρνούμενος τὸν πατέρα καὶ τὸν υἱόν)로 번역되어야 하지요. 비슷하게 요한복음 7:45은 명사가 복수형이고 또 하나는 고유명사이기에 이 법칙이 적용될 수 없습니다. "그때 관원들이 대제사장들과 바리새인들에게 왔다"(ἦλθον οὖν οἱ ὑπηρέται πρὸς τοὺς ἀρχιερεῖς καὶ Φαρισαίους).

---

1. 이것은 Sharp가 인지한 패턴일 뿐이기 때문에 **법칙**(*rule*)이라는 단어는 과한 것일 수 있습니다.

**해석**

디도서 2:13을 그리스도의 신성과 관련하여 해석하는 데는 세 가지 주요 견해가 있습니다. 첫 번째 견해는 그랜빌 샤프의 법칙이 여기에 적용된다는 것을 인정하지 않지요. 예컨대, KJV는 "저 복된 소망과 위대하신 하나님과 우리의 구원자 예수 그리스도(the great God and our Saviour Jesus Christ)의 영광의 나타나심을 기다리도록"이라고 옮겼습니다. 이 방식대로 번역하자면 '위대하신 하나님'과 '우리의 구원자 예수 그리스도'는 두 개의 서로 분리된 인물을 가리키게 됩니다. 현대 영역 성경들은 이 해석을 따르지 않으며 대부분의 주석가들에 의해 거부됐습니다.[2]

두 번째와 세 번째 견해는 모두 디도서 2:13(προσδεχόμενοι τὴν μακαρίαν ἐλπίδα καὶ ἐπιφάνειαν τῆς δόξης τοῦ μεγάλου θεοῦ καὶ σωτῆρος ἡμῶν Ἰησοῦ Χριστοῦ)에서 그랜빌 샤프의 법칙의 유효성을 받아들입니다. 관사 τοῦ가 단수, 인격적 대상, 비-고유명사를 연결하는 καί를 통해 θεοῦ와 σωτῆρος 모두를 지배하기 때문에,[3] 이 어구는 동일한 인물을 가리킨다는 것입니다. 이 견해들 사이에서 다른 점은 Ἰησοῦ Χριστοῦ의 기능과 관련되어 있습니다(참고, τῆς δόξης τοῦ

2. NKJV조차도 그 해석을 거부하고 "우리의 크신 하나님이자 구원자이신 예수 그리스도(our great God and Savior Jesus Christ)의 복된 소망과 영광스러운 나타나심을 기다리도록"이라고 읽습니다. 이 입장은 J. N. D. Kelly, *A Commentary on the Pastoral Epistles*, BNTC (London: Adam & Charles Black, 1963), 246–47에 의해서도 확인됩니다.
3. θεός가 고유명사가 아니라는 논의에 대해서는, Wallace 272n42을 보십시오.

μεγάλου θεοῦ καὶ σωτῆρος ἡμῶν Ἰησοῦ Χριστοῦ). 저 어구는 τῆς δόξης와 동격 관계인가요? 아니면 τοῦ μεγάλου θεοῦ καὶ σωτῆρος와 동격 관계인가요? 두 번째 견해에서, '예수 그리스도의'가 "영광의"(τῆς δόξης)와 동격 관계가 되면 바울은 하나님의 영광이 예수 안에 나타났지만 예수가 하나님 자체와 동일할 필요는 없다고 확언하는 셈이 되지요(그럴 경우, "우리의 크신 하나님이자 구원자의 영광 곧 예수"로 번역 될 수 있습니다—역주). 그래서 τοῦ μεγάλου θεοῦ καὶ σωτῆρος ἡμῶν이라는 어구는 구체적으로 예수 그리스도를 가리키는 것이 아니라 하나님 아버지를 가리키는 것이 됩니다. 세 번째 견해(전통적인 견해)에서는 Ἰησοῦ Χριστοῦ가 "우리의 위대하신 하나님이자 우리의 구원자"(τοῦ μεγάλου θεοῦ καὶ σωτῆρος ἡμῶν)와 동격 관계로 봅니다. 그래서 바울은 그러한 인물이 바로 '예수 그리스도'라는 것을 확신하는 셈이 되는 것입니다.

두 번째 견해를 강력하게 지지하는 몇몇 지지자들이 있지만,[4] 세 번째 견해를 더 타당하게 볼 수 있는 이유들이 있습니다.

4. 참고, J. Christopher Edwards, "The Christology of Titus 2:13 and 1 Timothy 2:5," *TynBul* 62 (2011): 143-47; Gordon Fee, *1 and 2 Timothy, Titus* (Grand Rapids: Baker, 1988), 196; Phillip H. Towner, *Letters to Timothy and Titus*, NICNT (Grand Rapids: Eerdmans, 2006), 758 [= 『디모데전후서·디도서』, 부흥과개혁사, 출간예정]. Edwards에 대한 설득력 있는 대답을 위해서는 다음을 보십시오. Murray J. Harris, "A Brief Response to 'The Christology of Titus 2:13 and 1 Timothy 2:5' by J. Christopher Edwards," *TynBul* 62 (2011): 149-50. Fee에 대한 설득력 있는 대답을 위해서는 다음을 보십시오. Robert M. Bowman Jr., "Jesus Christ, God Manifest: Titus 2:13 Revisited," *JETS* 51 (2008): 733-52.

1. 동격 구조에서 먼저 오는 명사는 통상 (또 다른 동격 명사) 바로 앞에 오기에 Ἰησοῦ Χριστοῦ가 τῆς δόξης가 아닌 τοῦ μεγάλου θεοῦ καὶ σωτῆρος ἡμῶν의 동격일 가능성이 더욱 큽니다.[5]
2. ἐπιφάνειαν("나타나다")이라는 단어는 항상 예수의 초림이나 재림을 가리키지 결코 하나님에 대해서 사용되지는 않습니다(살후 2:8; 딤전 6:14; 딤후 1:9-10; 4:1, 8).
3. 다른 어느 곳에서도 바울은 예수를 가리켜 하나님의 '영광'으로 칭하지 않고, 예수를 '구원자'라고 부릅니다(딤후 1:10; 딛 1:4; 3:6).
4. 이어지는 구절에서 바울은 예수 그리스도를 구원자 개념과 연관 짓습니다. "우리를 속량하시려고 우리를 위해 자신을 내어주신"(딛 2:14)이라고 진술하면서 말이지요. 따라서 이 문맥에서 예수 그리스도가 바로 "우리의 구원자"이십니다.
5. '하나님과 구원자'라는 어구는 유대교와 헬레니즘 종교 담론에 흔히 등장하는 칭호였습니다. 따라서 이 단어들은 자연스럽게 연결

---

5. George W. Knight는 두 번째 견해의 주요 문제에 대해 이렇게 이야기합니다. "이는 매우 멀리 떨어진 동격의 참조점을 필요로 하며 대체적 해석, 곧 적어도 [전통적인] 해석보다도 덜 분명한 해결책이다." *The Pastoral Epistles*, NIGTC (Grand Rapids: Eerdmans, 1992), 325. 더 나아가 속격 명사 τῆς δόξης가 ἐπιφάνειαν을 수식하는 수식적 속격으로 기능한다면("영광의 나타남" = "영광스러운 나타남"), 이는 τῆς δόξης가 (다른) 동격 명사를 취할 가능성을 제거하게 합니다. 대부분의 주석가들은 τῆς δόξης를 주격적 속격으로 받아들이는 듯 합니다. 여기서 수식적 속격을 변호하는 입장에 대해서는, Bowman, "Jesus Christ, God Manifest," 733-52을 보십시오.

됩니다.

6. 형용사 "위대하신/크신"(μέγας)은 그리스도를 가리키는 것으로 볼 때 더 잘 설명됩니다. 신약에서는 (하나님의 크심/위대하심이 당연하게 여겨지지만) 하나님 아버지에 대해 이 수식어가 사용된 적이 없기 때문입니다. 다시 말하자면 이것은 예수를 1세기의 다양한 종교의 이교적인 신들과 대조하려는 것일 수 있습니다.
7. 예수를 하나님으로 언급한 전례가 있습니다.[6] 사실 베드로후서 1:1에도 비슷한 구조가 사용됐습니다. 거기서 베드로는 "우리 하나님이자 구원자이신 예수 그리스도의 의를 힘입어 동일하게 보배로운 믿음을 우리와 함께 받은" 독자들에게 편지를 쓴다고 이야기하지요.
8. 이것은 대부분의 문법가와 주석가들 및 거의 모든 영역 성경이 지지하는 해석입니다.[7]

---

6. 그리스도에게 θεός의 칭호를 부여함으로써 그리스도의 신성을 확증하는 다른 신약 본문들은 다음과 같습니다(이하는 모두 개역개정판입니다—역주): 요 1:1, "태초에 말씀이 계시니라 이 말씀이 하나님과 함께 계셨으니 이 말씀은 곧 하나님이시니라"; 1:18, "본래 하나님을 본 사람이 없으되 아버지 품 속에 있는 독생하신 하나님이 나타내셨느니라"; 20:28, "도마가 대답하여 이르되 나의 주님이시요 나의 하나님이시니이다"; 롬 9:5, "조상들도 그들의 것이요 육신으로 하면 그리스도가 그들에게서 나셨으니 그는 만물 위에 계셔서 세세에 찬양을 받으실 하나님이시니라 아멘"; 히 1:8, "아들에 관하여는 하나님이여 주의 보좌는 영영하며 주의 나라의 규는 공평한 규이니이다"; 요일 5:20, " 또 아는 것은 하나님의 아들이 이르러 우리에게 지각을 주사 우리로 참된 자를 알게 하신 것과 또한 우리가 참된 자 곧 그의 아들 예수 그리스도 안에 있는 것이니 그는 참 하나님이시요 영생이시라."
7. **문법서**: BDF §276.3, p. 145; B&W 76; D&M 147; C. F. D. Moule, *An Idiom*

이제 두 개의 인용문을 가지고 결론을 내리려 합니다. 하나는 문법가로부터, 하나는 주석가로부터 온 것입니다.

> [그랜빌 샤프의] 법칙을 적절하게 이해하면 신약에서 가장 높은 수준의 타당성을 가지게 된다. 결과적으로 이 두 본문[즉, 딛 2:13과 벧후 1:1]은 그리스도를 θεός로 식별하는 것과 관련하여 정경의 어떤 본문보다도 확실하다. (Wallace 290)

> 그리스도의 신성에 대한 기독론적 선포는 … 이 본문[즉, 딛 2:13]을 읽는 가장 자연스러운 방식이며, 문법이 요구하는 방식이자, 바울의 ἐπιφάνεια("나타나다")라는 용어 사용과 일치하고, 비종교적 사상(secular thought)에 나오는 '하나님과 구원자'라는 구를 단수로

---

*Book of New Testament Greek* (Cambridge: Cambridge University Press, 1953), 109–10; Robertson 786; Wallace 276, 290; Young 63; Zerwick, Bib. Gk., §185, p. 60 (tentatively).

**주석서**: Donald Guthrie, *The Pastoral Epistles*, rev. ed., TNTC 14 (Grand Rapids: Eerdmans, 1990), 212; Knight, *Pastoral Epistles*, 322–26; Andreas J. Köstenberger, *1–2 Timothy and Titus*, BTCP (Nashville: B&H, 2017), 339–40; Jerome D. Quinn, *The Letter to Titus*, AB 35 (New York: Doubleday, 1990), 155–56; I. Howard Marshall, *The Pastoral Epistles*, ICC (London: T&T Clark, 1999), 276–82; William D. Mounce, *Pastoral Epistles*, WBC 46 (Nashville: Nelson, 2000), 426–31 [=『목회서신』, 솔로몬, 2009]. 또한 다음을 보십시오. Murray J. Harris, *Theos in Reference to Jesus* (Grand Rapids: Baker, 1992), 173–85, 301–13.

**성경 번역본**: CSB, ESV, NASB, NIV, NKJV, NLT, NRSV 등등.

받는 경우를 설명하며, 문맥에 가장 적합하다. (Mounce, *Pastoral Epistles*, 431)

# 제10장
# 콜웰의 원리
# 디모데전서 6:10

## 서론

우리 모두는 **사물들** 자체가 죄가 아니라는 것을 알고 있습니다. 그러나 그것들이 부적절하게 간주되거나 사용될 때는 죄가 될 수 있지요. 디모데전서 6:10에서 바울은 제자 디모데에게 이렇게 경고합니다. "돈을 사랑하는 것이 모든 종류의 악의 [뿌리들 중] 한 가지 뿌리(a root of all kinds of evil)다"(CSB, ῥίζα γὰρ πάντων τῶν κακῶν ἐστιν ἡ φιλαργυρία). 하지만 KJV에서는 "돈을 사랑하는 것이 모든 악의 [바로] 그 뿌리(the root of all evil)다"라고 말합니다. 그렇다면 돈을 사랑하는 것이 (온갖 악의 여러 뿌리 중) **한 가지** 뿌리가 되는 것인가요? 아니면, 온갖 악의 **바로 그 뿌리**(the root: 유일한 뿌리—역주)가 되는 것인가요? 그리고 돈을 사랑함은 **모든 종류의** 악(*all kinds* of evil)의 뿌리가 되는 것일까요? 아니면, **모든** 악의(*all* evil) 뿌리가 되는 것일까요?

**개관**

**한정된** 주격술어가 연결사(계사 또는 연결 동사: 예를 들면, be 동사—역주) 앞에 올 때 통상 관사를 취하지 않는다는 것이 콜웰의 원리(Colwell's Canon: 또는 법칙[Rule])입니다. 콜웰은 이렇게 이야기했지요. "**한정된** 주격술어는 동사 뒤에 올 경우에는 관사를 동반한다. [그러나] 동사 앞에 올 때는 관사를 가지지 않는다."[1] 다른 말로 하자면, 무관사(즉, 관사를 가지지 않는)인 주격술어가 한정될 수 있다는 것입니다. 이 문법 법칙에 따르면 주격술어의 위치(연결사, 일반적으로 εἰμί나 γίνομαι 앞/뒤에 오는지 여부)가 관사의 포함 여부를 지시하기 때문이지요. 따라서 주격술어가 연결사 **뒤에 온다면** 관사는 포함됩니다: Ἐγώ εἰμι <u>τὸ φῶς</u> τοῦ κόσμου, "나는 세상의 <u>그 빛</u>이다"(요 8:12). 그러나 주격술어가 연결 동사 **앞에 오면** 관사가 동반되지 않습니다: <u>φῶς</u> εἰμι τοῦ κόσμου, "나는 세상의 <u>그 빛</u>이다"(요 9:5). 그러한 경우에 주격술어가 한정되는지 여부는 **문맥**에 따라 결정되어야 합니다.

---

1. E. C. Colwell, "A Definite Rule for the Use of the Article in the Greek New Testament," *JBL* 52 (1933): 13. 이 현상은 예외가 있기 때문에 엄격한 '법칙'이라기보다 일종의 패턴입니다. 예컨대, Colwell(17)은 관사를 가진 한정된 주격술어의 90%가 동사 뒤에 오고, 관사를 가지지 않았지만 한정된 주격술어의 87%가 동사 앞에 온다는 점에 주목합니다. 물론 이 모든 통계는 한정된 명사 또는 한정되지 않은 명사에 대한 주관적인 범주화가 옳다고 가정한 것입니다.

**해석**

그러면 바울은 돈을 사랑하는 것이 악의 **한 가지** 뿌리임을 의미했을까요? 아니면 악의 (바로) **그** 뿌리임을 의미했을까요(딤전 6:10)? 문장을 조금 더 면밀하게 분석해 봅시다: ῥίζα γὰρ πάντων τῶν κακῶν ἐστιν ἡ φιλαργυρία. 이 문장에서 주어로 사용된 **주격**은 '돈을 사랑하는 것'(ἡ φιλαργυρία)이고, **술어**로 사용된 주격은 '뿌리'(ῥίζα)입니다. 그러니까 ῥίζα가 연결 동사(ἐστίν)보다 **앞에 오게** 되므로 관사가 포함되지 않는 것이지요. 또다시 우리는 앞에서 살펴본 문법 사항에 따라 관사가 생략된다는 것을 강조할 필요가 있습니다. 관사가 없는 것은 명사가 한정되는지 여부와 관련이 없습니다. 많은 영역본(예, CSB, ESV, NASB, NIV, NKJV, NRSV)은 이 명사를 한정되지 않는 것(즉, '한 뿌리'[a root])으로 옮겼는데, 이는 추정컨대 돈을 사랑하는 것이 모든 악의 (바로) **그** 뿌리라고 주장하는 것이 어려웠기 때문일 것입니다. 돈을 사랑하는 것이 사람을 악에 빠지게 하는 **한 가지** 주요 요소일 수는 있겠지만, 그것이 유일한 요소는 아닌 것이지요. 그런데 다른 역본들(예, KJV, NET, NJB, NLT, RSV)은 저 명사를 한정적인 것('그 뿌리'[the root])로 옮겨놓았습니다.

고려해야 할 또 하나의 특징은 πάντων τῶν κακῶν의 의미에 관한 것입니다. 이 어구가 '모든 종류의 악'(CSB, ESV, NASB, NIV, NKJV, NLT, NRSV)을 의미하는 것일까요? 아니면 '모든 악(들)'(KJV, NET, NJB, RSV)을 의미하는 것일까요? 또다시 말하자면 지금 논의 중인 신학적 문제는 돈을 사랑하는 것이, **모든** 악의 한 가지 뿌리/

바로 그 뿌리(a/the root of *all* evil) 중 무엇이 참이냐는 것입니다. 분명 πᾶς("모든")는 어떤 문맥에서는 **구분 없는 "모든"**("모든 종류")을 의미하며, 반드시 **예외 없는 "모든"**("악")을 의미해야 하는 것은 아닙니다. 그렇다면 어떤 읽기가 옳은 것일까요?

신학적으로, 돈을 사랑하는 것이 모든 악의 (유일한) 뿌리라든지 원천이 아닌 것은 분명해 보입니다. 하지만 고려해야 할 또 하나의 요소가 있습니다. **문맥**에서 바울은 디모데와 에베소교회에 경고하면서 돈을 사랑하는 거짓 교사들을 조심하라고 말하는데요, 이와는 반대로 독자들에게 "자족하는 경건이 큰 유익이다"(딤전 6:6 CSB)라고 상기시키지요. 바울은 계속해서 "부유하게 되고자 하는 자들은 시험, 덫, 어리석고 해로운 많은 욕망에 떨어지게 되는데, 곧 사람들을 파멸과 멸망에 빠지게 하는 것이다"(딤전 6:9 CSB)라고 말합니다. 그러고 나서 바울은 자신의 주장을 지지할 하나의 **격언**(*proverb*)을 인용합니다. "돈을 사랑하는 것이 모든 악의 뿌리(the root of all evil)다"(KJV). 따라서 바울이 격언을 인용하고 있기 때문에 이는 그대로 번역하는 것이 좋습니다. 다른 말로 하자면 통상 격언들은 성격상 절대적인 용어들로 전달되더라도 **일반적인 진리**를 담고 있습니다. 예컨대, 마태복음 26:52에서 우리는 "칼을 드는 모든 자는[πάντες] 칼에 의해 멸망할 것이다"(CSB)라는 말을 듣습니다. 하지만 칼을 든 **모든** 사람이 칼로 (또는 전투 가운데) 죽임을 당하는 것이 아니기 때문에 예수의 말이 부정확하다고 주장하고 싶은 사람이 있을지 모르겠습니다. 전역하고 은퇴한 후에 여러

해를 살았던 군인들이 있었던 것은 자명합니다. 예수가 격언을 말했기에, 우리는 의미가 표면에 드러난 문자적 방식으로 강조하는 것이 적절하지 않음을 알 것입니다. 예수가 '칼을 드는 **많은** 자들이 칼로 멸망할 것이다'라고 말했다면 그것은 단순히 일반적인 격언처럼 들리지는 않을 것입니다. 비록 그것이 의도된 의미라 하더라도 말입니다.

그렇기에 격언을 절대적인 진리로 해석하는 것은 저자의 의도를 곡해하는 것입니다. 격언은 일반적인 진리를 전달하지만 이를 위해 절대적이거나 과장된 언어 표현을 사용하곤 합니다. 피(Fee)가 올바르게 말했던 것처럼, "진리에 대한 간결하고 독특한 표현이자, 종종 부정확하기도 하고, 상대의 주의를 끌기 위해 이따금씩 과장되는 것이 격언의 성질이다."[2] 안타깝게도 몇몇 주석가들은 관사가 없기에 '한 가지 뿌리'(a root)로 해석되어야 한다고 주장합니다. 하지만 그러한 해석은 콜웰의 원리의 의미를 제대로 파악하지 못한 것입니다. 예컨대, 켈리(Kelly)는 "원래 그리스어에서 '뿌리' 앞에 한정하는 관사가 없기 때문에 '그 뿌리'(the root)라는 번역은 근거가 없다"라고 주장합니다. 덧붙여서 그는 "돈을 사랑하는 것이 모든 죄의 근본 원인(root-cause)이라고 주장하는 것은 너무 과

2. Gordon D. Fee, *1 & 2 Timothy, Titus* (Grand Rapids: Baker, 1988), 145. 또한 Philip H. Towner, *The Letters to Timothy and Titus*, NICNT (Grand Rapids: Eerdmans, 2006), 403-4 [=『디모데전후서·디도서』, 부흥과개혁사, 출간예정]; I. H. Marshall, *The Pastoral Epistles*, ICC (London: T&T Clark, 1999), 651을 보십시오.

장됐다"라고 말하지요.[3]

디모데전서 6:10은 하나의 격언이기 때문에 그리스어를 이에 맞게 적절하게 번역하는 것이 바람직합니다. '돈을 사랑하는 것이 모든 악의 뿌리'라는 것은 돈 사랑이 실제로 모든 악의 뿌리라는 것을 의미하지 않습니다. 이는, 돈을 사랑함이 많은 사람들로 하여금 하나님을 떠나 악의 길로 인도한다는 사실을, 지혜로운 사람은 이해할 것이라는 의미를 담고 있습니다. 이를 콜웰의 원리가 적용되는 진술로 번역하지 않은 영역본들(과 주석가들)은 저 진술을 받아들이지 못합니다. 타우너(Towner)가 선언한 바와 같이, "번역을 길들이는 일(tame)은 탐욕스러운 대적자들의 기소를 누그러뜨리는 일(soften)"입니다(*Letters to Timothy and Titus*, 404).

---

3. J. N. D. Kelly, *The Pastoral Epistles*, BNTC (London: Adam & Charles Black, 1963), 138. 또한 다음을 보십시오. William D. Mounce, *Pastoral Epistles*, WBC 46 (Nashville: Thomas Nelson, 2000), 346 [=『목회서신』, 솔로몬, 2009]; George W. Knight, *The Pastoral Epistles*, NIGTC (Grand Rapids: Eerdmans, 1992), 257.

# 제11장
# 형용사
# 디모데후서 3:16

## 서론

성경의 영감 및 권위와 관련된 가장 중요한 구절은 아마도 디모데후서 3:16일 것입니다. "모든 성경은 하나님의 영감을 받았고, 교훈, 책망, 바르게 함, 그리고 의로 교육하기에 유익하다"(CSB; πᾶσα γραφὴ θεόπνευστος καὶ ὠφέλιμος πρὸς διδασκαλίαν, πρὸς ἐλεγμόν, πρὸς ἐπανόρθωσιν, πρὸς παιδείαν τὴν ἐν δικαιοσύνῃ). 하지만 어떤 사람들은 이 구절이 다음과 같이 번역되어야 한다고 주장합니다. "하나님에 의해 영감을 받은 모든 성경은 유익하다. …"[1] 그러면 θεόπνευστος ('하나님에 의해 영감을 받은' 또는 더 정확하게는 '하나님에 의해 숨이 불어넣어

1. 예컨대, 틴데일(Tyndale)의 번역을 보십시오. "하나님의 영감으로 주어진 모든 성경은 유익하다. …"(For all Scripture given by inspiration of God is profitable: 옛 철자법은 수정됐습니다).

진')의 정확한 기능은 무엇일까요? 이것이 서술적 형용사('모든 성경은 θεόπνευστος이다')로 기능하는 것일까요? 아니면 수식적 형용사('모든 θεόπνευστος한 성경은 …')로 기능하는 것일까요? 어떤 번역의 가능성이 더 크며, 이 둘은 어떤 차이를 만들어냅니까?

**개관**

형용사는 전형적으로 명사(또는 다른 실명사화된 대상)를 한정 또는 서술하여, 이를 다른 명사들과 구분하는 기능을 합니다. 그리스어에서 형용사의 성, 수, 격은 수식하는 명사의 성, 수, 격과 일치해야 하지요. 형용사의 사용 형식은 두 가지입니다. (1) 일반적 용법과 (2) 정도(degree)를 전달하는 형식(예컨대, 비교급이나 최상급—역주)이 그것이지요.

일반적으로 사용되는 네 가지 주요 용법의 범주로는, (1) 서술적, (2) 수식적(한정적/형용사적), (3) 실명사적, (4) 부사적 용법이 있습니다. 서술적 용법에서 형용사는 (명시/암시된 εἰμί 또는 γίνομαι와 같은) 연결 동사와 더불어 사용되며, 이때 형용사는 결코 관사 앞에 놓이지 않습니다. 다른 말로 하자면, 형용사가 직접 관사를 동반하면 이는 서술적 용법이 될 수 없습니다. 수식적 용법에서 형용사는 표현된 명사를 꾸며줍니다. 이를 나타내는 세 가지 전형적인 구조(어순)는 '관사-형용사-명사', '관사-명사-관사-형용사' 및 '명사-관사-형용사'입니다. 실명사적 형용사는 명사와 비슷하게 기능합니다. 마지막으로 부사적 형용사는 명사 대신 동사를 꾸며줍니다(그래서 부사처럼 기능합니다).

- **서술적**(*Predicate*: 명시/암시된 연결 동사와 함께 주어의 속성을 서술함): "그러나 주님은 신실하시다[πιστὸς δέ ἐστιν ὁ κύριος]"(살후 3:3).
- **수식적**(*Attributive*: 명사 또는 실명사에 특정 속성을 부여함): "선한 목자[ὁ ποιμὴν ὁ καλός]"(요 10:11).
- **실명사적**(*Substantival*: 주어진 구에서 명사로 기능함): "하나님의 사랑하는 이[백성]에게[ἀγαπητοῖς θεοῦ]"(롬 1:7 NABRE).
- **부사적**(*Adverbial*: 명사 대신 동사를 수식함): "그러나 하나님의 나라를 먼저[πρῶτον] 구하라"(마 6:33).

정도를 전달하는 형용사의 용법에도 네 가지 범주가 있습니다. (1) 원급, (2) 비교급, (3) 최상급(superlative), (4) 절대최상급(elative)이 그것이지요. 원급 형용사는 정도가 아니라 종류와 관련해서 명사의 속성을 특정합니다(예, '부자인 남자'[the rich man]). 비교급 형용사는 두 사람이나 사물을 비교하여 한쪽이 다른 한쪽과 관련해서 얼마나 정도가 더한지를 구체화합니다('더 부자인 남자'[the richer man]). 비교급 형용사를 만드는 두 가지 방법은 (a) 비교급 명사 어미로 끝나는 제3변화 명사 변화형(예, μείζων, "더 큰")을 따르거나 (b) 원급 형용사 어간에 -τερος를 붙이는 방법이 있습니다(예, πρέσβυς, "나이가 든", "늙은" → πρεσβύτερος, "더욱 나이가 든", "더 늙은"). 이러한 형용사 뒤에는 종종 비교의 속격 내지 불변사 ἤ("~보다")가 따라오게 됩니다. 최상급 형용사는 세 개 내지 그 이상의 실체를 비교할 때 사용됩니다(예, '가장 부자인 남자'[the richest man]). 최상급을 만드는 두 가지 방법은 (a) 원급 형용사 어간에 어미 -ιστος를 덧붙이거나(예, μέγας, "큰" → μέγιστος, "가장 큰"), 또는 (b) 원급 형용사 어간에 어미 -τατος를 덧붙이는 방법이 있습니다(예, ἅγιος, "거룩한" → ἁγιώτατος, "가장 거룩한"). 마지막으로, 반드시 비교할 필요는 없지만 의미를 강조해야 할 경우, 비교급이나 최상급 형용사가 절대최상급 형용사로 사용되어, 종종 '매우'(very)로 번역됩니다('매우 부자인 남자'[the very rich man]).

- **원급**(*Positive*: 정도보다는 종류로 명사의 속성을 묘사함): "큰[τῆς μεγάλης] 도시"(계 11:8)
- **비교급**(*Comparative*: 두 개체 중 더 심화된 정도를 구체화함으로써 비교함): "하나님은 우리의 마음보다 <u>더 크시다</u>[μείζων]"(요일 3:20)
- **최상급**(*Superlative*: 세 개 이상의 개체를 비교하여 가장 높은 정도를 가진 것을 가리킴): "나는 사도들 중 <u>가장 작은 자</u>[ὁ ἐλάχιστος]이기 때문이다"(고전 15:9).
- **절대최상급**(*Elative*: 원급의 개념을 강조하기 위해 비교급 또는 최상급 형용사를 사용함): "그는 우리에게 보배롭고 <u>매우/지극히 큰</u>[μέγιστα] 약속을 주셨다"(벧후 1:4).

**해석**

형용사 θεόπνευστος는 신약에서 디모데후서 3:16에만 나타나며 칠십인역에서는 나오지 않는 단어입니다. 대부분의 주석가들은 이 용어가 능동적 의미(즉, 성경이 하나님의 숨으로 가득하다는 것)가 아니고 수동적 의미(즉, 성경이 하나님의 숨의 결과라는 것)라는 데 동의합니다. 그런데 이 구절에서 θεόπνευστος는 정확히 어떤 기능을 하고 있을까요? 서술적 형용사로 기능하는 것일까요? 아니면, 수식적 형용사로 기능하는 것일까요?

θεόπνευστος를 수식적 형용사로 해석하는 데 찬성할 만한 몇 가지 요소를 나열할 수 있습니다("하나님에 의해 숨이 불어넣어진 모든 성경은 또한 유익하다").

1. 이 해석의 선택은 문법적으로 가능하며 적절하게 고려하지 않고 무시되어서는 안 됩니다.
2. 신약에서, 명사와 형용사를 동반한 πᾶς 구조에서 형용사는 전형적으로 수식의 기능을 합니다(예, πᾶν ἔργον ἀγαθόν, "모든 선한 일", 딤후 3:17).[2]
3. 이 용법은 πᾶσα γραφή("모든 성경")를 ἱερὰ γράμματα("신성한 저작들", 딤후 3:15)와 평행으로 만들어줍니다.

2. 또한 마 7:17; 12:36; 행 23:1; 고후 9:8; 엡 1:3; 4:29; 골 1:10; 살후 2:17; 딤후 2:21; 4:18; 딛 1:16; 2:10; 3:1; 히 4:12; 약 1:17; 3:16; 계 8:7; 18:2, 12; 21:19.

하지만 대부분의 증거들은 θεόπνευστος를 서술적 형용사로 해석하는 데 손을 들어줍니다.

1. 수식적 용법의 관점은 καί를 강조(ascensive)의 의미로 만드는데("하나님에 의해 숨이 불어넣어진 모든 성경은 **또한**[*also*] 유익하다"), 이 καί는 두 개의 형용사를 연결하는 것처럼 보이기 때문에("모든 성경은 하나님에 의해 숨이 불어넣어졌고 **그리고**[*and*] 유익하다"), 그럴 가능성이 적습니다.[3] 이와 유사한 구조가 디모데전서 4:4(πᾶν κτίσμα θεοῦ καλὸν καὶ οὐδὲν ἀπόβλητον μετὰ εὐχαριστίας λαμβανόμενον, "하나님에 의해 지어진 모든 것은 선하고, **그리고** 감사함으로 받으면 버릴 것이 없다")에서 발견되는데, 이는 또한 서술적 형용사로 해석됩니다. 월리스(Wallace 313-14)는 이렇게 요약합니다. "καί가 '또한'을 의미하는 것보다 '그리고'를 의미하는 경우가 12배 정도 많다는 사실과 더불어 동일한 격을 가진 두 형용사 사이에 καί를 '또한'의 의미로서 부사적으로 번역하는 것이 부자연스럽다는 사실은 서술적 용법의 θεόπνευστος를 지지한다."
2. 어떤 이들에 따르면 이 형용사의 수식 용법이, "바울이 모든 γραφή가 반드시 하나님에 의해 숨이 불어넣어진 것은 아니라고 간주했음"을 암시한다고 주장할 수도 있는데, 이는 "[바울은] γραφή라는

3. George W. Knight는 "καί로 연결된 두 형용사는, 수식적이든 서술적이든, 동일한 방식으로 사용되는 것이 자연스러운 이해다"라고 진술합니다. *The Pastoral Epistles*, NIGTC (Grand Rapids: Eerdmans, 1992), 447; 또한 William D. Mounce, *Pastoral Epistles*, WBC 46 (Nashville: Nelson, 2000), 569 [=『목회서신』, 솔로몬, 2009]을 보십시오.

단어로 항상 경전(scripture)을 가리켰기 때문에" 있을 법하지 않은 것 같습니다(Knight, *Pastoral Epistles*, 447).

3. (칠십인역과 신약성경을 포함하여) 고전 그리스어와 코이네 그리스어 모두에서, **등가절**(*equative clause*: 즉, 주어의 어떤 특징을 묘사하는 절)의 형용사-명사-형용사 구조(예, πᾶς-γραφή-θεόπνευστος)의 경우, 첫 번째 형용사는 수식적이고("**모든** 성경") 두 번째 형용사는 서술적인("성경은 **하나님의 숨으로** 되었다") 패턴이 전형적입니다.[4]

따라서 바울은 모든 성경이 신적 출처 때문에 신성한 경전이며 고로 유익하다고 선언하고 있습니다. 본래 문맥에서 '성경'(γραφή)은 첫째로 구약을 가리키는 것이지만 또한 구전/기록으로 된 복음의 메시지를 포함할 가능성도 있습니다(참조, 딤전 5:18; 예, Mounce, *Pastoral Epistles*, 568). 가장 중요한 것은 바울이 가르치는 바, 개인이 영적으로 성장하는 데 그토록 유익한 것이 바로 성경의 신적 본성이라는 것입니다. 그래서 이 구절은 성경(하나님의 영감을 받은 말씀)이 신자들로 하여금 믿음 안에서 성장하고 성숙하게끔 하는 도구라는 확신을 그리스도인들에게 심어줍니다. 몇 절 지나서 바울은 디모데에게 "말씀을 선포할 것"(딤후 4:2)을 촉구합니다. 이

---

4. Wallace(314)는 첫 번째 형용사가 πᾶς일 경우 이것을 '법칙/규칙'(rule)이라고 말하기까지 합니다. "πᾶς + 명사 + 형용사 구조에서, 성질상 관사만큼이나 한정적인 πᾶς는 관사를 내포하고 있고, 따라서 명사 뒤에 따라오는 형용사(들)는 내포된 관사-명사 어구를 벗어나고, 결과적으로 서술적인 기능을 하게 된다."

는 바로 하나님의 말씀이 마음과 생각을 변화시키는 능력을 가지고 있기 때문입니다. 이 능력이 우리에게 그와 동일한 일—말씀 선포—을 할 수 있다는 확신을 줄 것입니다.

# 제12장
# 동사의 상
# 마태복음 16:24

## 서론

예수의 가장 유명한—그러나 어려운—말씀 중 하나는 마태복음 16:24에 나옵니다. "누구든지 나를 따라오려거든 **자기를 부인하고**[ἀπαρνησάσθω] 자기 십자가를 **지고**[ἀράτω] 나를 **따를 것이니라**[ἀκολουθείτω]." 여기서 우리는 두 개의 부정과거 명령형(ἀπαρνησάσθω와 ἀράτω)과 한 개의 현재 명령형(ἀκολουθείτω)을 보게 됩니다. 어째서 시제 형태(상)의 변화가 있는 것이며, 이를 어떻게 해석할 수 있을까요?

## 개관

간단히 설명하자면 동사의 상(aspect)은 저자가 행동(또는 상태)을 묘사하려고 선택한 **관찰 위치** 또는 **관점**입니다. 즉, 저자는 (1) 과정 중 또는 진행 중(미완료 상 = 현재/미완료 시제 형태), (2) 완성 또는 전체(완료 상 = 부정과거 시제 형태), 또는 (3) 이전 행동으로 인해 발생한 사건의 상태(상태 상 = 완료 시제 형태)로서 행동을 제시할 수 있습니다. **시제**는 직설법 외에 동사에서 문법적 형태로 전달되지 않기에, 동사의 상이 일차적인 것이라고 볼 수 있지요. 이렇게 저자는 행동이 실제 어떻게 발생했는지에 관계없이 행동을 진행, 완성/전체, 그리고 결과에 따른 상태로 묘사하도록 선택할 수 있습니다.[1]

### 해석

그렇다면 우리는 마태복음 16:24의 시제 전환에 대해 무엇을 말할 수 있을까요? 동사의 상에 대한 현대의 이해가 알려지기 전에 많은 문법학자들과 주석가들은 시제 형태가 수행된 행동의 **유형**(*type*)이나 **종류**(*kind*)를 전달한다고 생각했습니다. 그래서 저들은 현재 시제 형태는 지속적인 행동을, 부정과거 시제는 단회적인 행위를 제시하는 것이라고 주장했지요. 그러나 이제 학자들은 동사의 문법(즉, 시제 형태)이 그런 정보를 전달하지 않는다는 것을 알고 있습니다. 동사가 그와 같은 행동의 면모를 전달한다면 그것은 동

---

1. 참고, Constantine R. Campbell, *Basics of Verbal Aspect in Biblical Greek* (Grand Rapids: Zondervan, 2008), 6 [=『성경헬라어 동사 상의 기초』, 그리심, 2017]; Buist M. Fanning, *Verbal Aspect in New Testament Greek* (Oxford: Clarendon, 1990), 84; K. L. McKay, *A New Syntax of the Verb in New Testament Greek: An Aspectual Approach*, SBG 5 (New York: Peter Lang, 1994), 27; Porter, *Idioms*, 21.

사 어휘의 의미, 문학적 장르, 주변 문맥에 있는 특정 표지 같은 다른 요소들에 의해 비롯된 것입니다.

따라서 마태복음 16:24에서 시제 형태의 전환은 필요한 행동 유형의 변화—단회적인 행동에서 지속적인 행동 유형으로의 변화—를 의도적으로 표현한 것이라는 주장은 근거가 없을 것입니다. 다시 말해, 우리가 단호하게 자기를 부인하고 십자가를 지는 지점에 이르러야 하고, 그러고 나서 계속해서 예수를 따라야 한다(지속적 제자도)는 식의 주장을 이 동사들의 시제 형태 변화로부터 이끌어낼 확고한 근거가 없다는 것이지요. 예를 들어, R. T. 프랜스(France)는 이렇게 설명합니다. "이 구절에서 첫 두 명령형은 부정과거이고 마지막 명령형은 현재 시제 형태로 되어 있다. 그래서 '자기를 부인하는 것'과 '십자가를 지는 것'은 단일하고, 개시의/시작하는(initiatory) 행동이며, 이를 '[예수를] 따르는' 지속적인 삶이 뒤따라야 한다."[2] 그러나 동사의 시제 형태에 근거하여 그런 결론을 이끌어내는 것은 너무 많이 나간 것입니다. 앞서 말했듯 시제 형태는 행동의 유형을 전달하는 것이 아니기 때문입니다.

하지만 더욱 최근에 일부 학자들은 다른 이유들을 가지고 시

2. R. T. France, *The Gospel of Matthew*, NICNT (Grand Rapids: Eerdmans, 2007), 638 [=『NICNT 마태복음』, 부흥과개혁사, 2019]. 그는 지혜롭게도 저 진술 뒤에 다음과 같이 덧붙입니다. "물론 이것은 시제 형태의 의미를 너무 밀어붙인 것일 수 있다." 또한 다음을 보십시오. Grant R. Osborne, *Matthew*, ZECNT (Grand Rapids: Zondervan, 2010), 637 [=『강해로 푸는 마태복음』, 디모데, 2015]; Robert H. Stein, *Mark*, BECNT (Grand Rapids: Baker Academic, 2008), 407 [=『마가복음』, 부흥과개혁사, 2014].

제-형태(상)에 너무 많은 무게를 두었습니다.[3] 예컨대, 포터(Porter)는 "미완료 상[즉, ἀκολουθείτω라는 현재 시제 형태]의 사용은 예수를 따라가는 과정에 **주의를 기울이는** 표현이다"라고[4] 언급한 바 있습니다. 우리는 저자의 주관적인 선택에, 특히 명령형의 사용과 관련해서 너무 많은 의미를 부여하지 않도록 주의를 기울일 필요가 있습니다. 저는 우리가 시제-형태의 전환을 과하게 해석하려는 욕망에 저항해야 할 세 가지 이유를 제시하려 합니다.

첫째, 몇몇 동사는 (자체적인) 어휘적/사전적 의미로 인해 다른 시제 형태보다도 현재 시제 형태를 선호합니다. 예를 들면, 자연적인 종결점(natural terminus: 즉, 자연적으로 끝나는 지점)이 있는 동사들은 부정과거 시제 형태를 선호하지만 자연적인 종결점이 없는 동사들이나 상태의 의미를 전하는 동사들은 현재 시제 형태를 선호합니다. 이 경우에, 동사 ἀπαρνέομαι("부정하다")와 αἴρω("들다/취하다/짊어지다")는 자연적인 종착점을 가지고 있는 행동(무언가를 **부정하거나 취하는 데**는 오랜 시간이 걸리지 않는다는 의미)을 전달하기에 부정과거 시제를 선호한다는 말입니다. 이 결론은 저 동사들이 실제로 명령형으로 사용될 때 확인됩니다. 곧, ἀπαρνέομαι는 부정과거 명령형

---

3. Benjamin L. Merkle, "The Abused Aspect: Neglecting the Influence of a Verb's Lexical Meaning on Tense-Form Choice," *BBR* 26, no. 1 (2016): 57-74을 보십시오.
4. Stanley E. Porter, *Verbal Aspect in the Greek of the New Testament, with Reference to Tense and Mood*, SBG 1 (New York: Peter Lang, 1989), 355, 강조는 첨가됐습니다.

으로 2회 나타나고 결코 현재 명령형으로는 나오지 않으며, αἴρω는 22회 부정과거 명령형으로 나오고 현재 명령형으로는 단지 4회 나타납니다. 반면 움직임을 내포한 동사(verbs of motion)는 명령법에서 거의 현재 시제형으로만 나옵니다. 예컨대, ἀκολουθέω는 현재 명령형으로 16회, 부정과거 명령형으로는 2회만 나오지요. 따라서 ἀκολουθέω 동사의 명령 형태의 기본값으로 우리는 현재 시제를 예상할 수 있는 것입니다. 만일 그렇다면, (이 동사가 현재 시제 형태로 사용된 것이) 실제로 저자의 주관적인 선택이 반영된 것은 아닙니다. 이 시제 형태는 관습적으로, 기본값으로 선택된 것이니 말입니다. 결과적으로 저자가 동사 형태에 주의를 기울이고 있다는 주장은 문제의 소지가 있습니다.

우리가 이 시제 형태 사이의 구분을 강조해서는 안 되는 두 번째 이유는 지속적인 행동으로서의 현재 시제와 단회적인 행동으로서의 과거 시제 사이의 구분이 유지될 수 없기 때문입니다. 예컨대, 사도행전 12:8에서 현재 시제형으로 사용된 ἀκολουθέω는 지속되는/계속되는 행동이 아니라 일회적인 행동으로 사용됐거든요. "'옷을 입으라.' 천사가 그에게 말했다. '그리고 네 신을 신으라.' 그러자 그는 그렇게 했다. 그는 '네 겉옷을 두르고 나를 따르라[ἀκολούθει]'라고 그에게 말했다"(CSB). 천사의 이 지시는 분명 일반적인 (지속적/연속적) 명령, 곧 계속해서 따르라는 것이 아니라 특정한(일회적) 상황에 대한 명령입니다.

마지막으로 예수 따르미들이 삶에서 자기 죄를 회개하는, 삶을 돌이키는 결단을 단호하게 내리고 예수가 메시아이심을 믿어야 하는 것은 맞지만 이것이 예수가 강조하고 있는 것인지는 의문스럽습니다. 또한 예수 따르미들이 자기를 부인하고 자기 십자가를 날마다 지는 것도 날마다의 결단이 아닌지요? 사실, 이러한 강조는 누가복음에 나타나는데, 거기서 그리스도인은 자기 십자가를 "매일"(καθ' ἡμέραν, 눅 9:23) 져야 한다고 덧붙여 이야기합니다. 그렇게 누가는 자기 십자가를 지는 것이 반복적인, 날마다의 행동이라는 것을 언급하고 있지만, 동사 자체의 어휘의 의미 때문에 부정과거 시제를 사용합니다. 마태복음 16:24(또는 막 8:34 또는 눅 9:23)에 있는 자기를 부인하고 자기 십자가를 지라는 예수의 명령이 각기 일회성 행동을 요구하는 것이라고 주장하는 것은 명령의 시제형을 너무 지나치게 강조하는 셈인 것이지요. 실제로 자기를 부인하고 자기 십자가를 지라는 예수의 가르침은 제자들이 가져야 할 지속적/계속적 태도라고 주장할 수 있을 것입니다.

# 제13장
# 현재 직설법
# 요한일서 3:6

## 서론

우리의 신학을 본문 안에 집어넣어 읽는 것은 쉽습니다. 물론 전제 없이 성경을 읽는 것은 불가능하지요. 하지만 우리는 본문이 우리의 신학 체계에 영향을 미치도록 (그리고 심지어 교정하도록) 읽을 수 있기를 바라야 합니다. 또한 가능하다면 본래의 맥락을 파악하고서 우선적으로 본래 청중에 비추어 본문을 해석하려고 시도하는 것이 필요합니다. 요한일서 3:6에서 나이가 지긋한 사도 요한은 놀라운 진술을 합니다. "그 안에 거하는 자마다 죄를 짓지 않는다[οὐχ ἁμαρτάνει]. 죄를 짓는 자[ὁ ἁμαρτάνων]마다 그를 보지 못했고 그를 알지도 못했다"(저자 사역). 이 본문은 (1) 참 그리스도인이라면 죄를 짓지 않는다는 것을 진술하는 것일까요? 아니면 (2) 참 그리스도인이라면 (일시적이라도) 죄를 짓지 않는 상태에 이를 수 있다는 것, 아니면 (3) 참 그리스도인이라면 그리스도의 십자가 속죄 사역으로 인해 종말론적으로 죄가 없다는 것, 아니면 (4) 참 그리스도인이라면 지속적으로 또는 습관적으로 죄를 짓지 않는다는 것을 진술하고 있는 것일가요?

**개관**

대부분의 현재 시제 직설법 동사는 현재 시제에 발생한 행동을 가리키지만, 현재 직설법 동사는 과거(예, 역사적 현재), 미래, 전(全) 시간(omnitemporal: 예, 금언[gnomic])의 동작을 전달할 수도 있습니다. 현재 시제형 동사의 상은 미완료적인데요, 이는 그 동작이 진행적, 내부적(internal), 미완료적인 것으로 묘사된다는 것을 의미합니다.[1] 상과 시제는 또한 어휘적, 문법적, 맥락적 특징과 더불어 기능하면서, 직설법에서 현재 시제의 다양하고 폭넓은 용례를 만들어내게 됩니다. 현재 시제 직설법의 주요한 용례는 아래에 나열되어 있습니다.

- **진행적**(Progressive: 지속적인 또는 진행 중인 행동): "어둠이 지나가고 있다[παράγεται]"(요일 2:8).
- **지속적**(*Durative*: 과거에 시작되어 현재에 계속되고 있는 행동): "내가 지금 삼 년 동안 다니고 있다[ἔρχομαι]"(눅 13:7).

---

1. 여기서 '내부적'이란, 동작이 사건의 시작 또는 끝이 아닌 사건 내에서 들여다보인다는 것을 뜻합니다. 참고, Wallace 514.

- **반복적**(*Iterative*: 반복적, 규칙적, 관습적으로 수행되는 행동): "너희는 항상 성령을 거스른다[ἀντιπίπτετε]"(행 7:51 CSB).
- **금언적**(*Gnomic*: 무시간적, 보편적, 그리고 일반적으로 참인 진술): "좋은 나무마다 좋은 열매를 맺는다/맺다[ποιεῖ]"(마 7:17 CSB).
- **순간적/즉각적**(*Instantaneous*: 일반적으로는, 말하는 바로 그 사실에 의해, 즉각적으로 실시되는 행동): "아버지, 당신께 감사드립니다[εὐχαριστῶ]"(요 11:41).
- **역사적**(*Historical*: 이야기의 어떤 측면에 생생함이나 문학적 두드러짐이 더해진 과거의 사건): "한센병자 한 명이 그에게 온다/왔다[ἔρχεται]"(막 1:40).
- **미래적**(*Futuristic*: 미래에 발생할 행동): "보라, 그가 구름과 더불어 오실 것이다/오신다[ἔρχεται]"(계 1:7).

### 해석

요한일서 3:6의 그리스어 본문은 이렇게 되어 있습니다. πᾶς ὁ ἐν αὐτῷ μένων οὐχ ἁμαρτάνει· πᾶς ὁ ἁμαρτάνων οὐχ ἑώρακεν αὐτὸν οὐδὲ ἔγνωκεν αὐτόν. 이 구절을 둘러싼 대부분의 핵심 논쟁은 현재 시제형 동사 ἁμαρτάνει에 관한 것입니다. 위 서론에 기술된 네 가지 견해 중 첫 두 개는 가능성이 가장 낮아요. 첫 번째 견해는 이 구절을, 참 그리스도인들이라면 죄를 짓지 않는다고 해석한 것입니다. 그러나 이렇게 이해하는 것은 경험이나 성경의 다른 구절들과 모순되지요. 사실 요한이 이전에 "만일 우리가 죄가 없다고 말하면 스스로 속이고 또 진리가 우리 속에 있지 아니할 것이다”(요일 1:8; 또한 1:10; 2:1; 5:16을 보십시오)라고 말했듯이 말입니다. 더구나 이 입장은 죄를 버리고 의롭게 살라는 반복되는 명령과 양립하기 어렵습니다. 두 번째 견해는 조금 더 낫긴 하지만 여전히 가능성이 낮아 보입니다. 이는 가장 위대한 성인들조차도 끝까지 죄와 씨름했기 때문입니다(예, 다윗 왕, 사도 베드로).

그렇다면 요한일서 3:6은 종말론적으로 하나님의 미래라는 관점에서 그리스도인들이 그리스도의 완결된 사역에 비추어 죄를 짓지 않는다고 선언하고 있는 것일까요(견해 3)? 이것은 대니얼 월리스(Daniel Wallace 525)의 견해로서, 그는 근접 문맥이 “계획된 바 종말론적 실재의 관점에서 말하고” 있으며 “성화에 대한 예견적 견해”를 제공하고 있다고 주장합니다. 말하자면, “신자들에 대한 과장법적 묘사로서 … 신자들이 아직 완벽하지는 않지만 그쪽으로 가고 있음을 암시한다”는 것이지요. 결과적으로 “이 저자는 종말론적 소망의 맥락에서 말하면서 아직 실재(true)가 아닌 진리를 기정사실인 것처럼 진술한다는 말”입니다(Wallace 525). 이 해석은 이 동사를 금언(gnomic)인 현재 시제 형태로 간주합니다. 즉, 그리스도인에 대한 일반적 진리 형태로 제시하는 것이지요. 따라서 그리스도인들은 경험적으로는 죄를 짓는다 하더라도, 그리스도가 십자가에서 죗값을 지불하셨기 때문에 잠재적으로는 죄를 짓지 않는 셈이 되는 것입니다.

하지만 네 번째 견해의 가능성이 가장 높습니다.[2] 요한일서

---

2. Daniel L. Akin, *1, 2, 3 John*, NAC 38 (Nashville: Broadman & Holman,

3:6에서 동사 ἁμαρτάνει는 되풀이되고 관습적인 행동 개념을 포함하고 있는 반복적인(iterative) 현재로 해석되는 것이 좋습니다. 이 해석은 ESV("누구든지 그 안에 거하는 자는 죄를 계속해서 짓지 않는다"[No one who abides in him keeps on sinning])와 NIV("누구든지 그 안에 사는 자는 죄를 계속해서 짓지 않는다"[No one who lives in him keeps on sinning])에 나타나 있습니다.[3] 몇 가지 문맥의 요소들은 ἁμαρτάνει가 반복적 현재로 해석되어야 함을 보여줍니다. 첫째, 우리가 이미 살펴본 바와 같이 요한은 우리가 죄가 없다고 주장을 하면 자신을 속이는 것이라고 말했지요. 이렇게 요한은 이미 이 삶 가운데 완전함이란 불가능한 것임을 암묵적으로 인정하고 있는 셈입니다(이렇게 견해 1과 2가 제외됩니다). 둘째, 요한이 종말론적 희망에 비추어 말하고 있다는 해석은 편지의 문맥에 꼭 들어맞지는 않습니다. 이 편지에서 요한은 참 신자들에게 확신을 주고 거짓 신자들을 드러내는 세 가지 시험을 반복적으로 제시합니다. 거짓 신자들은 경건하지 않은 삶의 방식을 받아들이고, 다른 사람을 사랑하기를 무시하며, 결과적으로 죄 가운데 살기를 계속하게 됩니다. 이렇게 요한은 거짓 교사들의 생활 방식과 진정한 그리스도인인 자들의 생활방식을 대조하려 하고 있습니다.

셋째, 요한이 생활 방식으로서 죄를 **버릇하는**(*practicing*) 것을 거

---

2001), 143.

3. 또한 다음 역본을 보십시오. NLT: "Anyone who continues to live in him will not sin. But anyone who keeps on sinning does not know him or understand who he is."

듭 강조하는 근접 문맥을 통해 이 반복적인 뉘앙스는 지지됩니다.

- "죄를 버릇하는(practices) 모든 자"(πᾶς ὁ ποιῶν τὴν ἁμαρτίαν, 요일 3:4)
- "죄를 버릇하는(practices) 자"(ὁ ποιῶν τὴν ἁμαρτίαν, 3:8 NASB)
- "하나님께로부터 난 자는 누구도 죄를 버릇하지(practices) 않는다"(πᾶς ὁ γεγεννημένος ἐκ τοῦ θεοῦ ἁμαρτίαν οὐ ποιεῖ, 3:9 NASB)[4]

이런 문맥에서 요한은 죄를 짓는 자들뿐 아니라 죄를 버릇하거나(practice) 습관적으로 죄를 짓는(make a practice of sinning) 자들을 구체적으로 가리키고 있습니다(명사 ἁμαρτία를 동반한 동사 ποιέω를 사용함으로써 말이지요). 그러므로 요한은 이 삶 가운데 기독교의 완벽주의의 가능성이나 그리스도가 우리를 위해 하신 일을 기초로 하고 있는 종말론적 소망에 대해 진술하고 있는 것이 아니라 하나님의 참된 자녀들을 분별하기 위한 지침을 주고 있는 거예요. 곧, 하나님께 대해 습관적으로 불순종하지 않는 사람들이 참된 자녀들이라는 말입니다.

마지막으로 3:9에서 부정사 ἁμαρτάνειν의 사용은 이 해석을 확증하는 데 도움이 됩니다. 요한은 모든 신자가 "계속해서 죄를 지을 수 없다[οὐ δύναται ἁμαρτάνειν]. 이는 그가 하나님에게서 났기

---

4. 요 8:34도 보십시오. "예수께서 대답하시되 진실로 진실로 너희에게 이르노니 죄를 버릇하는 자마다[πᾶς ὁ ποιῶν τὴν ἁμαρτίαν, "everyone who practices sin"] 죄의 종이라"

때문이다"라는 사실을 덧붙입니다. δύναμαι + 부정사 구조는 신약에 174회 나타나는데요, 이때 부정사는 126회는 부정과거 형태로, 48회는 현재 형태로 나옵니다. 이렇게 δύναμαι는 부정사와 더불어 구성될 때 부정과거를 선호하는 경향이 있습니다.[5] 이 자료를 바탕으로 보(Baugh)는 "요한이 특별한 뉘앙스를 전달하고자 했기 때문에 의도적으로 ἁμαρτάνειν의 현재 부정사 형태를 사용했다. 이 뉘앙스란, '특징적인' 행동 본성, 곧 죄를 짓는 삶의 방식이다"라고 언급한 바 있습니다.[6] 그렇게 이 해석은 요한일서의 역사적이고 문학적인 문맥에 들어맞을 뿐 아니라 문법적 증거의 지지도 받게 됩니다.

---

5. 참조, μέλλω + 부정사(현재 84회; 부정과거 7회); ἄρχομαι + 부정사(현재 87회; 부정과거 0회).
6. S. M. Baugh, *A First John Reader: Intermediate Greek Reading Notes and Grammar* (Phillipsburg, NJ: P&R, 1999), 52.

# 제14장
# 미완료 직설법
# 갈라디아서 1:13

## 서론

다마스쿠스 도상의 경험 이전에 사도 바울은 전심을 다해 그리스도인들을 박해했습니다. 우리는 스데반이 순교할 때 "사울이 그의 처형을 옳게 여겼다"(행 8:1)라는 기록을 읽을 수 있지요. 실제로 "사울은 교회를 멸하고 집집마다 들어가 남자와 여자를 끌어다가 옥에 넘겼습니다"(8:3). 사울은 자기 열심에 만족하지 않고 "주의 제자들에 대하여 여전히 위협과 살기가 등등하여 대제사장에게 가서 다마스쿠스 여러 회당에 가져갈 공문을 청했습니다. 이는 만일 그 도를 따르는 사람을 만나면 남녀를 막론하고 결박하여 예루살렘으로 잡아오기 위함이었습니다"(행 9:1-2). 사울이 예수를 약속된 메시아로 받아들인 후, 다른 신자들은 과거 사울의 행동 때문에 그를 참된 따르미로 받아들이기를 주저했습니다.

그러나 바울은 자신의 과거를 잊지 않았습니다. 오히려 바울은 자신의 과거 모습을 하나님의 은혜의 예시로 사용하곤 했습니다. 바울은 디모데와 에베소교회에 편지를 쓰면서 저들에게 "내가 전에는 신성모독하는 자였고 박해자였으며 폭력을 행사하는 자였다. 그런데 내가 은혜를 입었다. 이는 내가 믿지 않을 때 알지 못하고 행했기 때문이다"(딤전 1:13 NASB)라고 말하며 과거를 상기합니다. 앞서서 갈라디아교회에 자신의 사도적 권위를 설명할 때는 이들에게 자신이 이전에 유대교에 있을 때 어떻게 (그리스도인들을) 핍박했는지를 상기시킵니다. 바울은 "내가 하나님의 교회를 심히 박해하여 멸하려고 했다[tried to destroy it]"(갈 1:13: 개역개정에서는 단순히 '멸하고'로 번역됐습니다—역주)라고 인정합니다. 그리고 몇 문장 뒤에서, 자신이 (예수에게로) 전향한 후에, 몇몇 이들이 "우리를 박해하던 자가 전에 멸하려던[tried to destroy] 그 믿음을 지금 전한다"(1:23) 함을 듣게 됐던 일을 추가적으로 언급합니다. 갈라디아서에서 바울이 "멸하고 있었다"(ἐπόρθουν[미완료], was destroying)는 진술이 두 차례 나옵니다. 그런데 거의 모든 영역본에서는 '하려고 했다'(trying to)는 단어를 추가하고 있지요. 그래서 '내가/그가 멸하려고 하고 있었다'는 뜻이 됩니다. 이렇게 동사를 보조하고 있는 어구는 정당한 것일까요? 아니면 신학을 본문에 집어넣어 읽은 결과일까요?

**개관**

현재 시제형과 같이 미완료 시제형은 행동을 진행적, 내부적(internal), 미완성된 것으로 묘사하면서 (현재 시제형과) 동일한 상적 의미(미완료 상)을 전달합니다.[1] 미완료는 직설법 외에 다른 법에는 나타나지 않기 때문에 시제는 거의 항상 과거에 해당합니다(이 과거 시제는 접두어의 존재로 표현됩니다). 아래에 나열한 미완료 용법의 범주는 기본적으로 현재 시제형에서 발견되는 것과 동일합니다. 이러한 겹침 현상은 이들 사이의 상적 유사성(aspectual similarity) 때문입니다. 미완료 시제형 자체가 아래에 나열된 범주 중 어떤 것도 **의미하는 것이** 아니라는 사실을 기억해야만 하는데요, 그보다도 미완료 형태는 어휘적, 문법적, 맥락적 요소와 결합하여서 단순히 **사용된** 것일 수 있습니다.

- **진행적**(*Progressive*: 시간에 따라 점차적으로 전개되는 과거의 행위): "그는 그들의 회당에서 가르치고 계셨다[ἐδίδασκεν]"(눅 4:15 CSB).
- **개시적**(*Inceptive*: 행동이나 상태의 시작을 강조): "[그는] 그의 자리를 집어 들고 걷기 시작했다[περιεπάτει]"(요 5:9 CSB).
- **반복적**(*Iterative*: 되풀이되거나 관습적인 과거 행동): "그는 여러 말로 … 그들에게 계속 권면했다[παρεκάλει]"(행 2:40 NASB).

1. 현재 시제 형태와 마찬가지로, 여기서 '내부적'(internal)이라는 것은 행동의 시작 내지 끝의 관점이 아닌 사건 내부에서 들여다보이는 행동을 의미합니다.

• **경향적**(*Tendential*: 과거 행동이 시작, 시도, 또는 제안되었지만 완료되지는 않음): "그리고 [바울이] 유대인과 그리스인을 설득하려 했다[ἔπειθεν]"(행 18:4).

### 해석

그리스어에 '하려고 하다'(try) 또는 '시도하다'(attempt)라는 뜻을 가진 단어(예, πειράομαι와 πειράζω)가 있지만,[2] 그 개념을 전달하는 더욱 보편적인 방법은 노력 동사(verb of effort: 멸하다, 멈추다, 분별하다, 설득하다, 화해하다 등등)의 미완료를 사용하는 것입니다. 미완료 상이(갈 1:13처럼) 반복되는 시도 개념과 잘 들어맞기 때문에 미완료 시제 형태가 사용된 것이지요. 말하자면 (미완료가 사용된) 행동은 완성됐다든지 전체로서 서술되는 것이 아니라 점진적으로 일정 시간에 걸쳐 전개되는 것으로 묘사되는 것입니다. 이 용법은 시도했거나 하려고 노력했지만 성공적으로 완성되지 못한 행동 개념을 분명하게 전달하는 신약의 몇몇 구절에 의해 확증됩니다.

예컨대, 우리는 예수가 세례를 받으러 요한에게 가셨을 때 "그러나 요한이 '내가 당신에게 세례를 받아야 하는데, 당신이 내게로 오십니까?'라고 말하며 그를 말리려고/멈추게 하려고 했다[διεκώλυεν]"(마 3:14 CSB)라는 기록을 읽을 수 있습니다. 다음 구절에

---

2. 예를 들어, 다음을 보십시오. 행 9:26, "사울이 예루살렘에 가서 제자들을 사귀려고 시도했으나[ἐπείραζεν] 다 두려워하여 그가 제자 됨을 믿지 않았다"; 24:6, "그가 또 성전을 모독하려 해서[ἐπείρασεν] 우리가 잡았다"; 26:21, "유대인들이 성전에서 나를 잡아 죽이려고 했다[ἐπειρῶντο]."

서 요한이 예수에게 세례를 베푸는 데 동의했다는 기사가 나오기에(마 3:15), 우리는 요한이 세례받으시려는 예수를 막지 못했음을 압니다. 두 번째 예는 누가복음 4:42에 나오는데요, 거기서는 이렇게 말합니다. "날이 새자 그가 한적한 곳으로 가셨다. 그러나 군중은 그를 찾고 있었다. 그들은 그에게 와서 그가 떠나지 못하게 하려고 했다[κατεῖχον]"(CSB). 하지만 몇 구절 후에 우리는 예수가 갈릴리의 여러 회당에서 계속 선포 사역을 하셨다는 것을 듣게 됩니다—이는 군중들의 시도가 성공적이지 못했다는 것을 가리킵니다. 마지막으로, 예수가 십자가에 못 박히실 때 군병들이 "그에게 몰약을 탄 포도주를 주려고 했지만[ἐδίδουν] 그는 받지 않으셨다"(막 15:23 CSB)라는 기사가 있습니다. 이 구절의 하반절은 예수에게 몰약을 탄 포도주를 주려는 시도가 실패했음을 분명하게 보여줍니다. 예수가 이를 거절하셨기 때문이지요.

바울이 교회를 멸하려 하거나 그렇게 하려 **시도했지만 실패했음을** 나타내는 데에는 문법적, 맥락적 증거뿐 아니라(갈 1:13), 신학적 근거도 있습니다. 말하자면, 하나님의 목적과 계획은 실패할 수 없고, 또한 예수는 교회를 세우실 것이며 '음부의 권세가 이길 수 없을 것'(마 16:18)이라고 약속하셨기 때문이지요. 따라서 바울이 반복적으로 교회를 박해했지만(ἐδίωκον[반복적 미완료], 갈 1:13) 교회를 멸했다고 주장하는 것은 아닙니다. 실제로 바울은 자신의 극단적이고 폭력적인 행동이 결코 하나님의 교회를 억누를 수 없다는 것을 나중에야 깨닫게 됩니다. 결국 바울의 반복적인 시도는 복음의 메시지를 전파하는 데 사용됩니다. 궁극적으로 바울 자신은 그리스도의 능력에 압도됐고 그리스도의 교회를 멸하고자 애쓴 바로 그 사람은 마침내 교회를 세우게 됩니다.

# 제15장
# 미래 직설법
# 마태복음 4:4

## 서론

시험/유혹(temptations)은 삶의 부분입니다. 우리 모두는 시험/유혹과 더불어 살고 있으며 그것에 굴하지 않으려고 애쓰고 있지요. 예수는 제자들에게 어떻게 기도해야 하는지 가르치시면서 "우리를 시험에 들게 하지 마옵시고 다만 악에서 구하옵소서"(마 6:13)라고 간구하셨습니다. 예수는 우리가 시험을 받지 않도록 아버지께 기도하라고 가르치셨습니다. 그런데 우리는 영(성령)이 "마귀의 시험을 받도록"(마 4:1) 예수를 광야로 '내몰았다'(ἐκβάλλει, 막 1:12) 또는 '이끌었다'(ἀνήχθη[ἀνάγω에서 옴], 마 4:1)는 사실을 읽게 됩니다. 마귀가 던진 덫에 응답하시면서 예수는 구약, 특히 신명기를 인용하십니다. 돌을 떡으로 변화시키라는 첫 번째 시험에 대해 예수는 "사람이 떡으로만 <u>살 것이 아니요</u>[οὐκ ζήσεται] 하나님의 입으로 나오는 모든 말씀으로 살 것이다"(마 4:4)라고 하셨습니다. 그런데 여기서 미래 시제형의 기능은 무엇일까요? 명령('사람은 떡만으로 살아서는 안 된다')으로 기능하는 것일까요? 아니면 일반적 진리('사람은 떡만으로 살지 않는다', NRSV)를 나타내는 것일까요?

### 개관

미래 시제형은 '어떤 참조점 **이후에** 발생하는 사건'을 가리킵니다.[1] 달리 말하자면 미래는 발생 가능한 사건, 곧 아직 발생하지 않았고 따라서 저자의 시점에서 미래에 속한 사건과 관련한 저자의 기대를 문법화한(grammaticalizes) 것입니다. 미래 시제형은 직설법 외에는 매우 드물게 나타납니다.[2] 미래의 몇 가지 주요한 용법은 다음과 같습니다.

- **예보적/예견적**(*Predictive*: 미래 사건을 예견함): "3일 뒤에 그는 살아날 것이다[ἀναστήσεται]"(막 9:31).
- **명령적**(*Imperatival*: 명령을 표현함): "네 이웃을 자신과 같이 사랑[해야] 할 것이다[ἀγαπήσεις]"(마 19:19).

---

1. Buist M. Fanning, *Verbal Aspect in New Testament Greek* (Oxford: Clarendon, 1990), 123.
2. 미래 분사는 12회 나옵니다: 마 27:49; 눅 22:49; 요 6:64; 행 8:27; 20:22; 22:5; 24:11, 17; 고전 15:37; 히 3:5; 13:17; 벧전 3:13. 열세 번째로 꼽을 만한 미래 분사는 롬 8:34에 나옵니다. 미래 부정사는 5회 나옵니다. 행 11:28; 23:30; 24:15; 27:10; 히 3:18.

- **심의적**(*Deliberative*: 실제 또는 수사학적 질문을 함): "주여, 우리가 누구에게로 가겠습니까[ἀπελευσόμεθα]"(요 6:68).
- **금언적**(*Gnomic*: 무시간적 진리를 전달함): "각 사람이 자기의 짐을 질 것이다[βαστάσει]"(갈 6:5 NASB).

미래 시제 형태는 종종 명령을 표현하는 명령법과 비슷하게 사용되곤 합니다. 신약에서 이 용법으로 나오는 대부분의 경우는 구약을 인용할 때인데, 이때 이 용법이 구약성경에 강하게 영향받았음을 보여주지요.[3] 명령적 미래는 (1) 복음서, 특히 마태복음에서 관찰되고, (2) 2인칭으로, 그리고 (3) 금지 명령(οὐ와 함께 부정 명령)으로 가장 통상적으로 나타납니다. 명령법과는 달리 명령적 미래의 용법은 강조적이거나 엄숙한 개념을 명령에 덧붙이기도 합니다. 금언적 미래는 "기회가 된다면 관습적으로 발생할 일을 진술하는 데 사용될 수 있습니다"(Burton, *Syntax*, 36).

### 해석

(마태복음에 따른) 예수의 세 가지 시험은 다음과 같습니다(모두 개역개정에서 가져왔지만 시제 표현은 원서를 따랐습니다—역주).

---

3. 그러나 명령적 미래는 고전 그리스어에서도 발견됩니다: BDF §362, p. 183; Ernest DeWitt Burton, *Syntax of the Moods and Tenses in New Testament Greek*, 3rd ed. (Edinburgh: T&T Clark, 1898), 35; D&M 19; Porter, *Idioms*, 44; Wallace 569.

**첫 번째 시험**

마귀: "네가 만일 하나님의 아들이어든 명하여 이 돌들로 떡덩이가 되게 하라"(마 4:3).

예수: "기록되었으되 사람이 떡으로만 살지[ζήσεται] 않을 것이요 하나님의 입으로부터 나오는 모든 말씀으로 살아야 할 것이다"(마 4:4: 신 8:3을 인용).

**두 번째 시험**

마귀: "네가 만일 하나님의 아들이어든 뛰어내리라 기록되었으되 그가 너를 위하여 그의 사자들을 명하실 것이다[ἐντελεῖται]. 그들이 손으로 너를 받들 것이며[ἀροῦσιν] 발이 돌에 부딪치지 않게 하리로다"(마 4:6: 시 91:11-12을 인용).

예수: "또 기록되었으되 주 너의 하나님을 시험하지 말 것이다[ἐκπειράσεις]"(마 4:7: 신 6:16을 인용).

**세 번째 시험**

마귀: "만일 내게 엎드려 경배하면 이 모든 것을 네게 줄 것이다[δώσω]"(마 4:9).

예수: "사탄아 물러가라 기록되었으되 주 너의 하나님께 경배할 것이다[προσκυνήσεις]. 그리고 다만 그를 섬길 것이니라[λατρεύσεις]"(마 4:10: 신 6:13을 인용).

우리가 당면한 문제는 마태복음 4:4에 있는 미래 동사 ζήσεται가 명령적 용법인지, 아니면 금언적 용법인지 하는 것입니다. 이 동사가 명령으로 기능하는 것인가요('빵만으로 살지 말라'), 아니면 단지 일반적인 원리를 진술하고 있는 것인가요('사람은 빵만으로 살지 않는다')? 전자가 후자보다 선호되는 데는 몇 가지 이유가 있습니다.[4] 첫째, 예수가 인용하신 다른 두 구절에서 (모두) 명령적 미래의 용법이 사용됐습니다. 두 번째 시험에서 예수는 "주 너의 하나님을 시험하지 말아야 할 것이다[ἐκπειράσεις]"(4:7)라고 응수하셨으며, 세 번째 시험에서는 "주 너의 하나님께 경배해야 할 것이다[προσκυνήσεις]. 그리고 다만 그를 섬겨야 할 것이다[λατρεύσεις]"(4:10)라고 대답하셨습니다. 이 세 번의 미래형이 모두 분명히 명령적 용법으로 쓰인 것이지요.[5]

둘째, 이하의 역본들은 금언적 미래로 번역하고 있지만, 대부분의 영역본은 금언적 용법보다는 명령적 뉘앙스를 선호합니다.

---

4. Burton(*Syntax*, 35)은 명령적 기능이 "가능할 법"(probable) 하다고 주장하고, Robertson(889)은 "가능하다"(possible)고 주장합니다. 참조, M&E(138)와 Young(119)은 금언적 의미를 취합니다.

5. 마 4:6에 나오는 두 가지 미래가 예보적/예견적 미래(predictive futures)라는 것에 주목하십시오. 시 91:11-12을 인용하는 마귀는 이렇게 말합니다. "그가 너를 위하여 그의 사자들을 명하실 것이다[ἐντελεῖται]. 그들이 손으로 너를 받들 것이며[ἀροῦσιν] 발이 돌에 부딪치지 않게 하리로다"(마 4:6). 예수의 대답은 하나님의 약속이 결코 자신의 명령과 충돌하지 않는다는 점을 우리에게 상기시켜 줍니다. 마귀는 마 4:9에서도 예보적/예견적 미래를 사용합니다. "만일 내게 엎드려 경배하면 이 모든 것을 네게 줄 것이다[δώσω]."

- NRSV: "사람은 떡만으로 살지 않는다"(One does not live by bread alone).
- NET: "사람은 떡만으로 살지 않는다"(Man does not live by bread alone).
- NJB: "인간 존재는 떡만 가지고 살지 않는다"(Human beings live not on bread alone).
- NLT: "사람들은 떡만으로 살지 않는다"(People do not live by bread alone).

이 역본들의 해석을 진지하게 고려할 필요가 있지만 더 대중적이거나 잘 알려진 역본 대부분은 명령적 의미를 선호합니다.

- ESV, KJV, NKJV, RSV: "사람은 떡만으로 살지 않을 것이다"(Man *shall not live* by bread alone).
- CSB: "사람은 떡만으로 살아서는 안 된다"(Man *must not live* on bread alone).
- NASB, NIV: "사람은 떡만 가지고 살지 않을 것이다"(Man *shall not live* on bread alone).

셋째, 이 진술은 실제로 전(全) 시간적(omnitemporal)이거나 무시간적 진리처럼 들리지 않습니다. 이 말씀의 전반부("사람이 떡으로만 살 것이 아니요")는 격언적 (진리의) 의미가 있을지 모르겠지만 후반부("하나님의 입으로 나오는 모든 말씀으로 살아야 할 것이다")는 그렇지 않습니다. 사람들이 하나님으로부터 나오는 말씀으로 살아야 **하겠지만**, 보통 사람들이 꼭 그렇지는 않으니까 말입니다.

마지막으로, 명령적 용법은 금언적 용법보다 훨씬 더 일반적인 용법입니다.[6] 실제로 월리스(Wallace 571)는 미래의 금언적 용법이 신약성경에 '극히 드물게 사용된다'고 말하며, B&W(98)는 신약에서 오직 4회만 나온다고 언급하기도 했습니다(롬 5:7; 7:3; 갈 6:5; 엡 5:31).

명령적 기능으로 사용됐음을 반박하는 하나의 주장은 마태복음 4:4의 동사(ζήσεται)가 3인칭 동사인 반면, 명령적 미래가 나타나는 대부분의 경우는 2인칭이라는 것입니다. 하지만 3인칭으로 사

---

6. 다음은 신약에 나오는 명령적 미래를 거의 모두 포괄하는 목록입니다.

a. 십계명을 인용하는 명령적 미래: φονεύσεις(마 5:21; 19:18; 롬 13:9); μοιχεύσεις(마 5:27; 19:18; 롬 13:9); κλέψεις(마 19:18; 롬 13:9); ψευδομαρτυρήσεις(마 19:18); ἐπιθυμήσεις(롬 7:7; 13:9).

b. 레위기를 인용하는 명령적 미래: ἔσεσθε(벧전 1:16; 레 11:44-45 인용); ἐπιορκήσεις(마 5:33; 레 19:12 인용); ἀγαπήσεις(마 22:39; 롬 13:9; 갈 5:14; 약 2:8; 레 19:18 인용); ἀγαπήσεις, μισήσεις(마 5:43; 레 19:18 인용).

c. 신명기를 인용하는 명령적 미래: ἀγαπήσεις(마 22:37; 막 12:30; 눅 10:27; 신 6:5 인용); προσκυνήσεις(마 4:10; 눅 4:8; 신 6:13 인용); ἐκπειράσεις(마 4:7; 눅 4:12; 신명기 6:16 인용); ζήσεται(마 4:4; 신 8:3 인용); φιμώσεις(딤전 5:18; 신 25:4 인용).

d. 이사야서를 인용하는 명령적 미래: κληθήσεται(마 21:13; 사 56:7 인용).

e. 구약을 인용하지 않는 명령적 미래: καλέσεις(마 1:21; 눅 1:13, 31); ἔσεσθε(마 5:48; 6:5); ἔσται(마 20:26-27[3×]; 또한 막 9:35; 마 23:11; 막 10:44); ἐρεῖτε(마 21:3); ὄψη(마 27:4); ὄψεσθε(마 27:24; 행 18:15); ἀφήσεις(눅 17:4); ἀρκεσθησόμεθα(딤전 6:8).

용된 몇 가지 확실한 용법(마 20:26–27; 21:13; 23:11; 막 9:35; 10:44)과[7] 이 범주에 속할 만한 (확실하지는 않지만) 몇몇 경우들(예, 마 16:22; 롬 6:14; 갈 6:5)도 있습니다.[8]

---

7. 또한 딤전 6:8에서 사용된 1인칭의 경우를 보십시오.
8. 롬 6:14의 해당 어구를 명령적 미래로 해석하기 선호하는 사람들을 위해서는, 틴데일역(Tyndale's translation)과 B&W 97; 갈 6:5의 명령적 미래 해석 가능성에 대해서는, KMP 273n64; B&W 98을 보십시오.

# 제16장
# 부정과거 직설법
# 에베소서 4:20

## 서론

1972년 프랭크 스택(Frank Stagg)은 "오용된 부정과거"라는 제목의 논문을 출판했습니다.[1] 거기서 그는 부정과거 시제형에 대한 일반적인 오해, 즉 부정과거(aorist)가 단발적 또는 일회적인 행동 유형을 전달한다는 오해를 풀고자 했습니다.[2] 그는 이러한 고정관념적 오해에 사로잡혀 있는 주석들과 문법들의 예를 제공했지요. 하지만 부정과거가 유일한(sigular) 사건을 전달하는 것은 가능합니다만[3] 그런 결론은 동사의 시제 형태가 아니라 동사의 어휘적 의미와 문맥에 따른 것이에요. 에베소서 4장에서 바울은 편지 수신자

1. Frank Stagg, "The Abused Aorist," *JBL* 91 (1972): 222-31.
2. 40년이 지난 후, David L. Mathewson, "The Abused Present," *BBR* 23, no. 3 (2013): 343-63은 Stagg의 논문을 따릅니다.
3. 예, 롬 6:10: "그는 죄에 대하여 단번에 죽으셨다[ἀπέθανεν]."

들과 믿지 않는 이방인들의 사고방식 및 생활방식을 대조하면서 저들이 완전 다른 방식(way)을 배웠음을 상기시킵니다. "그러나 그것은 너희가 그리스도를 배운 방식이 아니다[ἐμάθετε]!"(엡 4:20). 부정과거 형태를 사용할 때 바울은 이 동사가 단회적인(onetime) 행동, 또는 회심과 같은 유일한(sigular) 행동으로 간주되기를 기대했을까요? 아니면 이 동사는 고정되지 않은 기간을 허락하는 요약적 진술을 전달하고 있는 것일까요?

**개관**

부정과거 직설법은 신약에서 가장 흔하게 등장하는 시제형입니다. 기본적으로 부정과거는 저자가 진행 과정 또는 지속 시간을 고려하지 않은 채 행동을 전체적으로 묘사하고자 할 때 사용되지요. 부정과거는 또한 내러티브에서 사용되는 기본값 시제형이기도 한데요, 흔히 내러티브의 주요 줄거리를 전달할 때 사용됩니다. 이 시제형이 사용된 약 80%의 경우 부정과거의 행동 시제는 과거인데, 동사의 앞에 첨가된 접두사가 그런 의미를 전달합니다. 이하의 범주는 부정과거 시제형의 (자체적인) 의미가 아니라 어휘적, 문법적, 맥락적 요소와 결합되어 부정과거가 사용된 경우를 보여줍니다.

- **술정적**(*Constative*: 진행 과정이나 지속 시간을 고려하지 않은 채 행동을 전체적으로 묘사함): "바울이 만 2년을 머물렀다[ἐνέμεινεν]"(행 28:30 HCSB).

- **개시적**(*Inceptive*: 동작이나 상태의 시작을 강조함): "예수가 울음을 터뜨리셨다[ἐδάκρυσεν]/울기 시작하셨다"(요 11:35 NRSV).
- **완결적**(*Culminative*: 동작이나 상태의 중단을 강조함): "그가 그를 예수께 데려왔다[ἤγαγεν]"(요 1:42).
- **서신적**(*Epistolary*: 현재 대신 부정과거를 사용함으로써 독자의 관점에서 [보통 '쓰거나' '보내는'] 현재 행동을 묘사함): "그러나 이제 내가 너에게 쓰고 있다[ἔγραψα]"(고전 5:11).
- **금언적**(*Gnomic*: 보편적인 진술 또는 일반적으로 참인 진술을 전달함): "풀은 시든다[ἐξηράνθη]"(벧전 1:24).

### 해석

에베소서 4:20, "그러나 그것은 너희가 그리스도를 배운 방식이 아니다!"에서 부정과거 동사 ἐμάθετε는 정확히 어떻게 사용됐나요? 몇몇 주석가들은 부정과거를 강조하여 특정 시점의 행동을 강조하고 있는 표현이라고 말합니다. 이것이 어니스트 베스트(Ernest Best)의 입장입니다. "동사의 부정과거 시제는 아마도 저들이 그리스도인이 됐던 순간/기간을 가리키고 있을 것이다."[4] 21절에서 바울은 이렇게 덧붙입니다. "진리가 예수 안에 있는 것처럼 너희는 그에 대하여 들었고[ἠκούσατε] 그 안에서 가르침을 받았을진대[ἐδιδάχθητε]." 추가된 두 동사('듣다'와 '가르침을 받다')는 에베소 사람들이 기독교의 믿음의 진리를 '배웠을' 때 발생하는 일을 확장

---

4. Ernest Best, *Ephesians*, ICC (London: T&T Clark, 1998), 427

해서 보여줍니다. 부정과거 ἠκούσατε("듣다")의 의미를 강조하면서 베스트는 이렇게 계속 말합니다. "부정과거 시제는 들음이 회심 때의 사건임을 시사한다"(427). 이와 유사하게 ἐδιδάχθητε("가르침을 받다")와 관련해서 그는 "부정과거 시제는 과거 가르침의 기간을 가리키고 있음을 암시하며, 이는 종종 첫 교리 교육의 때로 이해될 수 있다. … 고정된 기간을 암시하는 이 부정과거 시제는 그렇게 계속 진행되는 [세례 이후의] 가르침에는 적절하지 않다"(427-28)라고 말합니다. 그러고 나서 그는 부정과거 시제가 사용된 이유에 대해 묻고, 또 대답합니다. "들음과 가르침을 받는 것을 가리키는 두 동사는 다른 각도에서 볼 때 그리스도인이 되는 바로 그 사건을 가리킬 수 있다. 그리스도를 받아들이는 것은 단지 그리스도와 어떤 관계뿐 아니라 그가 누구이며 그가 무슨 일을 했는지에 대한 모종의 이해를 받아들이는 것, 즉 (그것이 아무리 빈약하다 하더라도) 교리의 일정 부분을 수용하는 것을 함의한다"(428).

해럴드 회너(Harold Hoehner)는 동사 ἐμάθετε에 관하여 유사하게 해석합니다. 하지만 회너는 부정과거가 일회적 행동을 의미한다고 진술하기보다 부정과거 형태가 이 문맥에서 행동의 진입을 뜻한다고 주장합니다. "개시적 부정과거는 회심의 때를 가리킨다. 이전에 하나님에 반대했던 이방인들과 유대인들이 선포된 그리스도를 듣고 그를 받아들였다. 이것이 바로 저들이 '그리스도를 배운 것'의 시작점이었다."[5] 마찬가지로 그는 부정과거 ἠκούσατε(듣

5. Harold W. Hoehner, *Ephesians: An Exegetical Commentary* (Grand Rapids:

다)가 '20절에서처럼 회심의 때를 가리킨다'라고 주장합니다(*Ephesians*, 595). 회너는 세 번째 부정과거인 ἐδιδάχθητε("가르침을 받다")에 대해서 베스트와 의견을 달리하는데요, "회심할 때뿐 아니라 [그리스도에 관한] 지식이 축적되면서 날마다 성장하는 것"을 의미한다고 말하지요(595). 이렇게 그는 이 동사가 "술정적 부정과거일 확률이 가장 크다"라고 주장합니다(595).

하지만 ἐμάθετε와 ἐδιδάχθητε 둘 다를 술정적 부정과거로 보는 것이 가장 좋습니다. 이 용법은 "행동의 시작이나 끝에 특정적으로 초점을 두지 않은 채 행동을 요약적 방식으로 묘사합니다"(Wallace 557). 그렇게 이 견해는 부정과거 시제형이 역사 속 특정 시점을 콕 집어 가리키기보다 행동이 수행되는 데 걸린 과정이나 시점과 관계없이 전체적인 행동을 묘사합니다. 링컨(Lincoln)은 ἐδιδάχθητε가 "**더 깊은** 교리 교육 단계를 강조"한다고 주장하면서 부정과거 시제형이 회심 시점을 가리킨다는 견해를 거부했습니다.[6] 이와 마찬가지로 틸만(Thielman)은 이렇게 설명합니다. "바울은 편지 수신자들이 복음을 듣고 믿은 후 **계속해서** 기독교의 전통에 대해 배웠다고 생각하고 있다."[7] 그렇기에 라킨(Larkin)이 "부정과거 시제형은 너무 자주 회심과 같은 특정 시점의 사건으로 해석되

---

Baker Academic, 2002), 594.

6. Andrew T. Lincoln, *Ephesians*, WBC 42 (Dallas: Word, 1990), 280 [=『에베소서』, 솔로몬, 2006], 강조는 첨가됐습니다.

7. Frank Thielman, *Ephesians*, BECNT (Grand Rapids: Baker Academic, 2010), 301 [=『에베소서』, 부흥과개혁사, 2020], 강조는 첨가됐습니다.

곤 한다"라고 쓴 것은 전적으로 옳습니다.[8]

흥미롭게도 회너는 첫 번째 동사('배우다')를 개시적 부정과거로 취하면서 두 번째 동사('가르침을 받다')는 술정적 부정과거로 보았습니다. 이러한 구분이 거부되어야 하는 이유는 두 동사 모두 동일한 사건을 단지 다른 관점에서 가리키고 있는 것이기 때문이지요. 실제로 링컨은, 가르침을 받는 것이란 "예수에 대해 배우는 것의 다른 면이고 복음서 전통에 있는 가르침을 받는 것을 포함한다"라고 바르게 말했습니다.[9]

예수의 제자가 되는 것은 회심의 순간에 완성되는 종류의 것이 아닙니다. 이는 단순히 그리스도에 대한 사실만을 배우는 것이 아니라, 신자들이 끊임없이 그리스도의 형상을 닮기 위해 노력하면서 일생 동안 배우고 성장하는 일을 포함합니다. 제자가 되는 일은 그리스도 그분을 아는 일, 그리고 영과 말씀으로 그분께 가르침을 받는 일을 포함합니다. 이는 그분을 직접 아는 것에 관한 것이며 또한 살아 계신 메시아를 전혀 만나본 적 없는 사람들과는 다른 삶을 살아내는 것을 포함합니다.

---

8. William J. Larkin, *Ephesians: A Handbook on the Greek Text, Baylor Handbook on the Greek New Testament* (Waco: Baylor University Press, 2009), 90.
9. Lincoln, *Ephesians*, 280. 동사 ἠκούσατε가 "주로 편지 수신자가 이 메시지를 처음으로 받은 것 … [그리고] 주로 첫 번째 전승 단계"를 가리킬 수는 있습니다. 하지만 그러한 구분은 부정과거 시제 형태가 아니라 동사의 문맥과 사전적/어휘적 의미에 달려 있습니다.

# 제17장
# 완료와 과거완료 직설법
# 요한복음 19:30

## 서론

요한복음 19:30은 "예수께서 신 포도주를 받으신 후에 이르시되 '이루어졌다' 하시고 머리를 숙이니 영혼이 떠나가셨다"라고 기록하고 있습니다. '이루어졌다'(It is finished)라는 선언은 단일한 그리스어 단어 τετέλεσται를 옮긴 것인데요, 이것은 τελέω의 완료 수동태입니다. 마운스(Mounce)는 "이렇게 예수의 삶과 죽음을 한 단어로 요약한 것은 아마도 모든 성경 가운데 가장 중요한 하나의 진술일 것이다"라고 주장한 바 있습니다.[1] 그런데 이 진술의 진정한 의미는 무엇인가요? 예수께서 자신의 삶을 돌아보면서 자신에 관해 예언된 모든 것이 성취된 방식을 주장하고 계신 걸까요? 아

1. William D. Mounce, *Basics of Biblical Greek*, 4th ed. (Grand Rapids: Zondervan, 2019), 275 [=『마운스 헬라어 문법』, 복있는사람, 2017].

니면, 자신의 죽음과 부활의 결과로 온 현재적인 복을 내다보고 계신 걸까요?

### 개관

완료 시제 형태는 지속되는 결과를 동반한 완료된 동작을 전달하는 것으로 묘사될 수 있습니다. 다른 말로, 동작은 과거에 수행됐고 완료됐지만 그 동작의 결과가 (저자의 시간의 축으로부터) 현재까지 여전히 지속되는 경우를 일컫습니다. 그리하여 γέγραπται(요 20:31)는 단순히 (과거 동작에 초점을 두고서) '그것이 기록됐다'(It is written)를 의미하는 것이 아니라 (어떤 것이 과거에 기록됐지만 여전히 오늘날까지 지속되는 함의를 내포한) '그것이 기록되어 있다'(It has been written)를 의미하는 것이지요. 완료의 상은 전형적으로 상태적인 것으로 묘사되는데요, 이는 이전 동작의 결과로서 존재 상태에 초점을 두고 있는 것입니다. 어떤 이들은 완료를 부정과거(완료 상)와 현재(미완료 상)의 결합으로 묘사해왔습니다.[2] 종종 해석자는 이 두 특징 중 어느 것이 해당 맥락에서 강조되고 있는지 판단할 필요가 있습니다. 즉, 때로는 초점이 과거에 완료된 동작에 있고(이때는 조동사 have/has로 번역됩니다), 다른 때는 강조점이 동작에 의해 야기된 결과 상태에 놓입니다(이때는 현재 시제 동사와 유사하게 번역됩니다).

---

2. 참고, KMP 231; Nicholas J. Ellis, "Aspect-Prominence, Morpho-Syntax, and a Cognitive-Linguistic Framework for the Greek Verb," in *The Greek Verb Revisited: A Fresh Approach for Biblical Exegesis*, ed. Steven E. Runge and Christopher J. Fresch (Bellingham, WA: Lexham, 2016), 122-60.

- **완결적**(*Consummative*: 결과적 상태를 만들어낸 완료된 동작을 강조함): "만일 우리가 범죄하지[ἡμαρτήκαμεν] 않았음을 말한다면"(요일 1:10).
- **강의적**(*Intensive*: 과거 행동으로 인해 야기된 결과적 상태를 강조함): "예언자들의 책에 기록되어 있다[γέγραπται]"(행 7:42).
- **극적**(*Dramatic*: 과거 사건이나 상태를 생생하게 묘사함): "요한이 그분에 대해 증언하고 외쳤다[κέκραγεν]"(요 1:15 NASB).
- **현재 상태**(*Present state*: 완료의 의미를 상실한 특정 동사와 함께 사용되어 현재 의미를 전달함): "이제 우리는 네가 귀신 들린 줄을 알고 있다[ἐγνώκαμεν]"(요 8:52).
- **금언적**(*Gnomic*: 일반적/관습적 진리를 전달함): "아내는 남편이 살아 있는 한 매여 있다[δέδεται]"(고전 7:39 CSB).

과거완료는 이전 행동에 의해 야기된 과거의 상태로 묘사될 수 있습니다.[3] 즉, 화자가 (전형적으로는 부정과거를 사용하여) 과거에 있었던 사건을 묘사하고, 그러고 나서 그 사건보다 이전에 발생한 사건을 언급하고자 할 때 흔히 과거완료가 사용됩니다. 예컨대, 산상수훈에서 예수는 지혜로운 사람이란 그의 말씀을 듣고 행하는 사람이라고 선언하시지요. 그러한 사람은 견고한 기초 위에 집을 짓는 사람에 비견됩니다. "비가 내리고[부정과거] 홍수가 나고[부정

3. 과거완료는 "더 이전의 과거에 있었던 행동에 의한 과거 상태"를 전달합니다. Zerwick, *Bib. Gk.*, §290, p. 98.

과거] 바람이 불어[부정과거] 그 집에 부딪치지만[부정과거] 무너지지 않는다[부정과거]. 이는 기초를 반석 위에 놓았었기[τεθεμελίωτο, 과거완료] 때문이다"(마 7:25). 비, 홍수, 바람이 오기 전에 집은 견고한 기초 위에 세워졌습니다. 과거완료의 상적 의미(aspectual significance)는 이전 행동/사건의 결과적 상태(과거)를 강조합니다. 과거완료는 흔히 나오지 않으며, 신약성경에는 단지 86회만 나타나고, 직설법에서만 발견됩니다.

- **완결적**(*Consummative*: 과거 행위의 완성을 강조): "이제 배반자가 그들에게 표적을 주었다[δεδώκει]"(막 14:44).
- **강의적**(*Intensive*: 더욱 과거의 행동으로 인해 초래된 과거의 결과 강조): "지금은 어두워지게 됐고[ἐγεγόνει] 예수는 그들에게 아직 오지 않으셨다"(요 6:17).
- **과거 상태**(*Past state*: 특정 동사는 선행하는 행동 없이 과거 상태를 전달함): "온 무리가 해변에 서 있었다[εἱστήκει]"(마 13:2).

**해석**

우리가 당면한 문제는 요한복음 19:30의 τετέλεσται가 완결적 완료(현재 상태를 만들어낸 과거의 행위를 강조함)인지 또는 강의적 완료(과거 행동의 결과로서 현재 상태를 강조함)인지 하는 것입니다. 다시 말해, 예수는 "구약의 희생제사, 예식, 모형론뿐 아니라 자신의 삶과 고난 등 이제 막 다가온 사건을 되돌아보고 있는 것"일까요(Young

127-28)? 아니면, 예수는 "자신의 죽음, … [즉,] 빚이 영원히 갚아지고 모든 사람이 이용할 수 있는 바, 지속되고 있는 상태의 유익을 내다보고 있는" 걸까요(Young 128)? 어느 정도 둘 다 옳지만 여기서 강조점은 전자(완결적 완료)에 놓여 있습니다.

1. 요한복음은 아버지가 그에게 맡긴 일을 예수가 성취하는 것의 중요성을 강조합니다. 예컨대, 요한복음 17:4에서 예수는 이렇게 말씀하셨습니다. "아버지께서 내가 하도록 주신 일을 내가 이루어 아버지를 세상에서 영화롭게 했습니다."[4]
2. 이 그리스어 단어(τετέλεσται)는 바로 두 구절 앞서서(19:28) 사용됐는데, 거기서 구약 성경의 성취를 명백하게 가리키고 있습니다. "이후에 예수께서 모든 일이 이제 다 이루어졌음을[τετέλεσται] 아시고(성경을 성취하기[τελειωθῇ] 위해) 말씀하셨다. '내가 목마르다.'" 예수가 언급하신 성경 본문은 시편 69:21일 가능성이 큽니다. 그래서 30절에서 예수가 '다 이루어졌다'라고 말씀하실 때 요한은 두 구절이 함께 해석되어야 함을 반복해서 보여주고 있는 것이지요. 또한 요한은 '성취하다'로 번역된 전형적인 단어(즉 πληρόω에서 온 πληρωθῇ)를 사용하지 않고, 대신 동일한 그리스어 단어군(τελ-)에서 유래한 동사 τελειόω를 사용했습니다. 이렇게 요한은 예수가 구약을 어떻

4. 참고, 또한 다음을 보십시오. 요 4:34, "나의 양식은 나를 보내신 이의 뜻을 행하며 그의 일을 온전히 **이루는 이것**이니라"; 5:36, "아버지께서 내게 주사 **이루게 하시는 역사** 곧 내가 하는 그 역사가 아버지께서 나를 보내신 것을 나를 위하여 증언하는 것이요."

게 성취했는지를 강조하고 있는 것이지요.

3. τελέω("이루다", "마치다", "완성하다")의 사전적 의미와 완료 시제 형태가 결합되어 예수의 사명의 완성을 강조하게 됩니다. 영(Young 128)이 다음과 같이 말한 것은 옳습니다. "τετέλεσται의 동사 개념은 완결적 완료 용법에 완전히 들어맞는다."[5] 동시에 우리는 완료의 두 가지 상(완료된 동작과 지속되는 상태)이 완료 시제 형태로 확인된다는 사실을 기억해야 합니다.[6]

찰스 스펄전(Charles Spurgeon)은 적어도 두 차례에 걸쳐 요한복음 19:30에 근거한 설교를 했습니다. "다 이루어졌다"는 제목의 첫 번째 설교는 1861년 12월 1일에 행해진 것인데요, 거기서 스펄전은 그리스도가 자신이 이루신 다섯 가지 방식을 강조했는데, 이는 다음과 같습니다.

> (1) 모든 모형, 약속, 예언이 이제 그리스도 안에서 완전히 성취됐다. (2) 옛 유대 율법의 모든 전형적인 희생제사가 폐지되고 또한 설명됐다. (3) 그리스도의 완벽한 순종이 이루어졌다. (4) 그리스

5. 요 19:28를 다루면서 구체적으로 그 동사에 대해 진술한 Murray J. Harris와는 반대됩니다. "과거에 발생한 일로 초래된 상태에 강조가 놓인다," *John*, EGGNT (Nashville: B&H, 2015), 316.

6. Edward W. Klink III는 이렇게 주장합니다. "완료된 동작의 성질은 계속 지속되는 현재 시제의 영향력을 가지고 과거의 동작을 묘사하는 동사의 완료 시제에 의해 증폭된다." *John*, ZECNT (Grand Rapids: Zondervan, 2016), 811 [=『강해로 푸는 요한복음』, 디모데, 2019].

> 도가 하나님의 정의를 만족시키셨다. (5) 예수는 사탄, 죄, 죽음의 권세를 완전히 멸하셨다.

스펄전은 첫 번째 요점을 다음과 같이 이어서 설명합니다.

> 예수가 "다 이루어졌다!"라고 말씀하셨을 때 모든 성경이 이루어졌습니다. 책 전체, 처음부터 끝까지, 율법과 예언자들이 모두 그분 안에서 이루어진 것입니다! 에덴의 문지방에 떨어진 에메랄드부터 말라기의 마지막 사파이어까지, 대제사장의 흉패에 박히지 않았던 약속의 보석은 하나도 없습니다. 붉은 암송아지에서부터 아래로는 산비둘기까지, 우슬초에서부터 위로는 솔로몬의 성전 자체까지, 그분 안에서 이루어지지 않은 모형은 하나도 없습니다. 그발강 강가에서 주어진 예언이든, 요단강 강가에서 주어진 예언이든 예수 그리스도 안에서 완전하게 이루어지지 않은 예언은 하나도 없습니다![7]

다른 말로 하자면, "하나의 단어로 구성된 이 그리스어 단어[τετέλεσται]는 하나님의 궁극적인 진술로서 그분이 성취하고자 하셨던 모든 것이 그의 아들의 인격과 사역 안에서 완전함에 이르도록 완성됐음을 선포하고 있습니다"(Klink, *John*, 811).

---

7. Charles H. Spurgeon, "It Is Finished," *Metropolitan Tabernacle Pulpit*, no. 421.

# 제18장
# 가정법
# 히브리서 13:5

## 서론

디모데후서 3:16에서 우리는 "모든 성경은 하나님의 감동으로 된 것"이고 따라서 "유익하다"라는 것을 듣습니다. 그런데 때로는 성경의 어떤 구절이나 본문이 다른 부분보다 더 중요하고, 적절하고, 강력하지는 않은지 의아해하기도 하지요. 예를 들어, 히브리서 13:5("내가 너를 결코 떠나지 않고 너를 결코 버리지 않을 것이다")은 성경에서 가장 강력한 구절 중 하나라고 말할 수 있을까요? 만일 그렇다면, 어떤 근거로 그렇게 주장할 수 있을까요?

## 개관

어떤 사람들은 가정법을 '불확실성의 법(mood)'이라고 묘사해왔습니다.[1] 가정법이 불확실한 것을 나타낸다는 것이 때로 사실이긴 하지만 항상 그런 것은 아닙니다. 예컨대, 요한은 가정법을 사용하여 그리스도의 재림을 묘사합니다. "그가 강림하실 때에[ἐὰν φανερωθῇ] 우리로 담대함을 얻어 그 앞에서 부끄럽지 않게 하려 함이라"(요일 2:28 개역개정)와 "그가 나타나시면[ἐὰν φανερωθῇ] 우리가 그와 같을 줄을 아는 것은 그의 참모습 그대로 볼 것이기 때문이니"(요일 3:2 개역개정). 요한은 그리스도의 재림이 불확실하기 때문이 아니라 재림의 때가 우리에게 알려져 있지 않고 따라서 그때가 확정적이지 않기(indefinite) 때문에, 가정법을 사용한 것입니다.

그래서 가정법을 '불확실성의 법'보다 '비확정적(indefinite)이지만 개연성 있는(probable) 법'(개연성의 법)으로 기술하는 것이 가장 좋습니다. 시제 형태가 사용되지만 가정법은 전형적으로 미래에서 발생하는 일들을 기술합니다. 미래 직설법과는 달리 가정법은 미래에 **일어날 법한**(*might*) 일들을 다루곤 하지만, 미래 직설법은 (적어도 진술하고 있는 사람에 의해 묘사된 바와 같이) 일반적으로 **발생하게 될**(*will*) 일들을 나타내지요. 가정법에는 다양한 용법이 있습니다.

- **목적/결과**(*Purpose/result*: ἵνα 또는 ὅπως + 가정법): "이제 이 모든 것은 주

1. 예를 들어, Curtis Vaughan과 Virtus E. Gideon은 가정법이 "의심스럽고 주저되는 주장에 사용된다"라고 설명합니다. *A Greek Grammar of the New Testament* (Nashville: Broadman, 1979), 102. 또한 William Hersey Davis, *Beginner's Grammar of the Greek New Testament* (New York: Harper & Row, 1923), 74을 보십시오.

께서 선지자를 통해 하신 것들을 이루기 위함이다[ἵνα πληρωθῇ]"(마 1:22 CSB).

- **조건**(*Conditional*: ἐάν 또는 ἐὰν μή + 가정법): "만일 누구든지 목마르다면[ἐάν ... διψᾷ], 내게로 와서 마시게 하라"(요 7:37).
- **부정 관계사**(*Indefinite relative*: ὅσ[τις] ἄν/ἐάν 또는 ὃς [δ'] ἄν + 가정법): "누구든지 그의 말씀을 지키는 자는[ὃς δ' ἂν τηρῇ], 참으로 하나님의 사랑이 온전해진 것이다"(요일 2:5).
- **시간 관계사**(*Temporal relative*: ὅταν [또는 ἕως, ἄχρι, μέχρι] + 가정법): "내 형제들아, 너희가 여러 가지 시험을 받을 때마다[ὅταν ... περιπέσητε] 그것이 큰 기쁨이라고 생각하라"(약 1:2 HCSB).
- **권유**(*Hortatory*: 명령으로 기능하는 1인칭 복수 가정법): "그러므로 우리가 은혜의 보좌에 담대하게 나아가자[προσερχώμεθα]"(히 4:16 CSB).
- **숙고**(*Deliberative*: 실제적 또는 수사학적 질문): "내가 너희에게 무엇을 말해야 할까[εἴπω]?"(고전 11:22).
- **단호한 부정**(*Emphatic negation*: 이중부정 형태[double negative], οὐ μή): "내가 그들에게 영생을 주고, 그들은 결코 멸하지 않을 것이다[οὐ μὴ ἀπόλωνται]"(요 10:28).
- **금지**(*Prohibitory*: 명령으로 기능하는 부정과거 가정법의 부정문): "우리를 시험에 들지 않게 하소서[μὴ εἰσενέγκῃς]"(마 6:13 CSB).

### 해석

위에서 언급했듯 가정법이 반드시 불확실성을 전달하는 것은 아닙니다. 가정법은 실제로 때때로 확실히 강조된 어떤 것(즉, 분명하게 발생하지 **않을** 일)을 전달하기도 합니다. 그러한 경우가 바로 '단호한 부정' 용법인데, 이는 이중부정 형태, 곧 οὐ μή(직설법/비직설법 부정의 불변사)에 부정과거 가정법(또는 간혹 미래 직설법)이 동반된 형태로 표현됩니다. 용법의 명칭에서 보듯이 이 부정 형태는 무언가 일어날 것을 강하고 확고하게 부정합니다. 사실상 이것은 "그리스어에서 무언가를 가장 강하게 부정하는 방식입니다"(Wallace 468). 흥미롭게도 신약성경에서 이 용법의 용례 중 약 90% 정도가 예수의 말씀이거나 칠십인역 인용문에 나타납니다.

'단호한 부정'의 한 예는 히브리서 13:5b에서 발견되는데요, οὐ μή σε ἀνῶ οὐδ' οὐ μή σε ἐγκαταλίπω, "내가 너를 결코 떠나지 않을 것이며 너를 결코 버리지 않을 것이다"가 그것입니다. 문맥에서 저자는 우리가 만족하며 돈을 사랑하는 것에서 자유할 수 있는 기초가 하나님이 항상 우리와 함께하시며 우리를 결코 버리지 않으시겠다는 약속이라고 주장합니다. 이 구절은 창세기 28:15, 신명기 31:6-8 및/또는 여호수아 1:5이 병합(conflation)됐을 가능성이 있는데요, 이 메시지는 곧 언약을 지키시는 하나님이 자기 백성과 계속해서 함께하시겠다는 것을 전합니다.

그러나 문법적으로 볼 때, 이 구절이 성경에서 가장 강력한 구절 중 하나로 간주될 수 있을까요? 이 질문에 '그렇다'(yes)고 대답할 수 있는 이유는 여기에 다섯 가지 부정문(두 개의 단호한 부정과 부정 접속사 οὐδέ[~도 아닌]: 즉, οὐ, μή, οὐδέ, οὐ, μή, 이렇게 셈하여 5회입니다—역주)이 연달아 나오기 때문입니다. 이 생각은 오래된 찬송가 "굳도다 그 기초"(How Firm a Foundation)의 가사에 잘 포착되어 있습니다. 이 찬송의 마지막 절은 이렇게 말합니다.

> 구원 얻으려고 예수께 의지한 영혼
> 하나님은 결코, 하나님은 결코
> [우리를] 원수에게 내주지 않으리
> 온 지옥이 저 영혼을 흔들려 하나
> [하나님은] **결코, 절대로 결단코, 절대로 결단코**(*never, no never, no never*) 저들을 버리지 아니하리라.[2]

찰스 스펄전(Charles Spurgeon)은 자신의 설교에서 이 본문을 몇 차례 언급했는데요, "결코! 결코! 결코! 결코! 결코!"라는 설교의 제목에서도 이를 다루었지요.

> 우리는 분명 우리가 가진 번역본이 원문에 담긴 전체적인 힘을 전달하지 않는다는 것과 그리스어의 무게를 영어/한국어로 전하

2. 이 찬양의 작사가는 알려져 있지 않습니다. 이 찬양은 John Rippon의 찬송가집(*A Selection of Hymns from the Best Authors*)에 실려 있습니다. 거기에는 저자의 이름이 보통 나열되지만 이 경우에는 K.라고만 쓰여 있습니다. 어떤 사람들은 이 작사가가 Rippon이 50년 이상 목사로 섬긴, 런던 카터의 레인 침례교회(Carter's Lane Baptist Church)의 지휘자(music director) Robert Keene을 가리키는 것으로 생각합니다.

> 는 것이 거의 불가능하다는 사실을 잘 알고 있습니다. 우리는 이렇게 번역할 수 있을지 모르겠네요. "그는 말씀하시기를, 나는 너를 결코, 결코 떠나지 않을 것이며, 또한 나는 너를 결코, 결코, 결코, 버리지 않을 것이다." 이는 문자적인 번역이 아니라 다소 자유롭게 의역된 것인데, 그리스어에는 다섯 개의 부정이 있지만, 여기에 담긴 의미의 힘을 전할 다른 어떤 방식을 우리가 알지 못하기 때문이지요. (연달아 나오는) 두 개의 부정(οὐ μή를 의미합니다—역주)은 우리가 가진 언어에서는 서로 상쇄되어 버리지만(영어에서 이중부정은 오히려 긍정을 뜻합니다—역주), 여기 그리스어에서는 서로 잇달아 나오면서 그 의미를 강화시켜줍니다.[3]

스펄전은 약 10년 후 다시 한번 이 본문을 다루었습니다.

> 영어에서는 두 개의 부정이 서로를 상쇄시키지만, 그리스어에서는 그렇지 않습니다—말하자면 하나님이 자기 백성을 버리실 것이라는 모든 생각에 대한, 하나님의 이러한 부정은 겹겹이 쌓이면서 우리 가운데 가장 의심 많은 사람들에게도 확신을 심어주기에 충분합니다! 하나님이 "내가 나의 백성을 결코, 결코, 결코, 결코, 결코 버리지 않을 것이다"라고 말씀하셨다면 우리는 그분을

---

3. "결코! 결코! 결코! 결코! 결코!"(Never! Never! Never! Never! Never!, no. 477)는 1862년 10월 26일 일요일 아침, 영국, 뉴잉턴, 메트로폴리탄 타버나클 교회(Metropolitan Tabernacle)에서 전해진 말씀입니다.

> 믿을 수밖에 없습니다! 그리고 우리는 주께서 그분의 종들을 버리시거나 멸망하도록 내버려 두실 가능성에 대한 모든 생각을 물리쳐야만 합니다![4]

스펄전은 정식으로 훈련받지 않았음에도 그리스어를 직접 가르쳤고 그리스어 본문을 공부할 때 자신의 설교가 향상된다는 사실을 알고 있었습니다. 우리는 원문에 주의를 기울임으로써 스펄전을 모본으로 삼는 것이 좋을 것입니다. 그렇게 함으로써 우리는 우리에게 주시는 하나님의 메시지의 완전한 무게를 듣게 (또한 느끼게!) 될 것입니다.

---

4. "결코, 절대로 결단코, 절대로 결단코"(Never, No Never, No Never, no. 3150)는 1873년 3월 16일 일요일 저녁, 영국, 뉴잉턴, 메트로폴리탄 타버나클 교회(Metropolitan Tabernacle)에서 전해진 말씀입니다.

# 제19장
# 명령법
# 마태복음 6:11

**서론**

예수께서 제자들에게 어떻게 기도해야 할지 가르치실 때 이렇게 기도하셨지요.

> 하늘에 계신 우리 아버지여
>
> 이름이 거룩히 여김을 받으시오며[ἁγιασθήτω]
>
> 당신의 나라가 임하시오며[ἐλθέτω]
>
> 당신의 뜻이 하늘에서 이루어진 것 같이 땅에서도 이루어지이다[γενηθήτω]
>
> 오늘 우리에게 일용할 양식을 주시옵고[δός]
>
> 우리가 우리에게 죄 지은 자를 사하여 준 것 같이
>
> 우리 죄를 사하여 주시옵고[ἄφες]

우리를 시험에 들게 하지 마시옵고[μὴ εἰσενέγκῃς]

우리를 다만 악에서 구하시옵소서[ῥῦσαι]. (마 6:9-13)

이 기도에서 7가지 명령이 사용됐는데요,[1] 모두 부정과거 시제형이 사용됐습니다. 앞의 세 간구는 하나님에게 초점이 있고, 뒤의 네 간구는 기도하는 사람에게 초점이 있습니다. 이와 같은 변화는 3인칭 명령에서 2인칭 명령으로의 변화뿐 아니라 2인칭 대명사 '당신의'(σου)에서 1인칭 대명사 '우리의'(ἡμῶν)로의 변화에서도 확인됩니다. 이것이 기도이기 때문에 이러한 명령들은 '요청의 명령'으로 분류되지만(이하를 보십시오), 우리가 당면한 문제는 부정과거의 기능입니다. 왜 부정과거 명령법이 사용된 것일까요? 특히 이 요청 중 많은 경우는 우리가 지속적으로 필요한 것들에 대한 요청인데 말입니다. 6:11("오늘 우리에게 일용할 양식을 주시옵고[δός]")에 있는 명령과 관련해서 월리스(Wallace 720)는 "이것은 긴급하고도 순간적인 것이다"라고 말합니다. 그러나 이것이 부정과거 시제형이 사용된 이유를 이해하는 가장 좋은 방법일까요? 이 요청이 긴급하거나 순간적인 것이어서 부정과거 시제형이 사용된 것일까요?

1. 기술적으로 말하자면, 6개의 명령법과 1개의 금지 가정법 μὴ εἰσενέγκῃς가 있습니다.

### 개관

전형적으로 명령법은 명령을 표현합니다. 또한 명령이 아닌 맥락에서도 사용되기에 '의지의 법(mood)'으로도 묘사되지요. D&M(174)에 따르면 "개연성이나 가능성이 아닌 오직 의지만을 표현하기에, 현실과 가장 멀리 떨어져" 있습니다. 이하는 명령법의 주요 용법들을 나타냅니다.

- **명령**(*Command*: 권고나 책망): "모든 것에 있어서 감사하라[εὐχαριστεῖτε]"(살전 5:18 NASB).
- **금지**(*Prohibition*: 행동을 금하는 부정 명령): "속지 말라[μὴ πλανᾶσθε]"(고전 15:33).
- **요청**(*Request*: 윗사람에게 간청): "주여, 저를 도와주십시오[βοήθει]"(마 15:25).
- **허락**(*Permission*: 허락, 허용, 또는 인정[toleration]을 표현): "그가 바라는 대로 하게 하라[ποιείτω]"(고전 7:36).
- **조건적**(*Conditional*: 함축된 조건문): "이 성전을 파괴하라[λύσατε]. 그러면 내가 3일 만에 그것을 다시 일으킬 것이다"(요 2:19).

### 해석

저자가 특정한 경우에 수행되어야 할 명령을 전달하기 바랄 때(한 차례 발생) 통상 부정과거 시제 형태 명령이 사용됩니다.[2] 반대

2. 이 장의 자료 일부는, Benjamin L. Merkle, "Verbal Aspect and Imperatives:

로 저자가 일반적인 훈계로서 수행되어야 할 명령을 전하기를 바랄 때(여러 차례 발생), 통상 현재 시제 형태가 사용되지요. 예외가 있지만 이 주목할 만한 패턴은 도움이 되는 지침입니다. 실제로 대부분의 문법가들은 이러한 (부정과거 명령을 동반한) 특정한 명령 대(vs.) (현재 명령을 동반한) 일반적 훈계의 구도를 인정합니다.[3] 이 지침은 부정과거 명령이 내러티브에서 더욱 빈번하게 발생하는 반면 서신에서는 현재 명령이 더욱 빈번하게 발생하는지 그 이유를 설명해줍니다. 내러티브는 통상 특정 개인/단체 사이에 발생하는 사건들을 보도하기 때문에 구체적/특정 명령이 기대됩니다.

동사의 상과 특정 명령/일반 훈계의 구별 사이에도 모종의 자연스러운 관계가 있습니다. 완료 상(부정과거 시제 형태)은 저자의 전체 그림 안에서의 동작 묘사 또는 전체로서의 동작 묘사를 전달하기 때문에, 구체적/특정 명령을 전달할 때 이 상을 사용하는 것이 자연스럽지요. 그러한 동작은 특정 경우에 전체 그림 안에서 수행되거든요. 반대로, 미완료 상(현재 시제 형태)은 진행 중 또는 계속되

---

Ephesians as a Test Case," in *New Testament Philology: Essays in Honor of David Alan Black*, ed. Melton Bennett Winstead (Eugene, OR: Wipf & Stock, 2018), 34–51에 있는 것입니다.

3. 예, BDF §335, p. 172; Buist M. Fanning, *Verbal Aspect in New Testament Greek* (Oxford: Clarendon, 1990), 327–40; Fanning, "Approaches to Verbal Aspect in New Testament Greek: Issues in Definition and Method," in *Biblical Greek Language and Linguistics: Open Questions in Current Research*, ed. Stanley E. Porter and D. A. Carson (Sheffield: Sheffield Academic, 1993), 55; Wallace 719–22; Zerwick, Bib. Gk., §243, p. 79.

고 있는 동작을 묘사하기 때문에, 일반적인 훈계를 전달할 때 이상을 사용하는 것이 자연스럽습니다. 그러한 동작은 적당한 경우에 (관습적으로/습관적으로) 반복되니까요.

그렇다면 주기도문에서 간구가 단지 한 번만 발생하는 것이 아닌데 어째서 부정과거 시제 형태가 사용되는 것인가요? 이 질문에 대한 주된 핵심적인 대답은 **문학 장르**입니다. 말하자면, 부정과거 명령은 기도 형식에서 특성상 일반적인 것을 지칭하기 위해 사용될 때도 매우 선호됩니다. 다른 글에서는 현재 명령이 일반적으로 일반적인 행동을 명령/금지하는 데(일반적 훈계) 사용되는 반면, 부정과거는 특정 경우의 행동을 명령/금지하는 데(특정 명령) 사용됩니다. 하지만 하나님께 요청하기 위해 명령이 사용되는 기도에서는, 일반적인 훈계를 가리키든, 구체적/특정 경우를 가리키든, 지배적인 시제 형태는 부정과거입니다. 이 경우, 문학 장르(기도)가 사실상 시제 형태를 결정하는 셈이지요.[4]

따라서 부정과거 명령의 사용은 과하게 해석되어서는 안 됩니다. 예컨대, 로저스 주니어(Rogers Jr.)와 로저스(Rogers)는 부정과거

4. S. M. Baugh, *Introduction to Greek Tense Form Choice in the Non-indicative Moods*, PDF ed. (Escondido, CA, 2009), 41-42, https://dailydoseofgreek.com/wp-content/uploads/sites/2/2015/09/GreekTenseFormChoice-Baugh.pdf는 허락을 받고 사용했습니다; Willem Frederik Bakker, *The Greek Imperative: An Investigation into the Aspectual Differences between the Present and Aorist Imperatives in Greek Prayer from Homer up to the Present Day* (Amsterdam: Hakkert, 1966); Fanning, *Verbal Aspect in New Testament Greek*, 380; Wallace 487-88, 720.

명령이 '특정한/구체적 요청'을 바라보는 것이라고 말합니다.[5] 사실상 주기도문은 현재 시제 형태와 더욱 자연스럽게 들어맞는, 일상의 (그래서 반복되는) 기도이지요. 그런데 부정과거가 사용됩니다. 왜냐하면 부정과거 동사의 형태가 기도 형식에서 발견되고 또한 그것은 목적점을 가진 동사(telic verb)이기 때문이지요. 흥미롭게도 누가복음의 주기도문에서는 현재 시제 형태(δίδου)가 사용됐습니다. 이는 아마도 누가가 '오늘날'(today, σήμερον, CEB) 대신 '매일'(each day, ESV) 또는 '날마다'(day by day, καθ' ἡμέραν, 예, NKJV)를 사용했기 때문일 것입니다. 이것은 부정과거 형태가 기도 장르에 사용되지 않는 보기 드문 예외 중 하나가 됩니다.

오스번(Osborne)은 포터(Porter)를 따라 부정과거 명령이 "동작을 단일한 전체"로 내다보고 있다고 제안합니다.[6] 그러나 저 용례는 동작에 대한 특정 관점을 제공하려는 저자의 의도라기보다 문학 장르(기도)와 동사의 사전적 의미를 반영하고 있을 가능성이 큽니다. 또한 부정과거가 긴급한 요청을 전달하기 위해 사용됐다고 주장하는 것 역시 너무 나간 주장일 것입니다. 결국, 여기서 부정과거 시제 형태가 사용된 이유를 결정하는 요소는 바로 장르입니다.

---

5. Cleon L. Rogers Jr. and Cleon L. Rogers, *The New Linguistic and Exegetical Key to the Greek New Testament* (Grand Rapids: Zondervan, 1998), 13.
6. Grant R. Osborne, *Matthew*, ZECNT (Grand Rapids: Zondervan, 2010), 228n22 [=『강해로 푸는 마태복음』, 디모데, 2015].

# 제20장
# 희구법
# 고린도전서 6:15

## 서론

우리는 사용하는 단어에 주의를 기울이지 않는다면 오해를 낳기 쉽습니다. 저는 초기 설교들 중 하나로 로마서 7:7-12을 설교한 적이 있는데요, 이 본문에서 바울은 수사학적 질문을 던집니다. "율법이 죄인가?"(7:7 NASB). 이 지점에서 바울은 희구법을 사용하여 이 질문을 단호하게 부정합니다. "결코 그러지 않기를 바란다!"(μὴ γένοιτο, "May it never be!", NASB). 이 진술의 의미를 설명하면서 저는 회중에게 바울이 전혀 사실이 아닌 것을 말할 때 사용하는 어구라고 말했습니다. 그러고 나서 이 구절을 다양하게 번역한 사례를 제시했지요. "결코 그러지 않기를 바란다!"("May it never be!", NASB), "분명 아니다!"("Certainly not!", NIV), "결코 아니다!"("By no means!", RSV). 그리고 누군가 만일 KJV를 사용한다면 "절대 안 된다!"(God forbid)라고 말했는데, 제가 여기서 의미했던 바는 KJV에서 μὴ γένοιτο를 '절대 안 된다!'(God forbid: 여기서는 문맥상 '절대 안 된다!'로 옮기고 이 장 뒷 부분에서는 여러 방식으로 옮깁니다—역주)라고 옮겼다는 것이었어요. 그렇지만 제가 전달한 것은 분명 그런 뜻으로 들리지 않았던 것 같습니다. 예배가 끝난 후 한 여성이 제게 찾아와서 따지듯이 물었어요. 제가 의미한 것이 KJV를 사용하면 안 된다는 것이었냐고 말이지요. 다행히도 저는 문제를 파악할 수 있었습니다. 그런데 이 구절에서 바울이 의미했던 것은 정확히 무엇이며, 어떻게 번역되는 것이 가장 좋을까요?

**개관**

희구법은 종종 '가능성[possibility]의 법'으로 묘사되곤 합니다(반면 가정법은 '개연성[probability]의 법'으로 묘사되지요). 그래서 이것은 가정법이 약화된 것으로 간주될 수 있습니다(Robertson 936). D&M(172)에 따르면 "[희구법은] 현실에 대한 확고한 기대를 담고 있는 것이 아니라 단지 행동을 상상할 수 있는 것으로 제시합니다." 코이네 그리스어에서는 희구법은 사라지고 가정법으로 대체됐습니다. 결과적으로 신약에서는 희구법이 68회만 사용됩니다(45회는 부정과거 형태, 23회는 현재 형태입니다). 대부분은 누가복음과 바울서신에 나타나며, 종종 기도/축도(benediction), 바람, 축복(blessing: 즉, 자발적 희구법)을 표현합니다. 희구법이 (부정사에 의해) 부정이 되면 질색/혐오(abhorrence: 예, μὴ γένοιτο)를 나타내지요. 한 가지 경우를 제외하고 희구법은 모두 3인칭 단수 형태로 나타납니다(몬 1:20은 1인칭 단수 형태를 가지고 있는 예외입니다: ὀναίμην, "제가 주 안에서 당신께 기쁨을 얻게 해주십시오", CSB).

- **축도**(*Benediction*): "자비, 평화, 사랑이 너희에게 많기를 원하노라 [πληθυνθείη]"(유 1:2).
- **기도/요청**(*Prayer/request*): "그들에게 비난이 돌아가지 않기를 바랍니다[λογισθείη]"(딤후 4:16).
- **축복**(*Blessing*): "이제 평화의 주께서 친히 너희에게 언제나 모든 방식으로 평화를 주시기를 바란다[δῴη]"(살후 3:16).
- **질색/혐오**(*Abhorrence*): "우리가 은혜에 거하려고 죄를 계속할 수 있을까? 절대 그럴 수 없다[μὴ γένοιτο]!"(롬 6:1-2).

**해석**

μὴ γένοιτο 어구는 신약에 15회 나옵니다(14회는 바울서신, 1회는 누가복음). 위에서 언급한 것처럼 이는 전형적으로 수사학적 질문에 대한 응답으로 나타나는데 이때 절대적이고 확고한 부정의 대답을 전달하지요. 아래는 이 어구가 대답으로 사용된 경우에 해당하는 바울의 질문들을 나열한 것입니다.

- "어떤 자들이 믿지 아니하였으면 어찌하리요? 그 믿지 아니함이 하나님의 미쁘심을 폐하겠느냐?"(롬 3:3)

- "그러나 우리 불의가 하나님의 의를 드러나게 하면 무슨 말 하리요? [내가 사람의 말하는 대로 말하노니] 진노를 내리시는 하나님이 불의하시냐?"(롬 3:5)
- "그런즉 은혜를 더하게 하려고 죄에 거하겠느냐?"(롬 6:1)
- "우리가 법 아래에 있지 아니하고 은혜 아래에 있으니 죄를 지으리요?"(롬 6:15)
- "율법이 죄냐?"(롬 7:7)
- "선한 것이 내게 사망이 되었느냐?"(롬 7:13)
- "그런즉 우리가 무슨 말을 하리요 하나님께 불의가 있느냐?"(롬 9:14)
- "그러므로 내가 말하노니 하나님이 자기 백성을 버리셨느냐?"(롬 11:1)
- "그러므로 내가 말하노니 그들이 넘어지기까지 실족하였느냐?"(롬 11:11)
- "너희 몸이 그리스도의 지체인 줄을 알지 못하느냐? 내가 그리스도의 지체를 가지고 창녀의 지체를 만들겠느냐?"(고전 6:15)
- "만일 우리가 그리스도 안에서 의롭게 되려 하다가 죄인으로 드러나면 그리스도께서 죄를 짓게 하는 자냐?"(갈 2:17)
- "그러면 율법이 하나님의 약속들과 반대되는 것이냐?"(갈 3:21)[1]

---

1. μὴ γένοιτο는 갈 6:14에서 바울에 의해 사용됩니다. 하지만 다른 경우와는 달리 수사학적 의문에 대한 응답으로 나오는 것이 아닙니다. 누가의 유일한 용례는 눅 20:16에 나옵니다.

μὴ γένοιτο 어구는 "앞선 질문이나 주장으로 제안된 바를 강력하게 반박합니다."[2] 월리스(Wallace 482)는 바울의 "용례가 이전 논증으로부터 잘못된 결론을 이끌어낼 수도 있다는 생각에 대한 바울의 반감"을 전달한다고 말했습니다. 이 어구에 비-직설법 부정어(μή) + γίνομαι의 희구법이 포함되기 때문에 문자적인 번역은 아마도 "결코 그러지 않기를 바란다!"(May it never be!", NASB)일 것입니다만, 거의 모든 주요한 영역본에서는 이 어구를 다르게 번역합니다. 이하는 로마서 7:7에 대한 번역들입니다.

- "Absolutely not!" (CSB, NET)
- "By no means!" (RSV, NRSV, ESV)
- "No, not at all!" (NLV)
- "God forbid" (KJV)
- "Certainly not!" (NIV, NKJV)
- "Out of the question!" (NJB)
- "Of course not!" (NLT)

위 번역들은 각기 다른 방식들로 앞서 나온 질문에 대해 완강한 거부를 전달하고자 애쓰고 있습니다. 대부분의 역본에는 그와 같

2. Ernest DeWitt Burton, *Syntax of the Moods and Tenses in New Testament Greek*, 3rd ed. (Edinburgh: T&T Clark, 1898), 79.

은 거부의 의미를 전달하기 위해 '않다'(not) 또는 '없다'(no)는 단어를 올바르게 포함하고 있지요. 더욱 역동적인 다른 번역(dynamic translations)—KJV의 '천만에/그런 일은 없기를/어림도 없다!'(God forbid)나 NJB의 '두말할 필요가 없다!'(Out of the question)와 같은—은 더욱 관용적인 방식으로 옮기고 있습니다. 또 다른 역동적 변역은 '그런 생각을 마라'(Perish the thought)와 같은 것일 수 있겠지요. KJV는 독자들이 그리스어에 실제로 '하나님'(God)이라는 단어가 포함되어 있다고 생각할 수도 있기에 아마 그렇게 좋은 선택지는 아닐 것입니다.[3]

또한 μὴ γένοιτο를 번역함에 있어 각기 유사한 용법으로 번역하는 것이 좋습니다. 말하자면, 이 어구가 수사학적 질문을 강하게 거부하고 있을 때, 각각의 경우를 동일한 방식으로 옮겨서 독자로 하여금 평행되는 용법을 인지할 수 있게 하는 것이 가장 좋다는 말입니다. 안타깝게도 일부 영역본들은 이것에 실패했습니다. 예컨대, ESV는 이 어구를 각 권 내에서 상당히 일관되게 번역했지만, 각각의 책은 상이점들을 포함하고 있습니다.

- 로마서(3:31): "결코 그럴 수 없다!"(By no means!)
- 고린도전서(6:15): "결단코 그러지 않다!"(Never!)

3. 흥미롭게도 Young(141)은 'God forbid'라는 번역이 "현대의 어떤 역본보다도 탁월한 번역"이라고 제시합니다. 하지만 현대의 역본들이 KJV를 따르지 않았기 때문에 그러한 번역이 가장 좋다는 것은 분명 의심스럽습니다.

- 갈라디아서(2:17): "그건 분명히 아니다!"(Certainly not!")

결국에 μὴ γένοιτο를 옮기는 유용한 방법은 많다고 할 수 있습니다. 가장 중요한 것은 우리가 그러한 단호한 부정의 무게를 느낄 수 있어야 한다는 것입니다. 그래서 바울이 "너희 몸이 그리스도의 지체인 줄을 알지 못하느냐? 내가 그리스도의 지체를 가지고 창녀의 지체를 만들겠느냐?"(고전 6:15)라고 말할 때 우리는 그러한 생각을 완전히 거부한 바울의 무게감을 느낄 수 있어야 합니다. 그리스도의 죽음의 값으로 우리를 사신 것이기에, 우리는 더 이상 우리의 것이 아닙니다. 결과적으로 우리는 우리의 몸을 가지고 하나님을 영광스럽게 할 의무가 있는 것이지요—이는 성적으로 정결해야 함을 의미합니다. 이렇게 우리는 그리스도와 연합되어 있기 때문에 기독교 세계관 안에서 몸은 매우 중요한 것입니다.

# 제21장
# 부사적 분사
# 베드로전서 5:6-7

## 서론

그리스도인들에게 있어 중요한 성품 중 하나는 바로 겸손입니다. 반대로 교만은 그리스도인이 범하는 대부분의 죄의 근간이며 따라서 저항해야 할 필요가 있습니다. 그러나 겸손의 개념은 종종 정의하거나 설명하기 어렵습니다. 겸손한 사람들은 정확히 어떻게 행동하나요? 이들은 조용하고, 절제하며, 내성적이며, 점잖고, 수동적이거나 우유부단한가요? 예컨대, 베드로는 본도, 갈라디아, 갑바도기아, 아시아, 비두니아에 있는 신자들에게 이렇게 권면했습니다. “그러므로 하나님의 능하신 손 아래에서 겸손하라 때가 되면 너희를 높이시리라”(벧전 5:6 개역개정). 베드로가 독자들에게 명령법(ταπεινώθητε)으로 명령한 것에 주목해 봅시다. 결국 그리스도인들은 하나님 아래 자신을 낮추도록/겸손하도록 명령을 받았습니다. 적절한 때에 하나님이 저들을 높이실 수 있도록 말이지요. 그런데 우리가 스스로 낮춘다는 것/겸손하게 한다는 것은 무엇을 의미할까요?

**개관**

부사적 분사(adverbial participles)는 문법적으로 주동사에 종속되어 부사와 유사한 기능을 합니다. 이는 '언제', '왜', '어떻게'와 같은 질문에 대답하지요. 부사적 분사 바로 앞에는 결코 관사가 오지 않고요, 그래서 술어의 위치에 옵니다. 각 분사의 특정 용법을 결정하는 것은 오직 동사의 사전적/어휘적 의미(lexical nature) 및 문맥뿐입니다. 말하자면, 문법적 형태 자체로 용법을 규정할 수 없다는 말입니다. 그보다도 분사의 부사적 의미는 분사, 주동사, 문맥 사이의 관계에 놓여 있습니다. 로버트슨(Robertson 1123)은 이렇게 말했습니다. "분사가 그 자체로는 시간, 방법, 원인, 목적, 조건 또는 양보를 표현하지 않는다는 사실을 분명하게 기억할 필요가 있다. 이러한 의미들은 분사가 아니라 단지 문맥에 의해서만 암시될 뿐이며, 그렇지 않다 하더라도 아주 가끔 [주변의] 불변사에 의해 암시될 뿐이다."[1]

- **시간**(*Temporal*: 현재 분사는 동작을 진행 중인 것으로 묘사하는데, 이 동작은 통상 주동사의 동작과 동시에 발생하고 있는 것을 표현함; 부정과거 분사는 동작을 전체

1. 또한 BDF §417, p. 215; B&W 146을 보십시오.

적으로 묘사하는데, 통상 주동사의 동작보다 앞서 발생한 것을 표현함): "그는 가버나움 회당에서 가르치면서[διδάσκων] 이것들을 말씀하셨다"(요 6:59 CSB).

- **수단**(*Means*: 주동사가 **어떻게** 성취됐는지를 대답함): "그리스도께서 우리를 위하여 저주가 되심으로써[γενόμενος] 율법의 저주에서 우리를 속량하셨다"(갈 3:13).
- **방법**(*Manner*: 주동사가 **어떻게** 수행됐는지를 대답하며, 종종 부사로 번역됨): "그는 근심하면서[λυπούμενος] 떠났다"(마 19:22 CSB).
- **원인**(*Cause*: 동작이 **어떠한 이유로** 수행됐는지를 대답하면서, 이유나 원인을 제공함): "우리가 고난 중에도 즐거워하나니, 이는 우리가 고난이 인내를 낳는 줄 알기 때문이다[εἰδότες]"(롬 5:3 NIV).
- **목적**(*Purpose*: 주동사의 행동이 **의도하고** 있는 목적을 나타냄): "그는 예루살렘에 예배하러/예배하기 위해[προσκυνήσων] 왔다"(행 8:27).
- **결과**(*Result*: 주동사의 행동의 **실제** 결과를 나타냄): "그 둘을 자기 안에서 하나의 새 사람으로 창조하여, 그 결과 평화를 만드셨다[ποιῶν]"(엡 2:15).
- **조건**(*Condition*: 조건문의 조건절을 도입함): "사람이 만일 온 천하를 얻고도[κερδήσας] 자기를 잃든지 빼앗긴다면 무슨 유익이 있을까"(눅 9:25).
- **양보**(*Concession*: 어떤 동작이 발생하더라도 발생하지 말아야 할 이유를 전함): "하나님을 안다 하더라도[γνόντες] 그들은 그를 하나님으로서 영광스럽게 하지 않았다"(롬 1:21).

**해석**

그러면 우리는 어떻게 하나님의 전능하신 손 아래 우리 자신을 낮출 수 있을까요? 이어지는 구절이 대답을 제공합니다. "너희 염려를 다 주께 '에피립산테스'[ἐπιρίψαντες]. 이는 그가 너희를 돌보시기 때문이다"(벧전 5:7). 말하자면, 부사적 분사는 수단의 분사(또는 도구의 분사)로 기능할 가능성이 가장 높습니다. 그럴 경우, 우리는 이 단어를 '맡김으로써'라고 번역할 수 있습니다. 실제로 이것은 NET가 번역하는 방식이지요. "너희 염려를 다 주께 맡김으로써(*by casting*) 말이다. 왜냐하면 그가 너희를 돌보시기 때문이다."

안타깝게도 몇몇 영역본은 이 분사를 독립 명령 분사구문으로 번역했습니다.

- NIV, NRSV: "너희 모든 걱정을 그분께 맡겨라. 그분이 너희를 돌보시기 때문이다"(Cast all your anxiety on him because he cares for you).
- RSV: "그분이 너희를 돌보시니, 너희 모든 걱정을 그분께 맡겨라"(Cast all your anxieties on him, for he cares about you).
- NJB: "너희의 모든 짐을 그분께 내려놓으라. 그분이 너희를 돌보시기 때문이다"(unload all your burden on to him, since he is concerned about you).
- NLT: "그분이 너희를 돌보시니, 너희의 모든 걱정과 염려를 하나님께 드려라"(Give all your worries and cares to God, for he cares about you).

월리스(Wallace 630)는 이렇게 바르게 지적했습니다. "몇몇 현대 역본들(예, RSV, NRSV, NIV)에서 독립 명령 분사구문으로 다루어지고 있지만 이 분사는 6절의 동사 ταπεινώθητε와 연결되어야 한다." 만일 이 분사가 부사적 기능을 한다면 (그리고 거의 모든 학자들이 그렇게 주장하고 있다면), 이는 주동사에 종속된 동사로 해석되어야 합니다. 월리스(630)는 이렇게 자신의 주장을 이어갑니다. "이와 같이 그것은 새로운 명령을 제공하는 것이 아니라 신자들이 **어떻게** 자신을 낮추어야 하는지/겸손해야 하는지 정의해준다. 이것을 수단의 분사로 취할 때 두 동사에 대한 우리의 이해가 풍성해진다. 곧, 자신을 낮추는 것/겸손한 것은 자기-부정을 본질로 하는 부정적인 행위가 아니라 하나님께 도움을 구하는 적극적인 의존, 곧 긍정적인 행위다."[2] 이와 마찬가지로 슈라이너(Schreiner)는 이렇게 주장합니다.

> 이 분사는 도구의 분사(instrumental participle)로 이해되어야 하며, 그럴때 신자들이 어떻게 자신을 하나님의 강한 손 아래 낮출 수/겸손할 수 있는지 설명해준다. 주동사('너희 자신을 낮추라/겸손하라',

2. Wayne Grudem도 이렇게 선언합니다. "그리스어에서는 어떠한 새로운 문장도 시작하지 않으며, RSV와 NIV 같은 영역본에서는 7절에서 새로운 문장을 시작함으로써 6절과 7절 사이에 중요한 연결을 놓치고 있다. 베드로는 6절의 명령('자신을 낮추라/겸손하라')을 계속 이어가면서, 어떻게 이를 행할 수 있는지 말해주는 분사구를 도입한 것이다. 적절한 겸손은 '그분이 너희를 돌보시니 너희 모든 염려를 그분께 맡김으로써' 성취된다." *1 Peter*, TNTC 17 (Grand Rapids: Eerdmans, 1988), 195 [= 『베드로전서』, CLC, 2014].

> 6절)와 분사('너희 염려를 그분께 맡김으로써', NASB) 사이의 관계를 들여다보는 것은 중요하다. 왜냐하면 이는 염려에 굴복하는 것이 교만의 한 예라는 것을 보여주기 때문이다. 두 절 사이의 논리적 관계는 이렇다. 곧, 신자는 걱정을 하나님께 맡김으로써 자기 자신을 낮춘다/겸손해진다. 반대로 말하면, 신자들이 걱정을 계속한다면, 이는 저들이 교만에 패배했다는 것을 뜻한다.[3]

이 경우에 그리스어 본문의 구문은 신자들이 하나님의 명령에 어떻게 순종해야 하는지를 명료하게 보여줍니다. 우리를 만드신 분이자 창조주 앞에 우리 자신을 낮추는 방법은 우리의 모든 염려를 그분께 맡기는 것입니다. 겸손은 우리를 위해 우리의 짐을 짊어질 수 있는 다른 이의 도움을 받아들입니다.

---

3. Thomas R. Schreiner, *1-2 Peter, Jude*, NAC 37 (Nashville: Broadman & Holman, 2003), 240. 또한 J. Ramsey Michaels, *1 Peter*, WBC 49 (Waco: Word, 1988), 296 [=『베드로전서』, 솔로몬, 2006]; Peter H. Davids, *The First Epistle of Peter*, NICNT (Grand Rapids: Eerdmans, 1990), 187.

# 제22장
# 동사적 분사
# 마태복음 28:19[1]

## 서론

지상대명령의 주요한 내용이 '제자를 삼으라'(μαθητεύσατε)라는 것에 대해 사실상 이의가 없습니다. 그렇지만 우리는 분사 πορευθέντες를 어떻게 이해할 수 있을까요? '너희가 갈 때'가 가장 좋을까요? 아니면 명령으로서 '가라!'가 좋을까요? 다른 말로 하자면, 우리가 일상생활을 살아갈 때의 태도가 제자 삼는 것이어야 함을 이 구절이 진술하고 있다고 이해해야 하는 것일까요? 아니면, 제자 삼는 뚜렷한 목적을 위해 고향을 떠나 외국으로 가야 한다는 명령을 명령법적으로 진술하고 있는 것일까요? 이에 대한 대답은 우리가 분사 πορευθέντες를 어떻게 이해해야 하는지에서 발견할

---

1. 이 장은 제 논문, "Why the Great Commission Should Be Translated 'Go!' and Not 'As You Go,'" *STR* 9, no. 2 (2018): 21-32을 요약한 것입니다.

수 있습니다.

**개관**

부사적 분사는 주동사(보통 명령법의 직설법적, 명령법적, 가정법적 사용)에 종속되는 의존적인 분사입니다. 그러나 동사적 분사는 종종 주동사들 또는 하나의 주동사와 관련된 동사로서 기능합니다. 여기에 동사적 분사의 몇 가지 예가 있습니다.

- **부대 상황**(*Attendant circumstance*: 주동사와 평행하며 따라서 주동사의 법을 취함): "일어나라[ἀναστάς]. 그리고 가라"(눅 17:19).
- **절대 속격**(*Genitive absolute*: 배경 정보를 제공하는 부사적 속격 분사): "그가 이것들을 말씀하실 때[λαλοῦντος], 많은 사람들이 믿었다"(요 8:30).
- **명령**(*Imperatival*: 명령법으로 기능하는 독립 분사): "소망 가운데 기뻐하라[χαίροντες]"(롬 12:12).
- **용어**(冗語, *Pleonastic*: 보통 ἀποκριθείς나 λέγων을 사용하는 용어[redundant] 표현): "그리고 예수께서 그들에게 대답하여 … 말씀하셨다[ἀποκριθεὶς ... εἶπεν]"(마 11:4).
- **보충**(*Complementary*: 주동사의 의도를 완성함): "나는 너희로 인해 감사함을[εὐχαριστῶν: 분사] 결코 멈추지[παύομαι: 주동사] 않는다"(엡 1:16 CSB).
- **간접화법**(*Indirect discourse*: 누군가 말했던 것을 표현하는 무관사 목적격 분사): "예수 그리스도께서 육체로 오셨다는 것[ἐρχόμενον]을 고백하지 않는 사람들"(요이 7 NRSV).

부대 상황의 분사는 주동사와 평행하게 기능하여 주동사의 법을 취합니다. 이 경우는 전형적으로 주동사와 분사 사이에 '그리고'(and)가 삽입되고, 한정 동사(finite verb: 술어 기능을 하는 동사—역주)로 번역됩니다. 윌리스(Wallace 642)는 부대 상황으로 분명하게 확인되는 분사의 적어도 90%가 아래의 다섯 가지 특징을 **모두** 가지고 있다고 말합니다.

(1) 분사의 시제는 보통 **부정과거**다.

(2) 주동사의 시제는 보통 **부정과거**다.

(3) 주동사의 법은 보통 **직설법** 내지 **명령법**이다.

(4) 분사는 **주동사보다 앞에 나온다**.

(5) 분사는 흔히 **역사적 내러티브**에 나온다.

분사와 주동사가 평행하게, 또는 등위 동사(coordinate verbs)로 번역되더라도 강조는 여전히 주동사에 오고, 분사는 문법적으로 종속적입니다.

**해석**

몇몇 학자들이 마태복음 28:19에 있는 부정과거 분사 πορευθέντες를 시간의 (부사적) 분사로 봐야 하며 따라서 '너희가 갈 때'

로 번역해야 한다고 주장하지만,[2] 가장 유용한 증거는 이 분사를 부대 상황의 분사로 취할 것을 지지합니다. 말하자면, 이 분사는 여기서 명령법인 주동사를 반영하며, 따라서 명령법으로 번역되어야 합니다. 이 분사의 사용은 칠십인역과 신약, 특히 마태복음에 나오는 유사한 구조를 살펴봄으로써 확인됩니다.

첫째, 칠십인역에는 분사가 종종 명령적으로 기능하는 것을 보여주는 몇 가지 핵심 본문이 있습니다.[3]

- 리브가가 아들 야곱에게 말했습니다. "너의 저주를 내게 돌려라. 오직 나의 말에 순종하여, <u>가라</u>[πορευθείς: 분사]. 그리고 그것들을 내게 <u>가져오라</u>[ἔνεγκε: 명령]"(창 27:13). 흥미롭게도 히브리어 본문에서 이 두 동사는 모두 명령형으로 나옵니다. 또한 이 분사가 명령적 의미('가라, 가져오라')를 분명하게 가지고 있기에 시간절('네가 갔을 때, 가져오라')로 번역하는 것은 옳지 않습니다.
- 야곱이 아들 요셉에게 지시했습니다. "이제 <u>가라</u>[πορευθείς: 분사]. 네 형제들과 양 떼가 다 잘 있는지 <u>보아라</u>[ἰδέ: 명령]. 그리고 내게 알려 달라"(창 37:13). 앞의 예와 같이 히브리어 본문에서는 칠십인역이 분사로 옮긴 곳이 명령형으로 나옵니다.

2. 예를 들어 다음을 보십시오. ISV: "그러므로 <u>너희가 갔을 때</u> 모든 민족을 제자로 삼아 아버지와 아들과 성령의 이름으로 세례를 베풀어라"(Therefore, <u>as you go</u> disciple people in all nations, baptizing them in the name of the Father, and the Son, and the Holy Spirit).
3. Cleon Rogers, "The Great Commission," *BSac* 130 (1973): 260을 보십시오.

- 바로가 이스라엘 백성에게 명령했습니다. "이제 가라[πορευθέντες: 분사]. 그리고 일하라[ἐργάζεσθε: 명령]. 짚은 너희에게 주어지지 않을 것이나, 너희는 여전히 동일한 수량의 벽돌을 바쳐야 한다"(출 5:18).
- 열 번째 재앙(장자의 죽음) 이후에 바로가 모세와 아론에게 명령했습니다. "너희 양과 너희 소도 취하라[ἀναλαβόντες: 분사]. … 그리고 가라[πορεύεσθε: 명령]"(출 12:32).
- 그 예언자의 아들들이 엘리야에 관하여 엘리사에게 말했습니다. "그들을 가게 하십시오[πορευθέντες: 분사]. 그래서 당신의 주인을 찾게 하십시오[ζητησάτωσαν: 명령]"(왕하 2:16).[4]

이 본문들은 명령법으로 기능하는 분사의 용례를 분명히 보여줍니다.[5]

마태복음에 있는 다른 용례들 역시 분사의 부대 상황 용법을 보여줍니다. 마태는 이 구조를 종종 사용할 뿐 아니라, (우리가 다루고 있는 바로 그) 동일한 동사(πορεύομαι)를 부정과거 분사로 사용하는데, 여기 뒤에는 부정과거 명령이 뒤따릅니다.

- 헤롯 왕이 다급히 현자들에게 명령합니다. "가라[πορευθέντες: 분사].

---

4. 그리스어 이면에 있는 히브리어 동사는 명령법의 의미를 가진 지시형(jussive)입니다. 또한 마카비1서 7:7, πορευθεὶς ἰδέτω를 보십시오.
5. 부대 상황의 분사로 사용할 때 명령의 분사와 혼동해서는 안 됩니다. 명령의 분사는 매우 드물게 사용되고 주동사가 없는 구조에 등장합니다. 이는 대부분 로마서 12장과 베드로전서에 등장합니다.

그리고 그 아이를 샅샅이 찾으라[ἐξετάσατε: 명령]"(마 2:8).

- 예수께서 말씀하셨습니다. "가라[πορευθέντες: 분사]. 그리고 이것이 의미하는 바를 배우라[μάθετε: 명령]"(9:13).
- 예수께서 요한의 제자들에게 말씀하셨습니다. "가라[πορευθέντες: 분사]. 그리고 너희가 듣고 본 것을 요한에게 전하라[ἀπαγγείλατε: 명령]"(11:4).
- 예수께서 베드로에게 지시하셨습니다. "바다로 가라[πορευθείς: 분사]. 그리고 그물을 던져라[βάλε: 명령]. 그리고 먼저 오르는 고기를 잡아라"(17:27).
- 빈 무덤에 있던 천사가 여자들에게 말했습니다. "그러면 빨리 가라[πορευθεῖσαι: 분사]. 그리고 그의 제자들에게 그가 죽은 자 가운데서 살아나셨음을 말하라[εἴπατε: 명령]"(28:7).[6]

두 번의 동등한 명령을 사용하기보다 하나의 명령 앞에 분사를 사용하는 것이 일반적이었습니다. 이때 분사는 명령법의 법을 반영하여 명령으로 간주됐던 것이지요.[7] 모든 경우를 살펴볼 때 (우리가 다루고 있는) 해당 분사가 분명히 명령의 의미로 기능하기 때문에 이 분사를 '너희가 갈 때'라고 번역하는 것은 이치에 맞지 않을 것입니다. 따라서 우리가 마태복음 28:19("그러므로 가라

6. 부대 상황의 분사가 명령법 구조와 함께 사용되는 더욱 많은 용례에 대해서는 다음을 보십시오. 마 2:13, 20; 5:24; 9:6; 21:2.
7. 분사가 시간을 지칭하는 역할을 할 때에는 현재 시제 형태로 나옵니다. 마 10:7; 11:7; 28:11.

[πορευθέντες], 그리고 모든 민족을 제자 삼으라[μαθητεύσατε]")을 다룰 때 이 분사를 명령으로 읽는 것이 자연스럽습니다. 마태복음에서 부정과거인 주동사 앞에 πορεύομαι의 부정과거 분사가 나오는 모든 경우는 명백히 부대 상황으로 사용됐습니다. 이 해석은 πορευθέντες를 명령으로 일관성 있게 번역하고 있는 영역본에 의해서도 확인됩니다. 이렇게 우리는 분사 πορευθέντες가 지상대명령에 있는 주동사가 아니라는 것(그리고 그렇기에 주된 명령이 아니라는 것)을 인정하면서도, 이 분사가 명령의 의미('가라!')를 가지고 있다는 것을 확신할 수 있습니다. 결과적으로 교회는 제자 삼기 위해 여러 민족들에게 가라는 명령을 부여받았던 것입니다.

# 제23장
# 우언적 분사
# 마태복음 18:18

## 서론

마태복음 16장과 18장에서 예수는 제자들에게 매었다가 푸는 것에 관한 언급이 담긴 가르침을 전하셨습니다.

> 무엇이든지[ὃ ἐάν] 네가 땅에서 매면[δήσῃς] 하늘에서[τοῖς οὐρανοῖς] 매일 것이며[ἔσται δεδεμένον], 무엇이든지[ὃ ἐάν] 네가 땅에서 풀면[λύσῃς] 하늘에서[τοῖς οὐρανοῖς] 풀릴 것이다[ἔσται λελυμένον](마 16:19 NASB).

> 무엇이든지[ὅσα ἐάν] 네가 땅에서 매면[δήσητε]하늘에서[οὐρανῷ] 매일 것이며[ἔσται δεδεμένα], 무엇이든지[ὅσα ἐάν] 네가 땅에서 풀면[λύσητε] 하늘에서[οὐρανῷ] 풀릴 것이다[ἔσται

λελυμένα](마 18:18 NASB).

그런데 대부분의 영역본에서는 두 구절 사이의 차이를 볼 수 없지만(개역개정에서는 '네가'와 '너희가'의 차이만 보입니다—역주), 여기에는 몇 가지 주목할 만한 차이점들이 있습니다.

1. 마태복음 16장의 '무엇이든지'는 단수 관계대명사(ὃ) + ἐάν인 반면, 18장은 복수의 유사한 대명사(ὅσα) + ἐάν으로 나옵니다.
2. 마태복음 16장에 있는 가정법 동사는 2인칭 **단수**(δήσῃς, λύσῃς)인 반면, 18장에서는 2인칭 **복수**(δήσητε, λύσητε)가 사용됐습니다.
3. 마태복음 16장에서 '하늘'은 (관사를 동반한) 복수로 나오지만, 18장에서는 단수로 나옵니다.
4. 마태복음 16장에서 우언적 분사(periphrastic participles)는 단수(δεδεμένον, λελυμένον)로 나오지만, 18장에서는 복수(δεδεμένα, λελυμένα)로 나옵니다.

이 장에서 우리는 교회와 관련된 마태복음 18장 말씀의 의미에 초점을 두려 합니다. 교회가 묶거나 풀면 하늘에서 '묶일 것이고' 또한 '풀릴 것이다'라는 진술의 의미는 무엇일까요? 우언적 구조가 논의를 밝히는 데 도움이 될까요?

**개관**

'우언적'(periphrastic)이라는 용어는 그리스어 περί("주변/둘레")와 φράζω("내가 설명한다")로부터 유래했는데요, 이는 어떤 동사의 개념(idea)을 에둘러 표현하는 방식을 가리킵니다. 말하자면, 우언적 구조에서는 분사와 εἰμί 동사가 함께 나옵니다. 동작(ἔλεγεν = he was speaking, "그가 말하고 있었다")을 표현하는 하나의 동사를 사용하기보다, 분사를 동반한 동사가 사용되는 것이지요(ἦν λέγων = he was speaking, "그가 말하고 있었다"). 우언적 구조의 몇 가지 일반적인 특징은 이렇습니다. (1) 한정 동사는 통상 εἰμί인데요(γίνομαι가 이따금 사용되긴 하지만요),[1] 현재, 명령 또는 미래 시제 형태로 나타납니다. (2) 분사는 현재 또는 완료 형태로 나올 수 있고,[2] 통상 주격으로 나오며, 보통 직설법 뒤에 나타납니다. (3) (이 분사가) 미완료 형태를 동반하는 것은 누가의 저작들에 가장 일반적으로 나옵니다.[3] (4) 이는 동사의 상을 강조하는 데 사용되곤 합니다.[4] 여섯 개의 서로 다른 우언적 구조는 아래와 같습니다.

• **현재 우언법**(*Present periphrastic*: εἰμί [현재] + 현재 분사): "그들이 그를 임

---

1. 참고, 막 9:3; 고후 6:14; 골 1:18; 히 5:12; 계 3:2; 16:10.
2. 신약에 나오는 270개의 우언적 구조 중 부정과거 분사를 포함한 경우는 단 두 차례 나옵니다. 눅 23:19; 고후 5:19.
3. 우언적 구조는 신약에서 절반 이상이 누가복음과 사도행전에 나옵니다. BDF §353, p. 179; Zerwick, *Bib. Gk.*, §361, pp. 125–26.
4. BDF §352, p. 179; Porter, *Idioms*, 46; M&E 225; Young 161.

마누엘이라 부를 것인데, 이는 '하나님이 우리와 함께하신다'로 번역됩니다[ἐστιν μεθερμηνευόμενον, is translated]"(마 1:23 CSB).

- **미완료 우언법**(*Imperfect periphrastic*: ἤμην [미완료] + 현재 분사): "바리새인들과 율법 선생들이 거기에 앉아 있던 중이었다[ἦσαν καθήμενοι, were sitting]"(눅 5:17).
- **미래 우언법**(*Future periphrastic*: ἔσομαι [미래] + 현재 분사): "별들이 하늘에서 떨어지고 있을 것이다[ἔσονται ... πίπτοντες, will be falling]"(막 13:25).
- **완료 우언법**(*Perfect periphrastic*: εἰμί [현재] + 완료 분사): "감추어진[ἐστιν κεκαλυμμένον, is covered] 어떤 것도 드러나지 않을 것이 없다"(마 10:26).
- **과거완료 우언법**(*Pluperfect periphrastic*: ἤμην [미완료] + 완료 분사): "요한은 아직 감옥에 갇히지 않았다[ἦν βεβλημένος, had ... been put]"(요 3:24).
- **미래완료 우언법**(*Future perfect periphrastic*: ἔσομαι [미래] + 완료 분사): "내가 그에게 나의 신뢰를 둘 것이다[ἔσομαι πεποιθώς, will put my trust]"(히 2:13).

**해석**

그러면 마태복음 18:18에 나오는 미래 완료의 의미는 무엇일까요? 이 구조가 '묶이게 될 것이다'(will/shall be bound), '풀리게 될 것이다'(will/shall be loosed)로 번역된다면(RSV, NRSV, ESV, KJV, NKJV, NJB, NIV, NLT), 이는 교회의 결정이 나중에 하늘에서 비준/확인될 것을 의미하게 되지요.[5] 다른 말로, 무엇을 교회가 결정하든지 하나님은 그것을 비준/확인할 것이라는 말입니다. 하지만 이 어구가 '묶였던 것일 것이다'(will/shall have been bound), '풀렸던 것일 것이다'(will/shall have been loosed)로 번역되면(NASB, NET, CSB), 이전 하늘의 결정이 나중에 교회에 의해 비준/확인되는 것이지요.[6] 다른 말로, 교회는 하나님에 의해 이미 결정된 것을 비준/확인하게 될 것이라는 말입니다.

---

5. 또한 다음을 보십시오. H. J. Cadbury, "The Meaning of John 20:23, Matthew 16:19, and Matthew 18:18," *JBL* 58 (1939): 251–54; David L. Turner, *Matthew*, BECNT (Grand Rapids: Baker Academic, 2008), 405 [= 『마태복음』, 부흥과개혁사, 2014]; W. D. Davies and Dale C. Allison, *A Critical and Exegetical Commentary on the Gospel according to Matthew*, ICC, 3 vols. (Edinburgh: T&T Clark, 1991), 2:638–39.
6. 또한 다음을 보십시오. J. R. Mantey, "The Mistranslation of the Perfect Tense in John 20:23, Mt 16:19, and Mt 18:18," *JBL* 58, no. 3 (1939): 243–49; Mantey, "Distorted Translations in John 20:23; Matthew 16:18–19," *RevExp* 78 (1981): 409–16; Mantey, "Evidence That the Perfect Tense in John 20:23 and Matthew 16:19 Is Mistranslated," *JETS* 16 (1973): 129–38; J. Marcus, "The Gates of Hades and the Keys of the Kingdom (Matt 16:18–19)," *CBQ* 50 (1988): 443–55; Leon Morris, *The Gospel according to Matthew*, PNTC (Grand Rapids: Eerdmans, 1992), 426, 469; R. T. France, *The Gospel of Matthew*, NICNT (Grand Rapids: Eerdmans, 2007), 626–27, 697 [= 『마태복음』, 부흥과개혁사, 2019; France, *Matthew: Evangelist and Teacher* (Grand Rapids: Zondervan, 1989), 247n11; Craig S. Keener, *The Gospel of Matthew: A Socio-Rhetorical Commentary* (Grand Rapids: Eerdmans, 2009), 454–55; D. A. Carson, "Matthew," in *The Expositor's Bible Commentary*, ed. Tremper Longman III and David E. Garland, rev. ed. (Grand Rapids: Zondervan, 2010), 9:421–24.

포터(Porter)는 동사의 상과 관련한 이론에 기초하여 세 번째 가능한 번역을 제시합니다.[7] 곧, 그는 우언적 구조는 단지 상태적인 것이며, 어떻게 해도 시간상 의미를 전달하는 법이 없다고 결론 내렸습니다. 그래서 이렇게 번역했습니다. "묶임/풀림의 상태에 있게 될 것이다"(will be in a state of boundedness/loosedness). 이때 저 구절의 의미는 단순히 교회의 결정이 하나님의 뜻에 부합한다는 사실뿐, 어떤 행동이 다른 행동에 선행하는지는 특정하지 않는다는 것이지요.[8]

세 번째 선택지가 첫 번째보다 약간 낫지만 두 번째 선택지가 가장 좋아 보입니다. 카슨(Carson, "Matthew," 424)은 "마태가 단지 일어나게 될 일을 지시하려고 했다면 어째서 미래 우언법에서 미래나 현재 분사를 사용하지 않았는지 이해하기 어렵다"라고 바르게 지적했습니다. 이와 유사하게 프랜스(France)는 마태가 단순히 '풀릴 것이다/묶일 것이다'를 의미했다면 단순한 미래 수동태를 사용하는 것이 더욱 자연스러웠을 것이라고 결론지었지요.[9]

몇몇 학자는 또한 첫 번째 선택지의 신학적 문제를 지적했습

---

7. Stanley E. Porter, "Vague Verbs, Periphrastics, and Matt. 16.19," *Filología Neotestamentaria* 1 (1988): 155–73.
8. 또한 다음을 보십시오. M&E 224–25; Craig L. Blomberg, *Matthew*, NAC 22 (Nashville: Broadman & Holman, 1992), 255; Grant R. Osborne, *Matthew*, ZECNT (Grand Rapids: Zondervan, 2010), 628–29 [= 『강해로 푸는 마태복음』, 디모데, 2015].
9. France, *Matthew*, 627. 그러나 다음과 비교해 보십시오. 사 8:17; 눅 12:52; 히 2:13.

니다. 예컨대, 모리스(Morris, *Matthew*, 469)는 이렇게 썼습니다. "예수는 하나님을 속박할 결정권을 교회에 주시지 않았다. 그러한 생각은 예수의 가르침 중 어떤 것과도 소원하다. 예수는 교회가 하나님의 지도에 반응할 때 하늘에서 이미 내려진 결정에 이르게 될 것이라고 말했던 것이다." 모리스(*Matthew*, 469)는 그러한 결정이 '하나님의 영의 지도에 비추어 내려질' 수 있다고 덧붙였습니다(참조, 요 20:22-23). 이와 유사한 맥락에서 프랜스는 이렇게 주장했습니다. "이 구문적 형태에서 이 말씀은 하나님의 **비준/확인**의 약속이 아니라 베드로[와 교회]가 이미 결정된 하나님의 목적에 부합하게 결정할 수 있는 신적인 **인도**의 약속이 된다."[10]

아마도 우리가 여기 마태복음 18장에서 발견할 수 있는 것과 고린도전서 5장에 나타나는 교회의 징계 사례 사이에 비슷한 점이 있을 것입니다. 두 번째 선택지가 옳다면 교회는 하나님에 의해 이전에 하늘에서 내려진 결정을 비준/확인해야 합니다. 비슷하게 고린도전서 5:3에서 바울은 이렇게 진술합니다. "내가 실로 몸으로는 떠나 있으나 영으로는 함께 있어서 거기 있는 것 같이 이런 일 행한 자를 이미 판단하였노라"(개역개정). 말하자면, 바울 자신이 이미 저 사례에 대해 판단을 내렸기에 교회는 부도덕한 '형제'를 내쫓는 것에 관해 권한을 행사하도록 요청을 받는 것입니

10. France, *Matthew*, 627. 마찬가지로 Osborne(*Matthew*, 629)은 "마치 하나님이 교회의 결정을 반드시 받아들이셔야 한다는 듯한 진술은 분명 바른 것일 수 없다"라고 말했습니다.

다. 다른 말로 하자면, 하나님의 뜻은 바로 이 지역 교회가 회개하지 않는 자들을 징계하는 것이기에, 그러한 징계가 실제로 발생할 때 교회는 자신의 결정이 하나님의 뜻에 부합한다는 것을 확신할 수 있게 되는 것이지요. 이처럼 이 구절들은 교회에 확신과 안정감을 주어 저들이 교회의 징계를 행사할 때 자신 있게 하나님의 뜻을 수행할 수 있게끔 해줍니다. 그러한 결정이 내려질 때마다 교회는 이 땅 위에서 자신들이 하고 있는 일이 바로 하늘의 하나님의 뜻을 이행하는 것이라는 확신을 가질 수 있는 것입니다. 교회의 매는 것과 푸는 것은 이것이 하나님의 뜻과 일치할 때에만 권위가 있습니다.

# 제24장
# 부정사
# 디모데전서 6:17-18

## 서론

우리가 성경을 읽다 보면 부자가 되는 것이 두려울 수 있습니다. 예수는 몸소 이렇게 선언하셨지요. "낙타가 바늘귀로 들어가는 것이 부자가 하나님의 나라에 들어가는 것보다 쉬우니라"(마 19:24 개역개정; 또한 막 10:25; 눅 18:25을 보십시오). 마찬가지로 바울은 돈을 사랑하는 것의 위험성에 대해 경고했고 자신의 영적인 아들 디모데에게 부의 유혹을 피하라고 경고했습니다(딤전 6:10). 이후에 바울은 다섯 개의 부정사를 사용함으로써 디모데에게 특별히 부자들을 위한 훈계를 전달하도록 지시했습니다. "이 세대에서 부한 자들에게 명하여, 거만하지 말고[ὑψηλοφρονεῖν], 확실하지 않은 부에 소망을 두지 말고[ἠλπικέναι] 오직 우리에게 모든 것을 후히 주사 누리게 하시는 하나님께 두며 선을 행하고[ἀγαθοεργεῖν] 선한 일에 부요하고[πλουτεῖν] 기꺼이 나누어 주며 너그러운 자가 되라[εἶναι]고 하라"(딤전 6:17-18). 여기서 바울이 (가르침의 대상으로) 부자를 선택한 이유는 무엇이고, 또한 부정사에 대한 이해가 이 훈계의 의미를 파악하는 데 어떻게 도움이 될까요?

**개관**

부정사는 동사적인 명사입니다. 그렇기에 동사적 성질과 명사적 성질 모두를 가지고 있지요. 동사처럼 부정사는 상(aspect)과 태(voice)를 가지고 있으며 직접 목적어를 취할 수 있고 부사의 수식을 받을 수 있습니다. 부정사의 주어는 (주격 대신) 목적격으로 나타나며 또한 부정사는 μή로 부정 어구가 형성됩니다. 부정사는 곡용(曲用: 인칭, 수, 격, 성 등에 따른 형태 변화—역주)되지 않는 명사로, 곧 인칭과 수를 가지고 있지 않습니다. 명사처럼 부정사는 관사를 취할 수 있고(항상 중성 단수: τό, τοῦ, τῷ) 다양한 기능으로 사용됩니다. 신약에서 부정사가 전치사 뒤에 오면 언제나 관사를 취하며 부사적으로 기능합니다. 부정사는 신약에서 2,291회(86% 이상은 관사 없이)로 상당히 빈번하게 등장합니다. 부사적 부정사의 경우는 다음과 같습니다.

- **보충**(*Complementary*: 다른 동사의 개념을 완성함): "하나님 한 분 외에 누가 죄를 용서[ἀφιέναι]할 수[δύναται] 있는가?(막 2:7).
- **목적**(*Purpose*: 주동사에 의해 표현된 목적을 전달함): "두 사람이 기도하기

위해/기도하려고[προσεύξασθαι] 성전에 올라갔다"(눅 18:10).

- **결과**(*Result*: 주동사로 표현되는 실제 또는 잠정적 결과를 전달함): "그러므로 죄가 너희 죽을 몸을 통치하여 그 결과 너희가 그 욕망에 순종하게[εἰς τὸ ὑπακούειν] 하지 못하게 하라"(롬 6:12 CSB).
- **앞선 시간**(*Previous time*: 부정사의 동작이 주동사보다 먼저 발생함: μετὰ τό + 부정사): "그러나 내가 살아난 후에[μετὰ τὸ ἐγερθῆναι] 너희보다 먼저 갈릴리로 갈 것이다"(마 26:32).
- **동시 시간**(*Contemporaneous time*: 부정사의 동작이 주동사와 동시에 발생함: ἐν τῷ + 부정사): "그들이 여행하는 중에[ἐν τῷ πορεύεσθαι] 그가 한 마을에 들어가셨다"(눅 10:38 CSB).
- **후속 시간**(*Subsequent time*: 부정사의 동작이 주동사 뒤에 발생함: πρὸ τοῦ 또는 πρίν [ἤ] + 부정사): "이것이 발생하기 전에[πρὸ τοῦ γενέσθαι] 내가 지금 이것을 너희에게 말한다"(요 13:19).
- **원인**(*Cause*: 주동사의 동작에 대한 이유를 전달함: διὰ τό + 부정사): "그는 영원히 계시기 때문에[διὰ τὸ μένειν] 그 제사장 직분도 영원히 가지고 계시다"(히 7:24).
- **수단**(*Means*: 주동사의 동작이 수행되는 수단을 전달함: ἐν τῷ + 부정사): "당신의 종들이 당신께 손을 뻗음으로써[ἐν τῷ ἐκτείνειν] 모든 담대함을 가지고 당신의 말씀을 전하게 해주십시오"(행 4:29-30 NKJV).

구문적으로 동사들에 연결된 부사적 부정사와 달리 실명사적 부정사는 명사 또는 다른 실명사(명사 상당 어구)로 기능합니다.

- **주어**(*Subject*: 동사의 주어 또는 주격술어으로 기능함): "너희에게 같은 것들을 쓰는 것이[γράφειν] 내게는 수고로움이 없다"(빌 3:1).
- **직접 목적어**(*Direct object*: 주동사의 직접 목적어로 기능): "나는 죽는 것을 [τὸ ἀποθανεῖν] 거부하지 않는다"(행 25:11 NASB).
- **간접 목적어**(*Indirect discourse*: 간접 화법을 전하는 '말하기 동사' 뒤에 나옴): "그러므로 나는 … 너희에게 권한다[παρακαλῶ]. 너희가 부르심을 받은 일에 합당하게 행하기를[παρακαλῶ] 말이다"(엡 4:1).
- **설명**(*Explanatory*: 명사나 형용사를 정의하거나 명료하게 함): "하나님의 뜻은 이것이니 너희의 거룩함이다. 곧, 너희가 음행을 멀리하는 것[ἀπέχεσθαι] 말이다"(살전 4:3).

명령법(명령형[imperatival])으로 기능하거나, 또는 어떤 동사와도 관련되지 않은 채(절대형[absolute]) 주동사와 독립적으로 기능하는 부정사의 몇 가지 용례도 나열하고자 합니다.

- **명령형**(*Imperatival*: 문맥에 주동사 없이, 명령으로 기능함): "우는 자들과 함께 울라[κλαίειν]"(롬 12:15).
- **절대형**(*Absolute*: 문장의 나머지 부분과 관계없이 기능함): "글라우디오 루시아는 총독 벨릭스 각하께 문안합니다[χαίρειν]"(행 23:26).

### 해석

디모데전서 6:17-18에서 바울이 부자에게 전달하도록 했던 메시지의 특별한 구성은 일련의 '간접 화법의 부정사'입니다. 그러한 부정사는 (παραγγέλλω와 같은) '말하기 동사' 뒤에 나오며 명령법과 비슷하게 기능합니다. 이 구조를 가지고 부자들에게 '거만하지 말라'고 명령하는 것은 디모데가 실제로 그들에게 "거만하지 말라"라고 명령하는 것과 같습니다. 전자는 간접 화법이고 후자는 직접 화법입니다. 바울이 부자를 선택한 이유는 무엇일까요? 첫째, 이 편지 앞부분에서 우리는 거짓 교사들이 돈에 사로잡혀 있다는 것을 알게 됩니다(3:3, 8). 따라서 바울은 회중과 디모데에게 저들이 가진 것에 만족하고 '돈을 사랑하는 것'의 위험스러운 덫을 피하라고 권면하는 것이지요(6:10). 둘째, 바울은 돈이 거짓 교사들뿐 아니라 모든 신자들에게도 위험하다는 것을 알았습니다. 크뤼소스토모스(Chrysostom)가 이렇게 말한 것은 옳습니다. "그리고 바울은 부함만큼이나 교만함과 거만함을 낳는 것은 없다는 것을 알고서 이 충고를 하고 있다."[1]

바울은 자신의 메시지를 전달하기 위해 디모데전서 6:17-18에서 다섯 개의 부정사를 모아 부자에게 명령했습니다.

1. "거만하지[ὑψηλοφρονεῖν] 않기"
2. "부에 소망을 두지 말고[ἠλπικέναι] … 하나님께 두기"

---

1. William D. Mounce, *Pastoral Epistles*, WBC 46 (Nashville: Nelson, 2000), 366 [=『목회서신』, 솔로몬, 2009]에서 인용된, "Homily 18 on 1 Timothy," in *NPNF*[1] 13:472.

3. "선을 행하기[ἀγαθοεργεῖν]"
4. "선한 일에 부요하기[πλουτεῖν]"
5. "기꺼이 나누어주며 너그러운 자가 되기[εἶναι]"

첫 번째 부정사 ὑψηλοφρονεῖν은 ὑψηλός("높은", "우뚝 솟은")와 φρονέω("생각하다")의 합성어입니다. 이것은 신약에서의 유일한 용례이지만, 유사한 형태가 로마서 11:20에서 발견됩니다. 거기서 바울은 이방인들에게 "교만하지 말고[μὴ ὑψηλὰ φρόνει: 개역개정은 '높은 마음을 품지 말고'—역주] 두려워하라"라고 경고합니다.[2] 나중에 가서는 "거만하지 말고[μὴ τὰ ὑψηλὰ φρονοῦντες: 개역개정은 '높은 데 마음을 두지 말고'—역주] 도리어 낮은 자들과 교제하라"(롬 12:16)라고 훈계합니다. 부자는 (사실상) 자신이 가진 모든 것이 하나님에게로부터 온 선물이기에 재물로 인해 교만해져서는 안 되는 것이지요. 결과적으로 부자는 재물에 희망을 두어서는 안 되는 것입니다. 두 번째 부정사 ἠλπικέναι는 바울의 지시의 현재 상태를 강조하는 완료 시제형입니다. 재물은 매우 불확실한 것이기에 소망을 위한 기초가 되기에는 좋지 않습니다(시 52:7; 62:10; 잠 23:4-5; 렘 9:23; 눅 12:16-21). 신자들은 그보다도 자녀들에게 넉넉히 공급하시는 변함없는 하나님에게 소망을 두어야 합니다.

세 번째 부정사 ἀγαθοεργεῖν은 ἀγαθός("선")와 ἐργάζομαι("일하

2. 딤전 6:17에 나오는 이문, ὑψηλὰ φρονεῖν은 비합성어 형태가 사실상 (합성어 형태와) 동일했음을 보여줍니다; BDF §119.5, p. 65.

다")의 합성어입니다.[3] "모든 선한 것과 완전한 선물"이 "위로부터" 온다는 것을 깨달은 사람들(약 1:17)은 다른 사람을 돕는 것으로 반응합니다. 네 번째 부정사 **πλουτεῖν**("부유하다/부요하다")은 "부한"(πλούσιος)이라는 주제에 대한 언어유희에 포함된 마지막 단어입니다. "이 세대에서 부한 자들에게[πλουσίοις] 명하여, '거만하지 말고 확실하지 않은 부에[πλούτου] 소망을 두지 말고 오직 우리에게 모든 것을 후히 주사 누리게 하시는 하나님께 두며 선을 행하고 선한 일에 부요하고[πλουτεῖν] 기꺼이 나누어주며 너그러운 자가 되라'고 하라"(딤전 6:17-18).[4] 마지막 부정사 **εἶναι**는 **εὐμεταδότους**("너그러운")와 **κοινωνικούς**("기꺼이 나누어주는")와 연결되어 있는데, 이는 문맥상 궁핍한 자들과 물질적 재화를 나누는 것을 가리킵니다(참조, 롬 12:8, 13; 고후 9:11-13). 부한 사람은 겸손하며 다른 사람에게 너그럽고 기꺼이 나누어주는 방식으로 자신의 부를 다룰 책임이 있습니다. 이렇게 함으로써 저들은 스스로 "좀이나 동록이 해하지 못하며 도둑이 구멍을 뚫지도 못하고 도둑질도 못하는"(마 6:20) 하늘에 보화를 쌓게 되는 것입니다.

---

3. 신약성경에 나오는 이 단어의 또 다른 유일한 용례는 행 14:17에 나옵니다. 거기서 이 동사는 하나님에 대해 사용됩니다.
4. 바울은 딤전 6:19에서, 자신의 충고를 따른 사람들을 가리켜 "장차 올 삶에서"(Phillips) "자기를 위하여 보물을 쌓아[ἀποθησαυρίζοντας]" 놓은 것이라는 진술을 덧붙이면서 이 주제를 이어갑니다.

# 제25장
# 대명사
# 누가복음 16:19-20

## 서론

부자와 나사로의 이야기는 실화인가요? 아니면 지어낸 비유인가요? 누가복음 16:19-20에 이렇게 나와 있습니다. "자색 옷과 세마포 옷을 입고 날마다 사치스럽게 잔치를 하는, **부유한 어떤 사람**이 있었다. 그러나 종기로 덮인 **나사로**라는 이름을 가진 한 가난한 자가 그의 문에 누워 있었다"(CSB, 강조는 첨가된 것입니다). 어떤 사람들은 이것이 문자적으로 해석되어야 하는 실화라고 주장하는 반면, 다른 어떤 사람들은 이것이 비유 이야기며 따라서 이야기의 세부사항에 매달려서는 안 된다고 주장합니다. 어느 쪽이 옳을까요? 감사하게도 그리스어 본문은 어떤 선택지가 가장 좋은지 단서를 제공해줍니다.

**개관**

대명사는 명사를 대신합니다. 대명사가 대신하는 명사는 선행사라고 불리지요. 신약 그리스어에는 적어도 여덟 가지 유형의 대명사가 있습니다.

- **인칭대명사**(*Personal*): ἐγώ("내가"), ἐμοῦ/μου("나의"), σύ("네가"), ὑμῶν("너희의"), αὐτοῦ("그의")
- **지시대명사**(*Demonstrative*): 근칭: οὗτος("이것은"), οὗτοι("이것들은")
  원칭: ἐκεῖνος("저것은"), ἐκεῖνοι("저것들은")
- **관계대명사**(*Relative*): ὅς(τις)("그가"), ἧς("그의"), ὅ("그것이")
- **의문대명사**(*Interrogative*): τίς("누가?"), τίνος("누구의"), τί("무엇이?", "왜?")
- **비한정대명사**(*Indefinite*): τις("누군가"), τινες("누군가의")
- **재귀대명사**(*Reflexive*): ἐμαυτόν("내 자신을"), ἑαυτούς("너희 자신들을"), ἑαυτοῖς("그들 자신들에게")
- **상호대명사**(*Reciprocal*): ἀλλήων("서로서로[의]")
- **상관대명사**(*Correlative*): ὅσος("~만큼 많은"), οἷος("~와 같이"), ὁποῖος("어떤 종류의")

비한정대명사(indefinite pronoun: '부정대명사'라고도 부릅니다—역주) τις("누군가")는 보통 그렇게 중요하게 다루어지지 않습니다. 이는 전형적으로 개인(누군가) 또는 단체(특정 사람들)가 이름으로 불려지지 않거나 알려지지 않은 경우에 사용되며, 종종 가정법과 결합되어 개연성이 있거나 불확정적인 것을 전달합니다. 그렇지만 부정 대명사에 주의를 기울이면 때로 본문을 적절하게 이해할 수 있습니다.

**해석**

위에서 언급한 것처럼 많은 학자들은 부자와 나사로 이야기를 실제 이야기로 해석하는데요, 말하자면 문자적으로 해석될 필요가 있다는 말입니다.[1] 곧, 예수가 선포한 것은 도덕적 교훈을 가르치기 위해 고안된 이야기가 아니라 실제로 일어났던 일이라는 말입니다. 이러한 입장을 취하는 데는 두 가지 이유가 있습니다. (1) 복음서 저자들은 보통 예수의 비유를 "그가 그들에게 비유를 말씀하셨다"(예, 눅 18:1, 9)와 같은 어구로 소개하는데요, 이 이야기에는 그러한 도입구가 나오지 않습니다. (2) 예수는 비유 이야기의 등장인물의 실제 이름을 언급한 적이 없으신데, 이 이야기에서는 한 등장인물의 이름이 '나사로'라고 특정됩니다. 다른 말로 하자면, 이 이야기가 비유라면 한 개인의 이름이 나오는 유일한 비유일 것입니다. 이것은 존 웨슬리(John Wesley)의 입장인데요, 그는 설교 중

---

1. 예, Elmer L. Towns 및 Ben Gutiérrez는 이렇게 주장합니다. "부자와 나사로 이야기는 때때로 비유로 이해된다(눅 16:19-31). 하지만 이것은 두 인물에 관한 실제 이야기다." *The Essence of the New Testament* (Nashville: B&H, 2012), 86. 또한 다음을 보십시오. R. Summers, *Commentary on Luke* (Waco: Word, 1972), 194; James A. Borland, "Luke," in *Liberty Bible Commentary*, ed. Jerry Falwell, Edward E. Hindson, and Woodrow Michael Kroll (Lynchburg, VA: Old-Time Gospel Hour, 1982), 185-86.

한 편에서 다음과 같이 이야기한 바 있습니다.

> 그러나 이어지는 이야기는 단지 비유일까요? 아니면 실제 역사일까요? 여기에 설명하기 쉽지 않은 한두 가지 상황들이 있기 때문에 많은 사람들은 이 이야기가 단지 하나의 비유라고 생각했고 그렇게 대체로 주장됐습니다. 특히, 지옥에 있는 사람이 어떻게 낙원에 있는 사람과 대화할 수 있을지 상상하기가 좀처럼 쉽지 않습니다. 그러나 우리가 이를 설명할 수 없음을 인정한다 하더라도 우리 주님의 명료한 말씀보다 더 무게가 나가지는 않을 것입니다. 우리 주님은 "어떤 부자 한 사람이 있었다"라고 말씀하셨습니다—과연 그러한 한 사람이 있었을까요? 아니면, 그런 사람이 결코 존재하지 않았을까요? "그리고 나사로라는 이름을 가진 한 가난한 자가 있었다"라고 말씀하셨지요—과연 있었을까요? 아니면 없었을까요? 우리 복되신 주님이 명확히 말씀하신 바를 그렇게 확실하게 부정하는 것은 너무 용감한 것이 아닐까요? 그렇기에 우리는 합리적으로 의심할 수 없을 거예요. 전체적인 서술은 모든 상황과 더불어 정확히 사실입니다.[2]

하지만 이 이야기가 실제 사건으로 해석되어야만 하는 이유로

2. John Wesley, "Sermon 112," in *The Works of John Wesley*, 3rd ed. (Peabody, MA: Hendrickson, 1984), 7:245. 이 설교는 버밍엄에서 1788년 3월 25일에 선포됐습니다.

서 제공된 근거는 빈약합니다. (1) 복음서 저자들은 어떤 이야기가 비유인지, 아닌지를 항상 가리키지는 않습니다. 예컨대, 사실상 모든 학자들이 불의한 청지기(또는 영리한 청지기) 이야기가 비유라는 데 동의하지만 누가는 이것이 비유라고 명시하지는 않습니다. "그가 또 제자들에게 말씀하셨다. '어떤 부자에게 청지기가 있었다'" (16:1). (2) 예수가 다른 비유에서 고유명사를 사용하지 않으신 것은 사실이지만 비유를 더욱 실제에 가깝게 보이도록 하기 위해 세부사항을 사용하곤 하셨습니다. 또한 (엘아자르[Eleazar]에서 유래한) '나사로'라는 이름은 '하나님이 도우셨다'는 의미를 가지기 때문에 (이 이야기에서) 중요한 의미를 가지고 있을 수 있습니다. 다른 사람들이 그를 돕지 않았을지 모르지만, 하나님은 도우셨습니다.[3] 그런데 이 이야기가 비유인지 결정하는 데 가장 중요한 요소는 누가복음에서 부정대명사 τις가 사용된 용례입니다.

누가는 비유를 "어떤[τις] 사람이[ἄνθρωπος] (~하고) 있었다"(NKJV)라는 어구로 일곱 차례 시작합니다.[4]

---

3. Robert H. Stein, *Luke*, NAC 24 (Nashville: Broadman, 1992), 421-22; David E. Garland, *Luke*, ZECNT (Grand Rapids: Zondervan, 201), 669 [=『강해로 푸는 누가복음』, 디모데, 2018]. Walter L. Liefeld와 David W. Pao는 **나사로**라는 이름이 "주변에서 도움을 받지 못한 사람은 하늘에서 하나님으로부터 구원을 받게 된다"라는 의미로 "아마도 상징적으로 사용"됐을 것이라고 언급합니다. "Luke," in *The Expositor's Bible Commentary*, ed. Tremper Longman III and David E. Garland, rev. ed. (Grand Rapids: Zondervan, 2007), 10:264.
4. 안타깝게도 이렇게 양식화된 도입부는 현대 영역본에서 모호하게 나타납니다. NJKV가 우리의 요점을 잘 보여주기에, 이하 본문들은 거기서 인용됐습

- "어떤 사람이[ἄνθρωπός τις] 예루살렘에서 여리고로 내려갔다"(눅 10:30).
- "어떤 사람이[ἄνθρωπός τις] 큰 잔치를 베풀고 많은 사람들을 초대했다"(14:16).
- "어떤 사람에게[ἄνθρωπός τις] 두 아들이 있었다"(15:11).
- "청지기를 가지고 있는 부유한 어떤 사람이[ἄνθρωπός τις] 있었다"(16:1).
- "고귀한 어떤 사람이[ἄνθρωπός τις] 왕위를 받아가지고 오려고 먼 나라로 갔다"(19:12).
- "어떤 사람이[ἄνθρωπός (τις)] 포도원을 심었다"(20:9).[5]

그래서 바로 이 패턴이 누가복음 16:19에 나타날 때 우리는 놀라서는 안 됩니다. "자색 옷과 세마포 옷을 입고 날마다 사치스럽게 잔치를 하는, 부유한 어떤 사람이[ἄνθρωπος τις] 있었다." 누가는 16:1에서도 동일한 도입구를 사용했습니다. "부유한 어떤 사람이 있었다." 이 패턴을 사용함으로써 누가는 독자들에게 예수가 또

---

니다.

5. 또한 다음을 보십시오. 눅 7:41, "빚진 두 사람을 가진 어떤[τινι] 채권자가 있었다"(NKJV); 18:2, "어떤[τινι] 도시에 어떤[τις] 재판장이 있었다"(사역). ἄνθρωπός τις를 비유 문맥이 아닌 곳에서 사용한 단 하나의 용례가 있습니다. 14:2, "보라, 그분 앞에 수종병이 든 어떤 사람이[ἄνθρωπός τις] 있다." 이 경우와 다른 일곱 가지 용법의 차이는, 저 비유들이 항상 "그분[예수]이 말씀하신다/말씀하셨다"라고 시작하는 반면, 14:2은 분명 내러티브의 일부라는 것입니다.

다른 비유를 말하고 계신다는 신호를 줍니다. 결과적으로 이 이야기는 비유로 해석되어야 하며 역사적 내러티브로 해석되어서는 안 됩니다. 물론 이것이 비유라는 사실이 이야기를 덜 가치 있거나 덜 권위 있게 만드는 것이 아니라, 이는 우리가 저자의 본래 의도를 왜곡하지 않도록 적절한 해석 원리를 사용해야 한다는 것을 의미합니다.

# 제26장
# 전치사
# 에베소서 4:12

### 서론

전치사는 왠지 주석과 성경 해설을 단지 방해하는 작은 단어처럼 느껴집니다. 그러나 전치사구와 문장의 나머지 부분에 대한 관계가 본문 해석을 바꾸어 놓을 수도 있기 때문에 우리는 전치사에 주의를 기울일 필요가 있습니다. 예컨대, 에베소서 1:4에서 '사랑 안에서'(ἐν ἀγάπῃ)라는 전치사구는 앞의 어구를 수식하는 것일까요('사랑 안에서 그 앞에 거룩하고 흠이 없게 하시려고': 한글 번역에서는 어순이 바뀌어 '뒤의 어구'를 수식하는 셈이 됩니다—역주)?[1] 아니면, 뒤의 어구를 수식하는 것일까요('창세 전에 사랑 안에서 우리를 택하셨다')?[2] 이와 비슷

1. UBS[5], NA[28], CSB, NKJV, NRSV.
2. ESV, NASB, NIV. 축복의 초점이 자기 백성에게 복 주시는 하나님의 행위에 있기 때문에 이러한 견해의 가능성이 더욱 큽니다. 또한 그 전치사구가 ἁγίους 및 ἀμώμους를 수식한다면 κατενώπιον αὐτοῦ 대신 저 형용사들 뒤에

하게 에베소서 4:12에서 바울은 그리스도가 어째서 교회에 지도자들을 주셨는지를 설명하는 데 세 가지 전치사구를 사용했습니다.

- to [πρός] equip the saints ("성도를 갖추도록/준비하도록")
- for [εἰς] the work of ministry ("봉사/사역을 위하여")
- for [εἰς] building up the body of Christ ("그리스도의 몸을 세우기 위하여")

그런데 이 전치사구들은 정확히 서로 어떻게 관련되어 있을까요? KJV에서 제안하고 있는 것과 같이 이 세 가지는 평행의 또는 등가의 전치사구일까요("성도를 온전하게 하도록, 봉사/사역을 위하여, 그리스도의 몸을 세우기 위하여")? 아니면, (대부분의 영역본에서처럼) 뒤에 나오는 두 개의 전치사구가 첫 번째 전치사구에 종속되는 것일까요? 그리고 겉보기에는 사소한 차이처럼 보이는 것이 어떤 의미 차이를 가지고 있을까요?

### 개관

전치사는 실명사가 문장의 다른 구성요소와 관계를 가지게끔 도와줍니다. 전치사는 전치사의 목적어와 더불어 전치사구를 형성하지요. 결과적으로 전체 전치사구가 문장의 나머지 부분과 어

---

직접 와야 합니다. 마지막으로, 바울의 저작 안에는 ἐν ἀγάπῃ가 ἁγίους καὶ ἀμώμους를 수식한 경우가 나오지 않습니다.

떻게 관련되는지 생각해볼 필요가 있습니다. 전치사구는 (동사를 수식하여) 부사적으로, 그리고 (명사나 다른 실명사[명사 상당 어구]를 수식하여) 형용사적으로 기능할 수 있습니다. 부사 역할을 하는 전치사구가 가장 흔한데요, '언제?', '어디서?', '왜?', '어떻게?'와 같은 동사의 동작과 관련된 질문에 대답합니다. 형용사 역할을 하는 전치사구는 명시된 명사(또는 다른 실명사[명사 상당 어구])를 수식하며, '어떤?', '어떤 종류의?'와 같은 질문에 대답합니다. 전치사구는 앞에 관사를 동반함으로써 실명사화될 수 있는데요, 이로써 이 구는 사실상의 명사로 기능하게 됩니다(예, τὰ ἐν τῷ κόσμῳ, "세상에 있는 것들", 요일 2:15).

전치사는 정규 전치사(proper prepositions)와 비정규 전치사(improper prepositions)로 나뉠 수 있습니다. 정규 전치사는 전치사구에서 발생하고(예, ἐκ πνεύματος ἁγίου, 마 1:18) **그리고** (전치사와 동사가 결합한) 합성동사(예, ἐκπορεύομαι)를 형성하는 접두사로 기능합니다. 전치사(접두사)가 덧붙여져 합성동사를 형성할 때 전치사가 동사에 미칠 수 있는 네 가지 효과는 다음과 같습니다(KMP 400을 보십시오): (1) 추가적인 의미(예, ἀναβαίνω, "나는 올라간다"), (2) 강조적인 의미(예, κατεσθίω, "나는 먹어버린다"), (3) 의미의 추가가 없음(예, ἀνοίγω, "나는 연다"), (4) (전치사와) 관련 없는 의미 발생(예, ἀναγινώσκω, "나는 읽는다"). 신약 그리스어에는 17개의 정규 전치사가 있습니다.[3] 비정규 전치

3. 정규 전치사: ἀνά, ἀντί, ἀπό, διά, εἰς, ἐκ, ἐν, ἐπί, κατά, μετά, παρά, περί, πρό, πρός, σύν, ὑπέρ, ὑπό. 전치사에 대한 탁월한 작업에 대해서는, Murray J.

사는 합성동사를 형성하기 위해 동사 앞에 **결코** 접두될 수 **없는** 전치사를 가리킵니다(예, ἕως). 신약 그리스어에는 42개의 비정규 전치사가 있습니다.

### 해석

에베소서 4:11-12에서 바울은 그리스도가 특별한 이유로 교회에 다양한 지도자(사도, 예언자, 복음 전하는 자, 목사와 교사)를 주셨다고 말합니다. 저들은 "성도를 준비<u>시켜서</u>[πρός, to], 봉사의 일/사역을 하게 <u>하도록</u>[εἰς, for], 그리스도의 몸을 세우<u>도록</u>[εἰς, for]" 주어졌습니다. 당면한 핵심 문제는 이 전치사들이 서로서로 어떻게 관련되어 있는지 하는 것이지요. 특히, 두 번째 전치사구와 첫 번째 전치사구의 관계는 무엇일까요? 등위 관계인가요? 아니면 종속 관계인가요?[4]

일부 학자들은 (세 번째 구와 마찬가지로) 두 번째 구("봉사의 일/사역을 하게 <u>하도록</u>[εἰς]")가 앞서 나오는 첫 번째 구("성도를 갖추게 <u>하여</u>[πρός]")와 등위(평행) 관계라고 주장합니다. 만일 그렇다면, 세 개의 전치사구는 모두 그리스도가 교회에 지도자들을 주신 목적을 전달하게 됩니다. 즉, 저들은 (1) 성도를 세우기 위해, (2) 봉사의 일/사역을 하게 하기 위해, (3) 그리스도의 몸을 세우게 하기 위해 주

---

Harris, *Prepositions and Theology in the Greek New Testament* (Grand Rapids: Zondervan, 2012)를 보십시오.

4. 이어지는 논의는, Benjamin L. Merkle, *Ephesians*, EGGNT (Nashville: B&H, 2016), 128-29을 요약해서 제시하는 것입니다.

어졌습니다. 이 해석에서는 바로 지도자들이 봉사의 일/사역을 하는 것이고 (봉사의 일을 하도록) 준비된 성도들이 하는 것이 아님에 주목해야 합니다. KJV는 병렬 구조를 드러내도록 첫 번째 목적이 나오는 진술 뒤에 쉼표를 찍음으로써 이런 해석을 지지합니다. 이러한 견해에 따르면 "11절에 나타나는 바 은사를 받은 지도자들만 12절의 세 어구 모두에 해당하며 그 외의 다른 사람들은 그에 대한 책임을 가지고 있지 않은 것으로 묘사되기에, 따라서 성직자와 평신도 사이의 명확한 구분이 형성됩니다."[5] 또한 이 견해를 지지하는 데 다음과 같은 논증들이 제공되고요. (1) 이것은 크뤼소스토모스(Chrysostom)에게까지 거슬러 올라가는 아주 오래된 입장입니다.[6] (2) 에베소서의 저자는 자주 여러 등위 전치사구를 모아서 나열합니다(예, 1:3, 5-6, 20-21; 2:7; 4:13-14; 6:12). (3) διακονία("봉사/사역")라는 용어를 가장 잘 이해하게 됩니다. (4) 그리스도가 주신 사역자들에게 초점을 두고 있는, 4:11의 근접 문맥에 잘 어울립니다.

하지만 뒤의 두 전치사구가 첫 번째 구에 종속된다는 입장이 옳을 가능성이 더 큽니다. 이 읽기에 따르면 바울은 평행한 진술들을 제공하는 것이 아닙니다. 그보다도 두 번째 전치사구는 첫 번째 전치사구의 목적을 제공하지요. 즉, 그리스도가 교회에 지도자를 주신 목적은 저들이 성도들로 하여금 봉사의 일을 하도록 성

---

5. Harold W. Hoehner, *Ephesians: An Exegetical Commentary* (Grand Rapids: Baker Academic, 2002), 547.
6. "Homily 11 on Ephesians," in *NPNF*[1] 13:104-5.

도들을 준비시키기 위함이라는 것입니다. 이 견해는 거의 모든 영역본 및 많은 주석가들에 의해 지지됩니다.[7] 이 해석을 지지하는 이유는 다음과 같습니다. (1) πρός에서 εἰς로의 전치사의 변화(등가/평행이라면 동일한 전치사를 썼을 것이라는 의미입니다—역주),[8] (2) 첫 번째 전치사(πρός)의 목적어 앞에 관사가 존재하지만 이후에 나오는 두 개의 전치사(εἰς)의 목적어 앞에는 관사가 없음, (3) 절 끝에 나오는 대신 πρὸς τὸν καταρτισμόν 뒤에 나오는 τῶν ἁγίων의 위치, (4) '각 마디' (ἑνὸς ἑκάστου μέρους, 4:16)가 그 일을 하도록 '각 사람에게'(ἑνὶ ἑκάστῳ, 4:7) 주어진 은사에 대한 강조(참조, 고전 12:7)가 그것입니다. 회너(Hoehner, *Ephesians*, 549)는, "11절에 열거된 사람들의 은사

---

7. 예, Clinton E. Arnold, *Ephesians*, ZECNT (Grand Rapids: Zondervan, 2010), 262-64 [=『강해로 푸는 에베소서』, 디모데, 2017]; Ernest Best, *Ephesians*, ICC (London: T&T Clark, 1998), 397-99; F. F. Bruce, *The Epistles to the Colossians, to Philemon, and to the Ephesians*, NICNT (Grand Rapids: Eerdmans, 1984), 349; Hoehner, *Ephesians*, 547-49; Mark D. Roberts, *Ephesians*, Story of God Bible Commentary (Grand Rapids: Zondervan, 2016), 134-35; Klyne Snodgrass, *Ephesians*, NIVAC (Grand Rapids: Zondervan, 1996), 204 [=『NIV 적용주석 에베소서』, 솔로몬, 2014]; Frank Thielman, *Ephesians*, BECNT (Grand Rapids: Baker Academic, 2010), 278-80 [=『에베소서』, 부흥과개혁사, 2020].
8. Best(*Ephesians*, 398)는 이렇게 말합니다. "12a절과 12bc절 사이의 전치사의 변화는 12a절과 12bc절 사이에 목회자들의 사역에 대한 논의(11절)가 전체 교회의 사역에 대한 논의로 이동했음을 보여준다." 특정 전치사들의 이러한 식의 나열이 신약의 다른 곳에는 나타나지 않지만(*Ephesians*, 262) Arnold는 칠십인역(창 32:3 LXX[32:4 개역개정]; 35:27; 수 9:6; 10:6; 렘 47:12[40:12 개역개정])에서 그 경우를 주장합니다. "(πρός로 시작하는)첫 번째 전치사구는 (εἰς로 시작하는) 다른 두 전치사구와 등위 관계가 아니다."

는 모든 성도로 하여금 사역/봉사를 하도록 준비시킬 직접적인 목적을 위한 기초적인 은사로 기능한다. 따라서 모든 신자는 사역/봉사의 일을 해야만 한다"라고 요약합니다. 아놀드(Arnold, *Ephesians*, 262)는 자신의 입장을 더더욱 확고하게 말했습니다.

> 그리스도는 은사를 가진 지도자들을 단순히 사역을 하도록 주신 것이 아니라 저들의 시간을 사용하여 동료 신자들을 성장시키고 준비시켜 이들이 그리스도의 몸(교회)을 위한 사역에 참여하게끔 하셨다. 그러므로 바울이 제공하고 있는 모델은 공동체에서의 상호 서비스(mutual service) 모델이지 소비자 그룹에 전문적인 서비스를 제공하는 모델이 아니다.

# 제27장
# 부사
# 로마서 11:26

## 서론

잘 알려져 있다는 것이 올바르게 이해되고 있음을 의미하는 것은 아닙니다. 요한복음 3:16은 성경에서 가장 잘 알려진 구절이지만 일부 세부 내용에 있어서 적절하게 평가되고 있지 않을 수 있습니다. 예를 들어, "하나님이 세상을 이처럼 사랑하사"에서 '이처럼'(οὕτως)이라는 단어는 '이 방식으로'(in this manner) 또는 '이와 같이'(thus)로 번역되어야 하지 '이렇게 많이'(so much)로 이해되어서는 안 됩니다. 이 방식이라는 것은 이어지는 절에 나오지요. 하나님이 세상을 **어떤 방식으로**(*what way*) 사랑하셨나요? 답은 하나님이 자신의 유일한 아들을 주셨다는 것입니다. NJB는 이것을 아주 잘 포착했습니다. "하나님이 세상을 어떻게 사랑하셨는지는 바로 이와 같다. 곧, 그가 자신의 유일한 아들을 주셨다."

이것과 동일한 부사(οὕτως)가 또 다른 유명한 구절이면서도 매우 논쟁적인 구절에서 발견됩니다. 로마서 11:26은 이렇게 씁니다. "그리고 이 방식으로[οὕτως] 온 이스라엘이 구원될 것이다"(하지만 개역개정판은, "그리하여 온 이스라엘이 구원되리라"라고 옮겼습니다—역주). 이 구절과 이스라엘 민족의 미래에 관한 대부분의 질문은 부사 οὕτως를 중심으로 돌아갑니다. 선택지는 어떤 것이 있으며 또한 이들 사이에 어떤 차이가 있을까요?

**개관**

부사는 동사(또는 형용사 또는 다른 부사)를 수식합니다. 새뮤얼 레이머슨(Samuel Lamerson)은 부사를, "동사를 묘사하거나 동작이 어떻게 성취되었는지 말해주는 단어"로 정의했습니다.[1] 예컨대, "그녀는 조용하게 독서하고 있었다"를 생각해볼 수 있지요. 전형적으로 부사는 곡용(曲用: 인칭, 수, 격, 성 등에 따른 형태 변화—역주)되지 않고 고정된 형태를 유지합니다. 부사의 가장 일반적인 어미는 -ως나 -ον입니다. 부사는 동사의 동작이 어떻게 수행됐는지에 관한 물음들에 대답하지요. 이를테면, '언제?', '어디에서?', '어떤 방식으로?', '얼마나 자주?', '어느 정도로?'와 같은 질문 말입니다. 전치사구, 분사, 부정사와 같은 다른 품사 역시도 부사로 기능할 수 있습니다.

---

1. Samuel Lamerson, *English Grammar to Ace New Testament Greek* (Grand Rapids: Zondervan, 2004), 100.

- **시간의 부사**(*Adverbs of time*): ἅπαξ("한 번", 11×: 신약성경에서 11회 등장함을 의미—역주), αὔριον("내일", 14×), νῦν("지금", 147×), πάλιν("다시", 141×), πάντοτε("항상", 41×), ποτέ("이전에", 29×), πότε("언제?", 19×), πρωΐ("일찍이", 12×), σήμερον("오늘", 41×), τότε("그때", 160×).
- **장소의 부사**(*Adverbs of place*): ἄνω("위에", 9×), ἄνωθεν("위에서부터", 13×), ἐκεῖ("거기에", 95×), ἐκεῖθεν("거기에서부터", 27×), κάτω("아래", 9×), κύκλῳ("주위에", 8×), ποῦ("어디에?", 52×), ὧδε("여기에", 61×).
- **방법의 부사**(*Adverbs of manner*): ἀκριβῶς("정확하게", 5×), δωρεάν("자유롭게", 9×), εὐθύς("즉시", 59×), καλῶς("잘", 36×), ὁμοθυμαδόν("한마음으로", 11×), οὕτως("이와 같이/이처럼", 208×), παραχρῆμα("즉시", 18×), πῶς("어떻게?", 118×), ταχέως("빠르게", 10×), ταχύ("빨리", 18×).
- **정도의 부사**(*Adverbs of degree*): λίαν("매우", 12×), μάλιστα("특히", 12×), μᾶλλον("더욱", 81×), σφόδρα("대단히", 11×).

### 해석

로마서 11:25-26a에서 바울은 "형제들아 너희가 스스로 지혜 있다 하면서 이 비밀을 너희가 모르기를 내가 원하지 아니하노니, 이 비밀은 이방인의 충만한 수가 들어오기까지 이스라엘의 더러는 우둔하게 된 것이라. 이와 같은 방식으로[οὕτως] 온 이스라엘이 구원을 받으리라"라고 씁니다. 이 '비밀'에는 세 가지 내용이 포함되어 있습니다. 곧, (1) 이스라엘의 일부가 완악해짐(우둔해짐), (2)

이방인의 충만한 수가 들어옴, (3) 모든 이스라엘의 구원이 그것입니다. 이스라엘의 궁극적인 구원에 대한 논의는 종종 οὕτως의 기능에 중점을 두고 이루어집니다. 여기에는 적어도 세 가지 가능한 용법이 있습니다. 즉, 논리적, 시간적, 방식적(방법적)인 용법이 그것입니다.

첫째, οὕτως는 논리적으로 연결하는 데 사용될 수 있습니다. "그리고 **이 과정**[11:25b]**의 결과로** 모든 이스라엘이 구원될 것이다[11:26a]." 바울에게 있어서 οὕτως가 논리적인 의미로 나타나는 경우는 매우 드물기 때문에,[2] 이 입장을 지지하는 학자는 거의 없습니다.

둘째, οὕτως는 시간적인 연결을 만들어낼 수 있습니다. "그리고 **그때**(*then*) 모든 이스라엘이 구원될 것이다." 예컨대, NEB가 이 의미를 지지하지요. "그 일이 일어났을 때[When that has happened], 이스라엘 전체가 구원될 것이다." 즉, 이방인의 충만한 수가 들어올 '때까지' 이스라엘의 일부가 완악할 것이고, **그 이후에야 비로소**(*then after that*) 모든 이스라엘이 구원될 것이라는 말이지요. 자연스럽게 이러한 번역은 미래의 민족적 이스라엘을 위한 은혜가 특별히 주어지는 때를 가정하게끔 이끕니다. 이 해석의 문제는 οὕτως가 시간적 의미로 사용되는 경우가 있기는 하지만 드물다는

2. Douglas J. Moo는 롬 1:15; 6:11; 고전 14:25; 살전 4:17을 나열합니다. *The Letter to the Romans*, 2nd ed., NICNT (Grand Rapids: Eerdmans, 2018), 735n796 [=『NICNT 로마서』, 솔로몬, 2022].

것이지요.[3]

셋째, οὕτως는 방식적 연결을 가능하게 할 수 있습니다. 곧, "그리고 **이러한 방식으로** 모든 이스라엘이 구원을 받을 것이다." 이 견해는 다수에 의해 지지를 받기는 하지만 이 부사가 가리키는 특정 방식은 여전히 논쟁적입니다. 대부분의 해석가들은 이 '방식'이라는 것이 롬 11:11-24에서 유래하며, 25절은 그것을 요약하는 진술로 봅니다. 그러나 '이러한 방식'이란 정확히 무엇입니까? 무(Moo)는 οὕτως가 '방식의 의미'로 사용되지만 시간적 개념을 전달한다고 주장하면서 이렇게 결론 짓습니다. "하나님은 이방인이 메시아에 의한 구원에 들어가는 동안 이스라엘의 대부분을 완악하게 하시는데, 이 이방인의 구원은 이스라엘의 질투와 구원으로 이어지게 된다. 그러나 여기서 οὕτως는 시간적 **의미**를 가지지 않더라도 시간을 **지시**(temporal *reference*)하는 기능을 한다"[4]

그러나 문제는 이 문맥이 시간을 가리키고 있느냐는 것입니다. 라이트(Wright)는 이 해석에 의문을 표명합니다. "바울이 **멀리 떨어진 사건**을 가리키고 있다는 암시는 없으며, 그보다도 바울의

---

3. BDAG는 시간적 용례를 나열하지 않습니다. 이 시간적 의미를 정당화하려는 시도에 대해서는, Pieter W. van der Horst, "'Only Then Will All Israel Be Saved': A Short Note on the Meaning of καὶ οὕτως in Romans 11:26," *JBL* 119 (2000): 521-39을 보십시오. 그는 행 7:8; 20:11; 27:17; 살전 4:16-17에서 οὕτως의 시간적 용법을 지지합니다.

4. Moo, *Romans*, 735, 강조는 본래 원서의 것입니다. 또한 Thomas R. Schreiner, *Romans*, 2nd ed., BECNT (Grand Rapids: Baker Academic, 2018), 602 [=『로마서』, 제1판, 부흥과개혁사, 2012]을 보십시오.

모든 암시는 11:25에 있는 과정이 … '모든 이스라엘'을 구원하시는 하나님의 **수단이라는 것**을 가리킨다."[5] 그렇지만 οὕτως가 시간을 가리키는 기능이 있다고 이해된다면 바울은 '모든 이스라엘'의 구원이 '모든 선택된 이방인의 구원 후에' 일어난다고 주장하는 셈입니다. 즉, 이스라엘의 구원은 저들 일부의 완악함이 제거된 후에 발생하며, 이 일은 오직 "이방인들의 충만한 수가 들어온" 후에 발생하게 될 것입니다(11:25).

'방식의 용례'의 다른 선택지는 οὕτως를 모든 이스라엘의 구원 과정을 언급하는 것으로 보는 것입니다. 즉, 바울은 민족적 유대인 다수가 예수를 메시아로 받아들이고 구원받을 미래 사건을 예견하고 있는 것이 아닙니다. 그보다도 바울의 요점은 하나님이 이스라엘 민족을 결코 완전히 버리지 않으실 것이라는 데 있습니다. 곧, 그리스도가 돌아오실 때까지의 전 역사 내에서 유대인의 남은 자는 항상 있을 것이라는 말이지요. 이스라엘에는 마지막 때까지(즉, 이방인의 충만한 수가 들어올 때까지) 완악한 자는 단지 **부분적으로만** 존재할 것입니다. 저들이 **완전히** 완악해져서 메시아 안에서 제공되는 구원에서 **모두가** 떨어지게 되지 않을 것이라는 말입니다. 그러므로 전 역사에 걸쳐 선택된 남은 자의 전체 수는 '모든 이스라엘'의 구원을 표현하게 되는 것이지요. 예컨대, 호너(Horne)

---

5. N. T. Wright, *Paul and the Faithfulness of God*, 2 vols. (Minneapolis: Fortress, 2013), 1241 [= 『바울과 하나님의 신실하심』, CH북스, 2015], 강조는 원서의 것입니다.

는 이렇게 말했습니다. "바울이 '모든 이스라엘이 구원을 얻을 것이다'라고 말할 때 이는 충만한 수의 선택된 유대인들—전 세대를 거쳐 이방인의 충만한 수가 들어올 때까지, 하나님 나라에 들어오기를 하나님이 기뻐하시는—을 가리킨다."[6]

이렇듯 부사는 중요합니다. 로마서 11장의 경우 부사 οὕτως는 어떤 행위(즉, 모든 이스라엘의 구원)가 성취되는 방식을 가리킵니다. 정확히는 이 방식이 가리키는 바가 논쟁점입니다. 이 장의 핵심은 한 가지 특정 입장을 주장하는 데 있기보다,[7] 부사의 중요성을 보여주고 또한 부사 해석이 성경/신학에 어떤 영향을 주는지를 보여주는 데 있습니다.

---

6. Charles Horne, "The Meaning of the Phrase 'And Thus All Israel Will Be Saved' (Rom. 11:26)," *JETS* 21 (1978): 334. 또한 William은 다음과 같이 씁니다. "바울의 때와 시대에 '모든 이스라엘'의 구원이 점진적으로 실현되고 있었고, 그 구원이 '모든 이스라엘'이 구원받을 때까지 점진적으로 계속될 것이라는 사실은 … 분명하다. 선택받은 이방인의 충만한 수가 모이게 될 때, 또한 선택받은 유대인의 충만한 수가 모이게 될 것이다. … 엘리야 때에 남은 자가 있었다. 바울 때에 남은 자가 있었다. 앞으로 올 시대에 남은 자가 있을 것이다. 이 모든 시대의 남은 자들은 합쳐져서 '모든 이스라엘'을 구성한다." *Israel in Prophecy* (Grand Rapids: Baker, 1974), 48-49, 50-51.
7. 참고, Michael J. Vlach, Benjamin L. Merkle, Fred G. Zaspel, and James M. Hamilton Jr., *Three Views on Israel and the Church: Perspectives on Romans 9-11*, ed. Jared Compton and Andrew David Naselli (Grand Rapids: Kregel, 2019).

# 제28장
# 접속사와 불변사
# 빌립보서 2:12

## 서론

빌립보서 2:12에서 바울은 빌립보의 신자들에게 "두렵고 떨림으로 너희 구원을 이루라"라고 권고합니다. 일부 학자들은 여기서 '구원'(σωτηρία)이 사회학적 의미, 공동체의 영적 건강과 안녕을 가리키는 의미로 사용됐다고 제안하지만,[1] 바울은 끊임없이 σωτηρία를 종말론적 구원을 언급하는 데 사용하기 때문에 그러한 해석은 거부되어야 합니다.[2] 만일 그렇다면, 이 진술은 바울이 다른 곳에

---

1. Gerald F. Hawthorne, *Philippians*, WBC 43 (Waco: Word, 1983), 98-99 [=『빌립보서』, 솔로몬, 1999]; Ralph P. Martin, *Philippians*, rev. ed., TNTC (Grand Rapids: Eerdmans, 1987), 115–16.
2. Peter T. O'Brien, *The Epistle to the Philippians*, NIGTC (Grand Rapids: Eerdmans, 1991), 278–81; Thomas R. Schreiner, *Paul: Apostle of God's Glory in Christ* (Downers Grove, IL: InterVarsity, 2001), 256.

서 언급한 바 구원은 행위가 아닌 은혜에 기초한다는 진술과 모순되는 것일까요?[3] 다른 말로, 바울은 신자들에게 '저들의 종말론적 구원을 이루도록' 무엇을 권하고 있는 것일까요?

**개관**

접속사는 다양한 문장의 구성요소(즉, 단어, 구, 절, 담화 단위)를 연결하거나 연관 짓는 역할을 합니다.[4] 로버트슨(Robertson 1177)은 접속사(conjunctions)에 대해 이렇게 쓴 바 있습니다. "화자나 저자에게 접속사 없는 연결(asyndeton)이 언제나 가능함에도, 연결이 필요한 경우, [접속사는] 동떨어져 있던 다양한 품사들을 서로 접속시켜 주기 때문에(*con-jungo*) 매우 좋은 이름을 가지고 있다. 여기서 요점은 각각의 접속사를 가능한 대로 해석하여 그 정확한 기능이 명료하게 드러나게끔 하는 일이다." 로버트슨은 이를 통해 담화 단위 사이의 관계가 표시되기에 접속사의 기능을 규정하는 것이 핵심이라고 이야기했습니다. 영(Young 179)은 "신약 그리스어에 있는 문장들은 접속사로 시작한다. 신약 저자들은 문장과 문장 사이 및 단락과 단락 사이의 의미론적 관계를 가리키기 위해 접속사를 사용하는 고전적 관습을 따르고 있다"라고 올바르게 관찰했습니다. 기본적인 차원에서 접속사는 한 단위가 다른 단위와 평행되는지

3. 롬 3:20; 9:11-12; 갈 2:16; 3:2, 5, 10; 엡 2:8-9; 딛 3:5을 보십시오.

4. 참고, Steven E. Runge, *Discourse Grammar of the Greek New Testament: A Practical Introduction for Teaching and Exegesis* (Peabody, MA: Hendrickson, 2010).

(등위 접속사) 또는 다른 단위에 의존하는지(종속 접속사)를 나타내줍니다. 접속사의 다양한 유형은 다음과 같습니다.

- **연결**(*Copulative*): καί("그리고", "또한"); δέ("그리고"); οὐδέ("또한 아닌"[and not]); μηδέ("또한 아닌"); τέ("그리고", "그래서"); οὔτε("또한 아닌"); μήτε("또한 아닌").
- **이접**(*Disjunctive*): ἤ("또는"); εἴτε("~인지").
- **역접**(*Adversative*): ἀλλά("그러나"); δέ("그런데", "하지만"); μέν("그러나"); μέντοι("그럼에도 불구하고"); πλήν("그러나", "~외에"); εἰ μή("~외에"); ὅμως("그런데"); καίτοι("그렇지만").
- **추론**(*Inferential*): οὖν("그러므로", "따라서"); ἄρα("그러면"); διό("이러한 이유로"); δή("따라서").
- **설명**(*Explanatory*): γάρ("~때문에", "~해서").
- **목적**(*Purpose*): ἵνα("~을 위하여", "~하도록"); ὅπως("~하려고").
- **결과**(*Result*): ὥστε("그 결과"); ὅπως("~함으로").
- **원인**(*Causal*): ὅτι("~하기에"); διότι("[왜냐하면] ~때문에"); ἐπεί("~하기에"); ἐπειδή("[왜냐하면] ~때문에").
- **비교**(*Comparative*): ὡς("~같이", "~처럼"); ὥσπερ("~와 마찬가지로"); καθώς("~와 같이"); καθάπερ("~와 같이").

불변사(particle)는 정의하기 어려운데요, 마치 다른 품사에 들어맞지 않는 단어들을 총칭하는 것처럼 보입니다. 불변사는 통상 짧고요(때로는 번역이 불가능합니다), 또한 (동시에) 종종 부사, 접속사, 감탄사로도 분류될 수 있습니다.

- **부정의 불변사**(*Particles of negation*): 직설법 = οὐ, οὐκ, οὐχ, οὐχί; 비-직설법 = μή, μήποτε("[결코] ~아닌").
- **연결의 불변사**(*Particles of connection*): μέν … δέ("한편으로 ~ 그리고 다른 한편으로"), τέ("그리고").
- **강조의 불변사**(*Particles of intensification*): ἀμήν("아멘"), γέ("~조차도"), ναί("예[yes]!").
- **감탄의 불변사**(*Particles of interjection*): ἰδού("보라!"), οὐαί("화로다!"), ὦ ("오!").
- **가정법의 불변사**(*Particles of the subjunctive mood*): ἄν과 ἐάν(통상 번역되지 않음).

**해석**

그러면 바울이 빌립보 교인들에게 '두렵고 떨림으로 [너희] 구원을 이루라'라고 말했던 것은 어떻게 이해할 수 있을까요? 이 대답은 구원의 사회학적 이해에 놓여 있는 것이 아니라 2:12과 13절 사이의 연결을 보는 데 있습니다. 바울은 회중에게 저들의 구원을 '이루라'(κατεργάζεσθε)라고 말한 후에, 이 명령의 근거를 제공합니다. "바로 하나님이 자기의 기쁘신 뜻을 위하여 너희로 하여금 바라고 또한 행하게 하시도록 너희 안에서 일하시기 때문이다[γάρ]"

(빌 2:13). 이렇게 접속사 γάρ는 권면의 근거를 하나님이 주시는 의지력(prior power)과 능력에 둡니다. 오브라이언(O'Brien, *Philippians*, 284)은 이렇게 말한 바 있습니다.

> 하나님이 빌립보 사람들의 삶 안에서 은혜로운 구원 목적을 성취하도록 저들 안에서 강력하게 역사하고 계시기 **때문에**(γάρ) 저들의 구원이 스스로의 계획에 맡겨진 것은 아니다. 접속사 γάρ("~ 때문에", "해서")는 해당 구절이 앞 구절에 나타난 바울의 권면의 근거를 제공하고 있음을 보여준다. 곧, 하나님이 이미 저들의 삶 안에서 (새 창조의) 선한 일을 시작하셨기 **때문에**(1:6) 그리고 이를 강력하게(ἐνεργῶν) 지속하고 계시기에, 저들은 두려움과 떨림으로 구원을 이루도록 명령받을 수 있는 것이다(2:12).

성서학자들은 이러한 이중적 성격의 진술을 때로 '직설법'과 '명령법' 사이의 관계로 묘사합니다. 직설법은 그리스도와 연합된 존재의 현실이자 결과와 관련이 있고('이미'), 명령법은 직설법에서 흘러나와서 신자들로 하여금 저들의 위치에 걸맞는 존재가 되도록 요청합니다('아직'). 신자들은 그리스도와 연합되었기 때문에 (1) 그리스도와 함께 장사되어, 죄에 대해 죽고, 새 생명 가운데 다시 일어나며(롬 6:2-6), (2) "죄와 사망의 법"에서 해방됐고(롬 8:1-2), (3) "육신에 있지 않고 영에 있으며"(롬 8:9), (4) "그리스도와 함께 십자가에 못 박히고" 또한 "이제는 … 믿음 안에서 살며"(갈 2:20), (5)

"그리스도로 옷 입고"(갈 3:27), (6) 하나님의 자녀들이 됐으며(갈 4:6-7), (7) 그리스도와 함께 살아나고, 일으켜져서, "하늘에 앉게" 됐고(엡 2:5-6), (8) 그리스도와 함께 죽고, 장사됐다가, 다시 살아나(골 2:11-12, 20; 3:1-4), (9) "옛 사람을 버리게" 됐습니다(골 3:9).

하지만 이 직설법(사실의 주장)은 명령법의 필요성을 무시하지 않습니다. 따라서 바울은 신자들이 자신들의 구원을 이루어야 한다고 쓰고 있으며 이에 대해 대단히 진중해야 한다는 것을 '두렵고 떨림으로 [이루라]'라고 덧붙이면서 설명합니다.[5] 베드로도 마찬가지로 편지 수신자들에게 "힘써 너희 부르심과 택하심을 확실하게 하라"(벧후 1:10 KJV)라고 말합니다. 더하여 바울은 구원을 추구할 때 필요한 노력을 묘사하기 위해 다양한 메타포를 사용합니다. '힘씀'(롬 14:19), '달려감'(빌 3:12), '싸움'(고전 9:26; 딤전 6:12), '경주'(고전 9:24-27)가 그것이지요.

바울은 로마서 6장에서 신자들이 죄에 대해 죽었고 죽은 자들은 "죄로부터 해방"됐다고 이야기합니다(7절). 그런데 바울은 나중에 이렇게 명령합니다. "그러므로 너희는 죄가 너희 죽을 몸을 지배하지 못하게 하여 몸의 사욕에 순종하지 말고"(12절 개역개정). 직설법의 진리(죄에 대해 죽음)가 명령법의 필요성(죄가 너희를 지배하지 못하게 하라)을 무시하는 것이 아닙니다. 사실상, 직설법은 명령법에 순종**할 수 있는** 토대가 됩니다. 다른 예는 골로새서 3장에서 발견

5. 이와 비슷한 어구가 막 5:33에 나오지만, 이 어구는 바울에게 있어서는 독특합니다(또한 고전 2:3; 고후 7:15; 엡 6:5을 보십시오).

할 수 있습니다. 거기서 바울은 "이는 너희가 죽었고 너희 생명이 그리스도와 함께 하나님 안에 감추어졌음이라"(3:3 개역개정)라고 선언합니다. 그리고 몇 구절 뒤에서는 이렇게 말하지요. "그러므로 땅에 있는 지체를 죽이라 곧 음란과 부정과 사욕과 악한 정욕과 탐심이니 탐심은 우상 숭배니라"(3:5 개역개정). 이들은 그리스도와 함께 죽었지만 그럼에도 여전히 저들의 삶에 있는 죄를 죽일 필요가 있는 것이지요. 그렇기에 본질적으로 우리는 이미 그리스도 안에 있는 존재임에도 그렇게 되라는 권고를 받게 되는 것입니다. 그러나 이 직설법이야말로 '명령법이 실재가 될 것을 보증'해 주는 것이라 할 수 있습니다(Schreiner, *Paul*, 257).

따라서 빌립보서 2:12에 있는 자기 구원을 이루라는 명령문은 신자의 삶 안에서 하나님이 이미 시작하신 일에 비추어 볼 때에만 성취될 수 있습니다. 리델보스(Ridderbos)는 이 논쟁의 핵심을 포착했습니다. "두 번째 절[2:13]에 있는 '~ 때문에'(for)라는 단어는 첫 번째 구절에 있는 호소의 근거가 된다. … 사람이 두렵고 떨림으로 구원을 얻었기 때문에 하나님이 자기의 기쁘신 뜻 안에서 일하지 않으셨다거나 일하지 않으신다는 것이 아니다. 오히려 반대가 참이다. 하나님이 일하셨고 일하시고 계시기 때문에, 따라서 사람이 (구원을) 이루어야만 하고 이룰 수 있는 것이다. 하나님이 사람 안에서 그의(사람의) 일을 위해 필요한 것을 이루시기 때문이다."[6]

---

6. Herman Ridderbos, *Paul: An Outline of His Theology*, trans. John Richard de Witt (Grand Rapids: Eerdmans, 1975), 255 [=『바울 신학』, 솔로몬,

빌립보서 2:12-13에서 명령법과 직설법 사이의 연결은 작지만 대단히 중요한 하나의 단어 γάρ에 의해 형성됩니다. 이는 우리가 구원을 이루기 위해 노력하면서 반드시 '하나님이 공급하시는 힘'을 의지해야 함을 기억하게끔 해줍니다(벧전 4:11 CSB). 또한 바울이 말했던 것을 기억나게 해주지요. "그러나 내가 나 된 것은 하나님의 은혜로 된 것이니 내게 주신 그의 은혜가 헛되지 아니하여 내가 모든 사도보다 더 많이 수고하였으나 내가 한 것이 아니요 오직 나와 함께 하신 하나님의 은혜로라"(고전 15:10 개역개정).

---

2017].

# 제29장
# 조건문
# 골로새서 1:23

## 서론

분명 골로새서에 등장하는 거짓 교사들은 어느 정도 성공한 자들로서 골로새 교회에서 분란을 일으키고 있었습니다. 바울은 편지에서 그리스도를 온당한 자리로 높임으로써 저들의 잘못된 기독론을 책망했습니다. 그러나 그 과정에서 바울은 골로새 신자들이 믿음 안에서 견디는 경우**에만** 하나님 앞에서 거룩하고 흠 없는 자로 나타나게 될 것이라고 경고합니다. "전에 악한 행실로 멀리 떠나 마음으로 원수가 되었던 너희를 이제는 그의 육체의 죽음으로 화목하게 하셔서 너희를 거룩하고 흠 없고 책망할 것이 없는 자로 그 앞에 세우실 것이다. <u>만일 참으로</u>[εἴ γε] 너희가 믿음에 거하고 터 위에 굳게 서서 너희 들은 바 복음의 소망에서 흔들리지 아니하면 그럴 것이다. 이 복음은 천하 만민에게 전파된 바요 나

바울은 이 복음의 일꾼이 됐다"(골 1:21-23). 이 경고문에서 바울은 조건문을 사용하여 저들이 '믿음을 지속한다면'(if [they] continue in the faith) 하나님 앞에 (올바르게) 드러날 것이라고 말합니다. 바울의 이 조건문이 의심을 표명하는 것일까요? 아니면 확신을 표명하는 것일까요? 바울이 말하는 바가, '믿음에 거한다면 그렇게 될 텐데, 너희가 믿음에 거하지 않아서 안타깝다'를 의미하는 것일까요? 아니면, '너희가 믿음에 거하면 그렇게 될 거야. 나는 너희가 믿음에 거할 것을 알아'를 의미하는 것일까요? (이 장의 쟁점은 한국어로 표현이 불가능하기에 몇몇 문장들을 크게 패러프레이즈[paraphrase]하거나 역주를 달았습니다—역주.)

### 개관

조건문은 특수 형태의 종속절로 통상 εἰ("~라면"[if], "~이니까"[since]) 또는 ἐάν("~라면")과 같은 조건적 불변사와 함께 도입됩니다.[1] 조건문에는 전형적으로 네 가지 **종류**(*classes*)가 있습니다. 조건절은 '~라면'(if) 절을 의미하는 반면, 귀결절은 조건이 충족될 때 결과로 일어나는 상황을 가리키는 '그러면/그럴 경우'(then) 절을 의미합니다. 각각의 종류에 대한 예는 다음과 같습니다.

- **제1조건문**(*First class*): εἰ + 조건절(모든 시제 + 직설법), 귀결절(모든 시제/법). 여기서 저자는 논증을 위해 전제(조건절)의 현실성(reality)을 가정

1. 몇몇 부사적 분사(예, 눅 9:25)는 조건절로 번역될 수 있습니다.

합니다: "만일 네가 하나님의 아들이라면[εἰ] 이 돌들을 명하여 떡덩이게 되게 하라"(마 4:3).

- **제2조건문**(*Second class*): εἰ + 조건절(미완료, 부정과거, 과거완료 + 직설법), 귀결절(미완료, 부정과거, 과거완료 + ἄν + 직설법): 전제는 사실과 반대되는 것을 표현합니다: "주여, 만약 당신이 여기에 계셨었다면[εἰ], 내 형제는 죽지 않았을 텐데요[ἄν ἀπέθανεν]"(요 11:21: 즉, '계시지 않았기에' 내 형제가 죽었다는 것을 표현합니다—역주).
- **제3조건문**(*Third class*) ἐάν + 조건절(모든 시제 + 가정법), 귀결절(모든 시제/법): 전제가 조심스럽게 저자에 의해 제시됩니다: "우리가 죄가 없다고 말할[εἴπωμεν] 경우[ἐάν], 우리는 스스로를 속이는 것이다"(요일 1:8).
- **제4조건문**(*Fourth class*): εἰ + 조건절(모든 시제 + 희구법), 귀결절(모든 시제 + 희구법): 전제가 일어나지 않을 법한 가능성으로 묘사됩니다: "그러나 만에 하나/행여[εἰ] 너희가 의를 위하여 고난당한다면/고난당한다 하더라도[πάσχοιτε] 너희는 복을 받을 것이다"(벧전 3:14).

### 해석

무(Moo)에 따르면 골로새서 1:23에는 '길고도 복잡한 조건절'이 포함되어 있습니다.[2] 대부분의 주석가들은 이 조건문이 앞 절

2. Douglas J. Moo, *The Letters to the Colossians and to Philemon*, PNTC (Grand Rapids: Eerdmans, 2008), 144 [=『골로새서·빌레몬서』, 부흥과개혁사, 2017].

의 동사 '세우실 것이다'(παραστῆσαι)와 연결되어 있다는 데 동의합니다.[3] 즉, **만일** 그들이 믿음 안에서 견딘**다면** 그들을 화목하게 하신 그리스도가 그들을 거룩하고 흠 없고 책망할 것이 없는 자로 아버지 앞에 세우실 것이라는 말입니다. 그런데 바울은 여기에서 왜 조건문을 쓰고 있는 것일까요? 바울은 그들이 인내하고 구원될 것에 대해 의심하고 있는 것일까요? 즉, '[너희가 그렇게 할 것이] 의심스럽지만, 만약 너희가 그렇게 하면'을 의미하는 것일까요?[4] 아니면, 바울은 그들이 사실상 견디고 구원될 것이라는 사실을 확신하고 있는 것일까요? 그러면, '[너희가 그렇게 할 것을] 내가 확신하는 것처럼, 만약 너희가 그렇게 하면'을 의미하게 되는 것일까요?[5] 바울은 이 조건절로 누군가 믿음 안에 거하지 못해서 구원을 잃을 수 있다는 말을 하고 있는 것일까요?

바울이 사용하는 구조는 제1조건문에 속합니다. 하지만 이 구

3. Murray J. Harris, *Colossians and Philemon*, EGGNT (Nashville: B&H, 2010), 54; Moo, *Colossians and Philemon*, 144; David W. Pao, *Colossians and Philemon*, ZECNT (Grand Rapids: Zondervan, 2012), 109 [=『강해로 푸는 골로새서, 빌레몬서』, 디모데, 2018]. 이 조건절이 골 1:22에 있는 앞선 동사 "그는 화목하게 됐다"(ἀποκατήλλαξεν)와 연결될 가능성이 있으나 아마도 그럴 것 같지는 않습니다.
4. 참고, 갈 3:4, "너희가 이같이 많은 괴로움을 헛되이 받았느냐—혹시 정말[εἴ γε] 헛되냐?"
5. 참고, 고후 5:3, "우리가 [그렇게] 옷을 입고 있다면[εἴ γε] 벗은 자들로 발견되지 않을 것이다"(NKJV); 엡 3:2, "너희를 위하여 내게 주신 하나님의 그 은혜의 경륜을 너희가 들었으면[εἴ γε]"(NASB); 엡 4:21, "진리가 예수 안에 있는 것 같이 너희가 참으로 그에게서 듣고 또한 그 안에서 가르침을 받았다면[εἴ γε]"(NASB).

조의 의미와 의도에 관하여 많은 논쟁이 있습니다. 기본적으로 이 구조는 저자가 논증을 위해 참인 사실을 확언하는 의미가 있습니다. 하지만 이것은 저자가 반드시 조건절이 참이라는 것을 확신하고 있다는 것을 의미하지는 **않습니다**. 카슨(Carson)은 그 가정이 틀렸다고 말합니다. "제1조건문에서 조건절은 논증을 위해 참된 것으로 여겨지지만 실제로 가정된 것은 참일 수도 있고 아닐 수도 있다. 다시 말해, 가정의 실재성에 강조가 있지 가정된 내용의 실재성에 있지는 않다."[6] 예컨대, 고린도전서 15:13에서 바울은 이렇게 말합니다. "그러나 죽은 자의 부활이 없다면[εἰ], 그리스도도 다시 살아나지 못했을 것이다." 분명한 것은 여기서 바울이 부활의 존재를 믿는다는 것입니다. 부활의 없음은 바울이 주장하려고 하는 것과 반대되니까요. 그보다도 바울은 사실이 아닌 것에 호소함으로써 논증을 펼치고 있는 것입니다.

문법학자들은 적어도 두 가지 이유로 제1조건문을 '~이니까'(since: 확신을 담은 조건문—역주)로 번역하는 것이 좋은 선택은 아니라고 생각합니다.[7] 첫째, 우리가 위에서 기술한 것처럼 많은 제1조건문은 실재에 있어서 참이 아닙니다. 실제로 한 계산에 따르면 문맥에 따라 37%만 참으로 간주되고(또한 '~이니까'[since]로 번역될 수 있습니다), 적어도 12%(36회)는 거짓으로 간주됩니다(즉, '~이니까'로 번역

---

6. D. A. Carson, *Exegetical Fallacies*, 2nd ed. (Grand Rapids: Baker, 1996), 77 [=『성경 해석의 오류』, 성서유니온, 2002].

7. M&E 235–37; Porter, *Idioms*, 256–57; Wallace 692–93.

될 수 **없습니다**).[8] 둘째, (저자가 결과를 확신할 때에도) '~라면'(if) 대신 '~이니까'(since)를 사용하게 되면 수사학적 효과는 감소됩니다. 말하자면, 저자는 조건문을 사용함으로써 독자들을 자극하여 주어진 조건을 진지하게 고려하게끔 합니다. 만일 바울이 단순히 정확한 내용만을 전달하기 원했다면 ἐπεί나 ἐπειδή("~ 때문에")를 사용했을 것입니다. 무(Moo)는 바울이 독자들의 믿음의 존재를 확신하고 있었다고 생각하면서도 이렇게 덧붙입니다. "그럼에도 그 조건은 실제적인 것이며 의도된 수사학적 기능을 하는 단어들을 빼앗지 않는 것이 중요하다"(*Colossians and Philemon*, 144). 따라서 바울의 경고를 "매우 진지하게" 받아들일 필요가 있습니다(144). 이처럼 이 진술은 골로새의 그리스도인들이 이 사도의 복음에 충실하도록 요청하며 격려합니다. 슈라이너(Schreiner)와 케인데이(Caneday)는 '만일 참으로'(if indeed)는 확신을 가리키는 것이 아니라 '하나님의 눈에 거룩한 것을 성취하는 데 절대적으로 필수적인 상태를 매우 강조'하고 있는 것이라고 말합니다.[9] 그러므로 바울의 권면은 그리스도가 "너희를 거룩한 자로 그 앞에 세우실 것이다. … 너희가 믿음 안에서 인내한다고, 논의상 가정하자면 말이다(그리고 그것이 정확히 내가 하고 있는 일이다)"(*Race Set before Us*, 192)를 가리킨다고 볼 수 있습

---

8. James L. Boyer, "First-Class Conditions: What Do They Mean?," *GTJ* 2, no. 1 (1981): 75–114. 나머지 51%는 사실인지 거짓인지 확인하기 어렵습니다.

9. Thomas R. Schreiner and Ardel B. Caneday, *The Race Set before Us: A Biblical Theology of Perseverance and Assurance* (Downers Grove, IL: InterVarsity, 2001), 192.

니다.

궁극적으로 바울은 신자들이 마지막 날에 소망을 가지도록 저들의 믿음 안에서 견딜 필요에 대해 확증하고 있습니다. 맞습니다. 신자는 믿음을 통해 은혜로 구원을 받습니다. 그리고 또한 신자는 저들의 믿음 안에 계속 거할 필요가 있습니다. 만일 신자가 (믿음 안에서) 인내하지 못한다면 구원받지 못할 것입니다. 그리스도가 신자를 하나님 앞에 (거룩한 자로) 세우는 것은 신자의 믿음의 인내를 **조건으로** 하지만, 그것이 하나님 앞에 서기 위한 **근거는** 아닙니다. 이렇게 바울은 "골로새 교인들의 궁극적인 구원이 그리스도와 참된 복음에 충실하게 남아 있는지에 달려 있다는 현실을 마주하기를 바라고 있습니다. 저들은 계속 믿음 안에 남아 있음으로써만 심판의 날에 하나님으로부터 긍정적인 평가를 받길 바랄 수 있는 것입니다."[10]

바울의 조건문 사용이 신자들의 구원 잃을 가능성을 확신하는 것은 아닙니다. 이 경고는 실제적입니다. 즉, 믿음 안에 머물지 않는 사람은 심판받게 될 것입니다. 그래서 이 경고는 "바울이, 독자들이 … 그릇된 안정감에 빠지지 않도록 하기 위해", 그리고 "저들을 자극하기 위해 … 사용하는 수단 중 하나"입니다.[11] 이 조건은

---

10. Moo, *Colossians and Philemon*, 144. 그는 계속 이어갑니다. "하나님이 참으로 은혜로 인하여 영을 통해 자기 백성을 지키는 일을 하시므로, 저들은 심판의 때에 신원될 것이다. 그러나 동시에 하나님의 백성이 그 신원을 보기를 기대한다면 자신들의 믿음을 지켜야 할 책임이 있다"(144).
11. Peter T. O'Brien, *Colossians, Philemon*, WBC 44 (Waco: Word, 1982), 69 [=

실제 일어날 일입니다. 경고는 실제입니다. 그러나 신자들을 지탱해주고, 저들로 하여금 믿음 안에 거하게 해주는 하나님의 은혜 역시 실제입니다.

---

『골로새서, 빌레몬서』, 솔로몬, 2008].

# 제30장
# 비유법
# 마태복음 5:13

## 서론

산상수훈에서 예수는 제자들에게 "너희는 세상의 소금이니 소금이 만일 그 맛을 잃으면 무엇으로 짜게 하리요? 후에는 아무 쓸데 없어 다만 밖에 버려져 사람에게 밟힐 뿐이니라"(마 5:13 개역개정)라고 말씀하셨습니다. 전반절에서 예수는 메타포를 사용하시지요. "너희는 세상의 소금이다." 소금에 비유하는 지점이 분명해 보일지 모르겠지만 고대 세계에서 소금의 용도는 다양했습니다. 실제로 데이비스(Davies)와 앨리슨(Allison)은 소금의 용도에 대한 11가지 가능성 있는 견해를 열거했습니다.[1] 그중 가장 일반적인 두 가

---

1. W. D. Davies and Dale C. Allison, *A Critical and Exegetical Commentary on the Gospel according to Matthew*, ICC, 3 vols. (Edinburgh: T&T Clark, 1988), 1:472-73.

지 견해는 (1) 맛있게 만드는 (양념으로서의) 소금과 (2) 보존제로서의 소금입니다. 즉, (전자의 견해를 따르면) 소금이 음식의 맛을 좋게 만들 듯 그리스도인의 존재가 세상을 더욱 살기 좋은 세상으로 만든다는 것이지요. 또는 (두 번째 견해를 따르면) 소금이 음식을 상하지 않도록 보존하는 것처럼 그리스도인의 존재가 도덕적 타락으로부터 보호해야 한다는 의미를 가질 수 있을 것입니다. 소금 비유의 역할은 정확히 무엇일까요?

### 개관

영(Young 235)은 비유법을 '생각을 강조하고 명료화하며 신선하게 할 목적으로 일반적이지 않거나 비-문자적인 의미로 단어를 사용하는 표현법'으로 정의합니다. 저자의 의도를 바르게 해석하기 위해서는 이러한 문학적 특색을 이해하는 것이 중요하지요. 다음은 신약성경에 나오는 다양한 유형의 비교 언어를 나열한 것입니다.[2]

---

2. 이 예들은 일반적으로 다음 책을 따랐습니다. Grant R. Osborne, *The Hermeneutical Spiral: A Comprehensive Introduction to Biblical Interpretation*, rev. and exp. (Downers Grove, IL: InterVarsity, 2006), 124-29 [=『성경해석학 총론』, 부흥과개혁사, 2017]. 또한 다음을 보십시오. Walter C. Kaiser and Moisés Silva, *An Introduction to Biblical Hermeneutics: The Search for Meaning* (Grand Rapids: Zondervan, 1994), 92-98 [=『성경 해석학 개론』, 은성, 1996]; William W. Klein, Craig L. Blomberg, and Robert L. Hubbard Jr., *Introduction to Biblical Interpretation*, 3rd ed. (Grand Rapids: Zondervan, 2017), 361-413 [=『성경 해석학 총론』, 생명의말씀사, 1997]; Andreas J. Köstenberger and Richard D. Patterson, *Invitation to Biblical*

**비교 진술**(*Statements of Comparison*)

- **직유**(*Simile*: '~처럼' 또는 '~ 같은'을 사용하는 명료한 비유): "마귀가 우는 사자와 같이 두루 다닌다"(벧전 5:8).
- **은유**(*Metaphor*: 함축되어 있는 비유): "혀는 불이다"(약 3:6).

**강화의 진술**(*Statements of Fullness*)

- **용어법**(冗語法, *Pleonasm*: 용어[redundant] 표현): "그가 대답하고 말했다"(마 4:4 NASB).
- **파로노마시아**(*Paronomasia*: 강조를 위해 소리가 비슷한 단어를 모아 놓는 것): "하나님이 능히 모든[πᾶσαν] 은혜를 너희에게 넘치게 하시나니 이는 너희로 모든 일에[παντί] 모든 때에[πάντοτε] 모든 것이[πᾶσαν] 넉넉하여 모든[πᾶν] 착한 일을 넘치게 하게 하려 하심이라"(고후 9:8).
- **반복법**(*Epizeuxis*: 강조를 위해 핵심 단어를 반복하는 것): "거룩하다, 거룩하다, 거룩하다, 주 하나님 곧 전능하신 이여"(계 4:8 개역개정).
- **이사일의**(*Hendiadys*: 한 개념을 표현하기 위해 두 용어를 사용하는 것): "우리가 복된 소망 및 우리의 크신 하나님과 구원자, 예수 그리스도의

---

*Interpretation: Exploring the Hermeneutical Triad of History, Literature, and Theology* (Grand Rapids: Kregel, 2011), 663–83 [=『성경해석학 개론』, 부흥과개혁사, 2017]; A. Berkeley Mickelsen, *Interpreting the Bible* (Grand Rapids: Eerdmans, 1963), 178–98 [=『성경해석학』, CH북스, 1995]; Andrew David Naselli, *How to Understand and Apply the New Testament: Twelve Steps from Exegesis to Theology* (Phillipsburg, NJ: P&R, 2017), 17–19 [=『신약, 어떻게 해석할 것인가』, 죠이북스, 2019].

영광의 나타나심을 기다리는 동안"(딛 2:13).

**불완전한 진술**(*Incomplete Statements*)

- **생략법**(*Ellipsis*: 문법적으로 불완전한 표현): "우리는 먹을 권리와 마실 [권리가] 없는가?"(고전 9:4).
- **액어법**(軛語法, *Zeugma*: "다른 동사가 필요한 곳에서 동사를 특별히 생략하는 것", BDF §479.2, p. 253): "결혼을 금하고 하나님이 창조하신 음식들을 먹지 말라고 권하는 자들"(딤전 4:3 NASB).

**대조 또는 삼가는 진술**(*Statements of Contrast or Understatements*)

- **반어법**(*Irony*: 진술된 바와 반대의 의도를 전달함): "이미 너희는 원하는 모든 것을 가지고 있다! 이미 너희는 부자가 됐다! 우리 없이 너희는 왕이 되었다! 그리고 우리가 너희와 함께 통치하기 위해 너희가 왕이 되기를 원한다!"(고전 4:8).
- **완서법**(*Litotes*: 반대를 부정함으로써 주장이 제시됨): "바울과 바나바에게 적지 않은 분쟁과 논쟁이 있었다" = 큰 분쟁이 있었다(행 15:2).
- **완곡법**(*Euphemism*: 거친 용어를 부드럽게 표현하는 방법): "멀리 있는 모든 사람들을 위해" = 이방인들(행 2:39).

**과장의 진술**(*Statements of Exaggeration*)

- **과장된 진술**(*Overstatement*: 성취를 의도하는 것은 아니지만 성취의 가능성이 있는 과장된 표현): "네 오른눈이 너로 범죄하게 하거든 빼어 버리

라"(마 5:29).

- **과장법**(*Hyperbole*: 성취될 수 없는 과장된 표현): "낙타가 바늘귀로 들어가는 것이 부자가 하나님 나라에 들어가는 것보다 쉽다"(마 19:24).

**연관 또는 관계의 진술**(*Statements of Association or Relation*, "대유")

- **환유법**(*Metonymy*: 한 명사가 밀접하게 관련된 다른 명사로 대신 표현됨): "만일 그들이 모세[= 오경]와 선지자를 듣지 않으면"(눅 16:31 NASB).
- **제유법**(*Synecdoche*: 전체는 부분으로, 부분은 전체로 대신 표현됨): "오늘 우리에게 매일의 빵을 주옵소서"(마 6:11).

**인격적 차원을 강조하는 진술**(*Statements Stressing a Personal Dimension*, "의유")

- **의인화**(*Personification*: 무생물이나 개념에 인격을 부여하는 것): "그러므로 내일에 대하여 걱정하지 말라. 내일은 내일이 걱정할 것이기 때문이다"(마 6:34).
- **신인동형화**(*Anthropomorphism*: 하나님에게 인간의 특성을 부여하는 것): "예수는 … 하나님의 보좌 오른손 편에(at the *right hand*) 앉으셨다"(히 12:2).

**해석**

은유는 세 가지 부분으로 나뉩니다. 곧, (1) 논의되고 있는 **주제**(원관념), (2) 이 원관념이 비교되는 **심상**(보조관념), (3) **유사** 또는 비교의 지점(Young 236을 보십시오)이 그것이지요. 몇몇 은유는 (이 세 구성요소를 모두 가지고 있어서) 완전하고, 몇몇 은유는 (한두 구성요소가 없기에) 불완전한 것으로 분류됩니다. 마태복음 5:13의 "너희는 세상의 소금이다"(ISV)라는 문구는 주제(너희)와 그 심상(소금)은 나오지만 유사성의 지점이 결여되어 있습니다. 이렇게 이 점이 (적어도 우리에게는) 명료하지 않기에 독자는 예수가 의도한 비교 지점을 결정해야 하는 상황에 놓여 있게 된 것이지요. 조미료로서의 소금의 역할이 강조되고 있는 것일까요? 아니면 보존제로서의 소금의 역할이 강조되고 있는 것일까요?

그러한 질문은 대답하기 쉽지만은 않습니다. 키너(Keener)는 조미료로서의 소금에 초점이 있다고 주장하는데요, 이는 소금의 기능에 대해 논할 때 당대 문헌에서 흔히 등장하는 초점이기 때문입니다.[3] 또한 어떤 이들은 소금의 보존 기능이 유사한 지점이라고 주장하지요. 예를 들어, 카슨(Carson)은 이렇게 제안합니다. "핵심은 예수의 제자들이 하나님 나라의 규범을 따름으로써 세상에서 보존제로서 행동한다면, 저들이 도덕적 기준이 낮고 끊임없이 변화하는, 또는 도덕적 기준이라는 것이 아예 없는 세상에서 '도덕적 소독제(disinfectant)로서 부름받았다면, … 스스로가 덕을 가지고 있을 때에만 이 기능을 수행할 수 있을 것입니다.'"[4] 마찬가지로

3. Craig S. Keener, *The Gospel of Matthew: A Socio-Rhetorical Commentary* (Grand Rapids: Eerdmans, 2009), 173.

4. R. V. G. Tasker, *The Gospel according to St. Matthew: An Introduction and Commentary*, TNTC (Grand Rapids: Eerdmans, 1961)을 인용하는, D. A. Carson, "Matthew," in *The Expositor's Bible Commentary*, ed. Tremper

블롬버그(Blomberg)는 "식품 보존제로서의 소금의 사용이 가장 기본적인 기능이었을 것"이라고 주장합니다.[5] 그렇기 때문에 "그리스도인은 세상에서 도덕적 부패를 막고 타락을 저지"하기 위해 "구원의 중개자로서 세상에 침투해야만 한다"는 것이지요.[6]

그러나 대부분의 주석가들은 비교의 두 양상이 모두 고려되어 있다고 확신합니다.[7] 오스번(Osborne)은 "은유의 넓은 폭으로 인해 어떤 하나를 선택하는 것은 불가능하며, 여러 양상을 모두 허용하는 것이 가장 좋다"라고 설명합니다.[8] 고기를 보존하기 위해 사용된 바로 그 동일한 소금이 또한 그 고기의 풍미를 향상시켜 주기 때문에 그러한 해석이 가능한 것 같습니다. 따라서 이 은유는 소

---

Longman III and David E. Garland, rev. ed. (Grand Rapids: Zondervan, 2010), 9:169.

5. Craig L. Blomberg, *Matthew*, NAC 22 (Nashville: Broadman & Holman, 1992), 102.
6. Blomberg, *Matthew*, 102. 그는 더 나아가 "많은 고대 유대인들이 소금을 주로 맛을 향상시켜주는 것으로 생각하지는 않았던 것 같다"라고 말합니다(102).
7. R. T. France, *The Gospel of Matthew*, NICNT (Grand Rapids: Eerdmans, 2007), 174 [=『NICNT 마태복음』, 부흥과개혁사, 2019]; Leon Morris, *The Gospel according to Matthew*, PNTC (Grand Rapids: Eerdmans, 1992), 104; Grant R. Osborne, *Matthew*, ZECNT (Grand Rapids: Zondervan, 2010), 175 [=『강해로 푸는 마태복음』, 디모데, 2015]; David L. Turner, *Matthew*, BECNT (Grand Rapids: Baker Academic, 2008), 154–55 [=『마태복음』, 부흥과개혁사, 2014].
8. Osborne, *Matthew*, 175. 그러나 "적절하지 않게 전체 의미를 부여하는 것"이라고 불리는 주해의 오류에 주의해야 합니다(본서 아래의 제33장을 보십시오).

금이 "단순히 세상에 영향을 미친다는 것"을 의미합니다—말과 행동 모두에 있어서 복음의 증거를 가지고 세상에 침투함으로써 만들어내는 영향 말입니다(Osborne, *Matthew*, 175).

# 제31장
# 문맥
# 빌립보서 4:13

## 서론

의심의 여지없이 빌립보서 4:13은 성경에서 가장 잘 알려져 있고 가장 많이 인용되는 구절 중 하나입니다. 사실 요한복음 3:16 다음으로 온라인상에서 가장 많이 검색되는 성경 구절은 바로 이 빌립보서 4:13입니다. 우리는 모두, 운동 경기 전이나 경기 중에, 이 구절을 되뇌이는 운동선수를 보거나 들은 적이 있으며, 몇몇 유명한 운동선수는 이 구절을 자신의 몸에 새기거나 옷에 적어 놓기도 합니다. 이 구절은 영어로는 10단어(한국어로는 11어절—역주)로 되어 있고, 그리스어로는 단지 6단어로 되어 있습니다. 곧, "내게 능력 주시는 자 안에서 내가 모든 것을 할 수 있느니라"(πάντα ἰσχύω ἐν τῷ ἐνδυναμοῦντί με). 이는 모든 것을 총망라하는 약속을 담고 있는 놀라운 구절로 보입니다. 그런데 이 구절이 의미하는 바가 정말로 그리스도인들이 그리스도의 능력을 부여받을 때 불가능한 것이 없다는 것을 의미하는 것일까요? 다른 말로 하자면, 바울이 능력 주시는 자 안에서 '모든 것'을 할 수 있다고 한 말의 의미는 무엇일까요?

**개관**

'문맥이 왕이다.' 이것은 성경 구절 연구에 있어서 구절의 문맥이 의미를 결정한다는 것을 의미합니다. 로버트 스타인(Robert Stein)은 문학적 맥락을 정의하기를 "하나의 구절을 둘러싼 단어, 문장, 단락, 장(chapter)에서 발견되는, 저자가 전달하고자 하는 의도"라고 합니다.[1] 여기에는 (구절에) 직접 맞닿아 있는 자료뿐 아니라 전체적인 책(그리고 궁극적으로 정경 전체)도 포함되지요.[2] 단어는 문학적 맥락으로부터 의미를 발산합니다. 제닌 브라운(Jeannine Brown)은 "기독교 전통에서 다소 흔하게 볼 수 있는 바, 성경 구절들을 이곳저곳에서 선별하여 읽는 방식은, 문학적 문맥이 무시될 경우, 자칫 오독으로 이어질 수 있다"라고 이야기했습니다.[3] 카이저(Kaiser)와 실바(Silva)는 편지의 전체를 알지 못한 채 한 구절을 이

1. Robert H. Stein, *A Basic Guide to Interpreting the Bible: Playing by the Rules*, 2nd ed. (Grand Rapids: Baker Academic, 2011), 53 [= 『성경해석학』, CLC, 2011].
2. Stein(*Basic Guide*, 53)은, "본문을 둘러싼 직접적인 문학적 맥락이 가장 귀중하다"라고 주장합니다.
3. Jeannine K. Brown, *Scripture as Communication: Introducing Biblical Hermeneutics* (Grand Rapids: Baker Academic, 2007), 214.

해하려는 것의 어리석음을 설명했습니다. "연인에게 다섯 장의 편지를 받고서 월요일에 세 번째 장, 목요일에는 마지막 장, 2주 뒤에는 첫 장, 그런 식으로 읽기로 결정한 남자를 우리는 어떻게 생각해야 할까? 우리 모두는 편지를 그렇게 조각조각 읽는 방식이 혼란만을 야기할 수 있음을 알고 있다."[4] 결과적으로 카이저와 실바(*Biblical Hermeneutics*, 64)는 구절을 문맥에서 읽는 것이 다른 모든 원칙을 "떠받치는"(undergirds) "근본적인 원칙"(the fundamental principle)이라고 주장합니다. 듀발(Duvall)과 헤이스(Hays)는 "성경 해석에 있어서 가장 중요한 원리는 바로 **문맥이 의미를 결정한다**는 사실이다"라고 주장했습니다.[5] 믹켈슨(Mickelsen, *Interpreting the Bible*, 99)은 "문맥을 무시한다면 흔히 잘못된 해석과 부적절한 적용으로 빠지게 된다"라고 경고했지요.

### 해석

성경을 진지하게 연구하는 사람들은 성경 구절이 문맥 안에서

---

4. Walter C. Kaiser and Moisés Silva, *An Introduction to Biblical Hermeneutics: The Search for Meaning* (Grand Rapids: Zondervan, 1994), 123 [=『성경해석학 개론』, 은성, 1996]. 이와 유사하게 Berkeley Mickelsen은 신약 편지들의 본래 독자들이 "편지 중간에 들어가서 몇 개의 연속된 문장을 끄집어낸 것이 아니다. 그들은 전체적인 문서를 주의 깊게 읽었다"라고 주장합니다. *Interpreting the Bible* (Grand Rapids: Eerdmans, 1963), 104.
5. J. Scott Duvall and J. Daniel Hays, *Grasping God's Word: A Hands-On Approach to Reading, Interpreting, and Applying the Bible*, 2nd ed. (Grand Rapids: Zondervan, 2005), 119 [=『성경해석』, 성서유니온, 2009].

만 바르게 이해될 수 있음을 알고 있습니다. 단어, 구, 문장 또는 절(verse)의 적절한 의미를 파악하는 일은 오로지 문맥을 알고 있을 때만 가능하지요. 무언가가 문맥 밖으로 취해졌을 때는 그것이 결코 의도되지 않은 방식으로 사용될 수 있습니다. 예컨대, 저는 "땅에 거하는 자들이 그들을 즐거워하고 기뻐하여 서로 예물을 보내리라"라는 요한계시록 11:10이 크리스마스 카드에 꼭 맞는 멋진 구절이라고 생각하곤 했습니다. 그렇지만 이 구절이 크리스마스와 관련하여 **결코** 사용될 수 없는 이유는 문맥에서 드러납니다. 이는 구원자의 탄생을 기뻐하는 그리스도인들에 관한 것이 아니라 두 예언자를 죽이고 하나님의 백성에 대한 자신들의 (명백해 보이는) 승리를 축하하는 하나님의 대적자들에 관한 구절입니다. 이 구절을 크리스마스에 적용하는 것은 어머니의 팔 안에 안긴 아이를 채가는 것과 비슷합니다.

그러면 빌립보서 4:13의 문맥은 어떤가요? 문맥과 관련된 질문은 통상 두 부분으로 나누어 볼 수 있습니다. (1) 넓은 문맥(원접 문맥)은 무엇인가? (2) 직접 문맥(근접 문맥)은 무엇인가? 빌립보서 4:13의 넓은 문맥은 빌립보서 전체입니다. 바울은 제2차 선교 여행 당시 빌립보 교회를 세웠고(행 16:6-15) 이 편지를 쓰기 전에 적어도 세 차례 빌립보 교회를 방문했지요(행 16장; 20:1-2, 6). 빌립보 교회는 나누어주는 일에 매우 관대했습니다(빌 4:15-18; 고후 8:1-4). 바울이 빌립보서를 쓸 때는 회심 후 대략 30년이 지난 시점으로, 주후 60-62년에 로마에서(빌 1:13; 4:22) 가택연금 중이었습니다(1:7,

13, 17).

바울은 또한 자신이 감옥에 갇힌 것의 끝이 죽음일 수 있음을 알고 있습니다. “[내가 바라기는] 살든지 죽든지 내 몸에서 그리스도가 존귀하게 되는 것입니다. 이는 내게 사는 것이 그리스도니 죽는 것도 유익합니다”(1:20-21)라고 말합니다. 또한 나중에는 “전제(drink offering)로 드리는 것”(2:17)에 대해서도 언급합니다. 그렇지만 바울은 자신이 처한 상황이 심각하다는 것을 알고 있으면서도 또한 곧 풀려날 가능성에 대해서도 예상합니다(1:19, 25-26; 2:23-24).

빌립보서 4:13의 직접 문맥을 이해하는 것 역시 이 구절을 바르게 이해하는 데 대단히 중요합니다. 바울이 말한 바 ‘모든 것’이란 정확히 무엇을 의미할까요? 분명히 바울이 그리스도의 능력을 통해 **어떤 것이든지** 할 수 있다고 생각했음을 의미하지는 않습니다. 앞 구절들이 바울의 이 진술을 명료하게 해주지요. 11-12절에 이렇게 나옵니다. “제가 궁핍해서 말하는 것이 아닙니다. 어떠한 형편이든지 저는 만족하는 법을 배웠습니다. 저는 비천에 처할 줄도 알고, 풍부에 처할 줄도 압니다. 어떤[παντί] 그리고 모든[πᾶσιν] 상황에서 저는 배부름과 배고픔과 풍성함과 궁핍에도 처할 줄 아는 일체의 비결을 배웠습니다.” 바울은 어떠한 상황이나 형편에서도 만족하는 것을 배웠다고 진술합니다. 바울은 많은 것(‘풍부’, ‘배부름’, ‘풍성함’)이든, 적은 것(‘비천’, ‘배고픔’, ‘궁핍’)이든 만족하게 사는 법을 알고 있습니다. 핵심 어구는 12절에서 발견되는데요, 거기서 바울은 “어떤[παντί] 그리고 모든[πᾶσιν] 상황에서”라고 언급합니다.

그리스어 단어 παντί와 πᾶσιν은 πᾶς에서 파생한 것인데, πᾶς는 (빌 4:13의) '모든 것'(πάντα)이라는 번역 이면에 있는 바로 그 그리스어 단어입니다. 그러면 13절의 "모든 것"은 12절의 "어떤 그리고 모든 상황"을 가리키게 됩니다. 따라서 바울은 '모든 것'이라고 쓰면서 자신이 처한 모든 상황 또는 형편—일부는 좋고 일부는 극도로 어려운 상황—을 구체적으로 지칭하고 있는 것이지요. 이러한 맥락에서 호손(Hawthorne)은 다음과 같이 올바르게 이야기했습니다. "바울이 모든 것을 할 수 있고 못할 것이 없음을 의미하는 인상을 주는 번역들은 … 핵심을 오도한다. … Πάντα는 여기에서 좋은 것과 나쁜 것을 (모두 포함하는) '이 모든 상황'을 가리킬 뿐이다."[6] 바울은 그리스도와 연합함으로써 견딜 수 있는 충분한 힘을 갖고 있습니다. 상황에 관계없이 바울이 만족할 수 있었던 비결은 그리스도가 공급하시는 능력 안에서 쉬는 것이었습니다. 다시 말해, 바울의 비결은, 이 모든 것들을 **자신이** 하는 것이 아니었습니다. 바로 **그리스도가** 그를 통해 모든 것들을 하셨기 때문이지요.

이 구절을 오해하는 또 다른 이유는 ἰσχύω를 '내가 할 수 있

---

6. Gerald F. Hawthorne, *Philippians*, WBC 43 (Waco: Word, 1983), 200-201 [=『빌립보서』, 솔로몬, 1999]. NIV(2011)는 "내게 힘 주시는 그분을 통해 내가 <u>모든 것</u>(everything)을 할 수 있다"(NIV 1984)에서 "내게 힘 주시는 그분을 통해 내가 <u>이 모든 것</u>(all this)을 할 수 있다"(NIV 2011)로 변경했는데, 이는 위의 오해를 바로잡는 데 도움이 됩니다. '이 모든 것'이라는 어구는 독자로 하여금 앞선 구절들에서 그 대답을 찾도록 인도합니다. CEB가 아마 조금 더 나을 것입니다. "내게 힘 주시는 분의 능력을 통해 나는 <u>이 모든 것들</u>(all these things)을 견딜 수 있다."

다'(I can do)로 번역한 데 있습니다. 이 동사는 "하다"(do)를 의미하는 것이 아니라 "강하다"(strong), "힘 있다"(powerful), "능력 있다"(able), "압도하다/우세하다/이기다"(prevail over)를 의미합니다.[7] 이 단어는 신약성경에서 27회 사용됐는데 결코 '하다'(do)로 번역되지 않습니다. 이 동사의 의미를 설명하는 데 도움이 될 만한 세 가지 예는 다음과 같습니다(저자 사역).

- 귀신 들린 사람이 스게와의 일곱 아들을 '압도했다/이겼다'(ἴσχυσεν, prevailed over). (행 19:16)
- 그래서 주의 말씀이 흥왕하고 '우세했다'(ἴσχυεν, prevailed). (행 19:20)
- 그 용은 미가엘과 그의 천사들을 '이길'(ἴσχυσεν, prevail over) 수 없었다. (계 12:8)

이러한 (그리고 다른) 예들로부터 분명히 알 수 있는 바는, 여기서 바울은 우리가 **할 수 있다**는 사실이 아니라 무언가에 대해 우세하거나 승리할 수 있다는 사실에 대해 말하고 있다는 것입니다. 즉, 그는 그리스도를 통해 모든 것을 할 수 있다고 주장하고 있는 것이 아니라, 그리스도의 힘을 의지함으로써, 자신이 직면한 모든 상황에 대해 **승리할 수 있음**을 주장하고 있는 것입니다. 이 구절을 정확하게 의역하면 이렇게 됩니다. "나를 계속해서 강하게 해

---

7. BDAG 484, "능력을 가지다"(have power), "역량이 있다"(be competent), "능력 있다"(be able).

주시는 그리스도와 연합함을 통해 나는 어떤 상황이라도 이겨낼 수 있습니다."

빌립보서 4:13은 우리가 시도하는 것에 대한 위대한 성취를 말하고 있는 것이 아닙니다. 스포츠 경기에서 이기거나 우리 삶 앞에 놓인 중요한 사건을 성취하는 것에 관한 것이 아닙니다. 이 구절의 의미는 우리가 행하는 일에 관한 것이라기보다, 우리에게 행하여진 (또는 우리에게 일어난) 일에 관한 것입니다. 브라운(Brown)은 이렇게 말했습니다. "빌립보서 4:13을 문맥에서 문자적으로 뽑아낼 때 우리는 주의 힘에 의지하여 자족을 배우라는 초대—완전히 반문화적인(countercultural) 초대—를 놓치게 된다"(*Scripture as Communication*, 216).

# 제32장
# 단어 연구
# 에베소서 1:10

## 서론

에베소서 시작부에서 바울은 그리스도인들이 하나님을 찬양해야 할('복되게 해야 할') 적어도 네 가지 이유를 제공합니다. 곧, 하나님이 (1) 우리를 선택하셨기 때문에(1:3-6), (2) 우리를 구속하셨기 때문에(1:7-10), (3) 우리에게 기업을 주셨기 때문에(1:11-12), (4) 성령으로 우리를 인치셨기 때문입니다(1:13-14). 우리의 구속을 강조하고 있는 두 번째 이유에서는 이렇게 말합니다. "우리는 그리스도 안에서 그의 은혜의 풍성함을 따라 그의 피로 말미암아 속량 곧 죄 사함을 받았느니라. 이는 그가 모든 지혜와 총명을 우리에게 넘치게 하사 그 뜻의 비밀을 우리에게 알리신 것이요 그의 기뻐하심을 따라 그리스도 안에서 때가 찬 경륜(a plan)을 위하여 예정하신 것이니 하늘에 있는 것이나 땅에 있는 것이 다 그리스도 안에서 통일되게 하려 하심이라"(엡 1:7-10 개역개정). 많은 주석가들이 이 찬가의 절정이라고 주장하는 10절에서는 그리스도가 모든 것을 하나 되게(unite) 하는 것이 하나님의 계획이라고 말합니다.[1] 이 문맥에서 바울은 하나님이 "때가 찬" οἰκονομίαν(개역개정에서는 '경륜'으로 번역—역주)을 위하여 그리스도를 세웠다고 선언합니다. 그런데 바울이 이 구절에서 οἰκονομία라는 단어로 의미하고자 한 바는 무엇일까요?

### 개관

성경을 공부할 때 우리는 때로 완전히 명료하지 않은 용어나 어구를 만나게 됩니다. 그럴 경우 해당 단어를 더욱 상세하게 연구하는 데 시간을 들이는 것이 유용합니다—특히 어떤 단어가 (1) 신학적으로 중요하거나, (2) 반복되거나, (3) 불분명하거나 어렵거나, 비유적 의미를 가지고 있을 때 그럴 필요가 있지요. 단어를 바르게 연구할 때 도움이 되는 7단계를 여기에 실었습니다.[2]

---

1. 예, Ernest Best, *Ephesians*, ICC (London: T&T Clark, 1998), 139.
2. 저는 KMP 484-89에 나오는 단계를 따를 것입니다. 또한 다음을 보십시오. J. Scott Duvall and J. Daniel Hays, *Grasping God's Word: A Hands-On Approach to Reading, Interpreting, and Applying the Bible*, 2nd ed. (Grand Rapids: Zondervan, 2005), 135-52; William W. Klein, Craig L. Blomberg, and Robert L. Hubbard Jr., *Introduction to Biblical Interpretation*, 3rd ed. (Grand Rapids: Zondervan, 2017), 324-44 [=『성경 해석학 총론』, 제1판, 생명의 말씀사, 1997]; Andrew David Naselli, *How to Understand and Apply the New Testament: Twelve Steps from Exegesis to Theology* (Phillipsburg, NJ: P&R, 2017), 206-29 [=『신약, 어떻게 읽을 것인가?』, 죠이북스, 2019];

1. 직접 문맥과 더 넓은 문학적 문맥을 고려하라.
2. 영역본들을 비교해보라.
3. 동일 성경 저자가 다른 곳에서 사용한 용례를 살펴보라.
4. 표준적인 사전을 보고 그 단어가 가질 수 있는 의미들을 나열해보라.
5. 동일한 의미 영역에 있는 다른 단어들을 확인해보라.
6. 신약성경과 칠십인역에서 그 단어의 쓰임을 살펴보라.
7. 이로써 발견된 것을 간명하게 서술해보라.

### 해석

**1. 직접 문맥과 더 넓은 문학적 문맥을 고려하라.** 에베소서 1:10(그리고 οἰκονομία라는 단어)은 편지의 본론(1:3-3:21)의 전반부에 등장하고, 신자들이 그리스도와 연합함으로 받는 복에 대해 하나님을 찬양하는 광범위한 맥락에서 나타납니다(1:3-14). 이러한 복 또는 찬가는 대부분의 바울서신에 전형적으로 등장하는 감사 부분 앞에 나옵니다. 그리스어에서 이 단락은 하나의 긴 문장(202단어)으

---

Grant R. Osborne, *The Hermeneutical Spiral: A Comprehensive Introduction to Biblical Interpretation*, rev. and exp. (Downers Grove, IL: InterVarsity, 2006), 93-112 [=『성경해석학 총론』, 부흥과개혁사, 2017]; Henry A. Virkler and Karelynne Gerber Ayayo, *Hermeneutics: Principles and Processes of Biblical Interpretation*, 2nd ed. (Grand Rapids: Baker Academic, 2007), 97-117 [=『성경해석학』, 제1판, 연합, 1994].

로 구성되어 있습니다.

**2. 영역본들을 비교해보라.** οἰκονομία는 전치사 εἰς의 목적어이기 때문에 저는 이 전체적인 전치사구에 대한 번역을 제공해보려 합니다.

| 영역본 | οἰκονομία의 번역 |
|---|---|
| ESV (또한 CSB, RSV, NRSV) | "as a plan" |
| NLT | "And this is the plan" |
| CEB | "This is what God planned" |
| HCSB | "for the administration" |
| NASB | "with a view to an administration" |
| NET | "toward the administration" |
| NKJV (또한 KJV) | "that in the dispensation" |
| NIV | "to be put into effect when" |
| NJB | "for him to act upon" |

여기서 광범위한 번역의 폭을 볼 수 있는데요, 세 가지 개념이 가장 일반적입니다: "계획"(plan: CSB, ESV, NLT, NRSV, RSV; 비교, CEB), "경영/관리"(administration: HCSB, NASB, NET), "섭리"(dispensation: KJV, NKJV). 더욱 역동적인 번역들 중 몇몇은 명사를 동사 개념으로 바꾸었습니다. 곧, "계획하셨다"(planned: CEB), "실행에 옮기다"(to be put into effect: NIV), "행동하다"(to act upon: NJB)로 말입니다.

**3. 동일 성경 저자가 다른 곳에서 사용한 용례를 살펴보라.** οἰκονομία는 신약성경에 9회 나타나는데, 그중 6회가 바울의 편지에 나옵니다(이하 용례에서 기본 틀은 개역개정을 사용했고, 해당 단어만 직역

했습니다—역주).

- 내가 내 자의로 이것을 행하면 상을 얻으려니와 내가 자의로 아니 한다 할지라도 나는 직분(οἰκονομίαν, stewardship: 개역개정에서는 "사명"—역주)을 받았노라(고전 9:17).
- 너희를 위하여 내게 주신 하나님의 그 은혜의 직분(τὴν οἰκονομίαν, stewardship: 개역개정에서는 "경륜"—역주)을 너희가 들었을 터이라(엡 3:2).
- 영원부터 만물을 창조하신 하나님 속에 감추어졌던 비밀의 계획(ἡ οἰκονομία, plan: 개역개정에서는 "경륜"—역주)이 어떠한 것을 드러내게 하려 하심이라(엡 3:9).
- 내가 교회의 일꾼 된 것은 하나님이 너희를 위하여 내게 주신 직분(τὴν οἰκονομίαν, stewardship)을 따라 하나님의 말씀을 이루려 함이니라(골 1:25).
- 신화와 끝없는 족보에 몰두하지 말게 하려 함이라 이런 것은 믿음 안에 있는 하나님으로부터 온 직분(οἰκονομίαν, stewardship: 개역개정에서는 "경륜"—역주)을 이룸보다 도리어 변론을 내는 것이라(딤전 1:4).

바울은 세 본문에서 하나님이 자신에게 주신 "직분"(stewardship)을 묘사하고 있습니다(고전 9:17, 엡 3:2, 골 1:25). 게다가 디모데전서 1:4에서도 하나님에 의해 주어진 "직분"을 가리키고 있고요.[3] 결과적

3. ESV는 οἰκονομίαν θεοῦ를 '출처/원천의 속격'(genitive of source)으로 해석

으로 에베소서 3:9은 1:10에서와 마찬가지로 하나님의 "계획"을 말하고 있기 때문에 가장 가까운 용례라 할 수 있습니다. 아마도 그래서 ESV는 다른 경우들을 '직분'으로 번역하면서도 에베소서 1:10과 3:9은 '계획'으로 번역했을 것입니다.

**4. 표준적인 사전을 보고 그 단어가 가질 수 있는 의미들을 나열해보라.** 성경에 나오는 οἰκονομία의 다양한 의미에 주목해봅시다.

- BDAG 697–98: (1) "관리의 책임, 가정의 관리"(눅 16:2-4; 고전 9:17; 엡 3:2; 골 1:25); (2) "하나님의 독특한 사적 계획, 구원의 계획"(엡 1:10; 3:9) 같은 "준비, 질서, 계획"; (3) 가르침(program of instruction, 딤전 1:4).
- *NIDNTTE* 3:465–69: "가정의 관리", "직위/역할"(office), "업무"(task), "계획"(plan). 실바(Silva)는 바울의 οἰκονομία 사용은 '하나님의 구원 계획'과 관련할 때 '가장 독특하다'라고 언급합니다.
- L&N: (1) 업무(task): "관리 및 조직과 관련된 업무"(42.25); (2) 계획(plan): "일련의 준비와 관련된 계획"(신약성경에서는 역사 과정 내에서 인류를 구원하기 위한 하나님의 계획을 지칭함)(30.68); (3) 가정의 관리: "가정을 운영하다, 가정을 책임지다"(46.1).

---

하여, "하나님으로부터 받은 직분"(stewardship from God)으로 해석합니다. 이는 또한 '소유의 속격'(possessive genitive: "하나님의 계획") 또는 '주격적 속격"(subjective genitive: "하나님이 [무언가를] 계획하신다")로 해석될 수 있습니다. 그 경우에는 엡 1:10과 비슷한 용례가 됩니다(L&N 30.68).

**5. 동일한 의미 영역에 있는 다른 단어들을 확인해보라.** 이하는 L&N에서 οἰκονομία와 동일한 의미 범주 아래에 있는 단어들, 곧 "의도하다, 목적하다, 계획하다"(30.56-30.74)라는 의미 범주에 있는 단어를 나열한 것입니다.[4]

- βούλημα, βουλή: "목적되고 계획된 것—'계획, 의도, 목적'"
- θέλημα: "목적되거나, 의도되거나, 뜻한 바 된 것—'뜻, 의도, 목적, 계획'"
- πρόθεσις: "미리 계획되거나 목적된 것—'계획, 제안, 목적'"
- ἔννοια, ἐπίνοια: "사고(thinking)의 결과로 의도되거나 목적된 것—'의도, 목적'"
- γνώμη: "판단 또는 결심이 함의되어서, 목적되거나 의도된 것—'목적, 의도'"
- ἐπιβουλή: "누군가에 대한 배반 행위를 계획하는 것—'공모, 계획, 모사'"
- συστροφή: "많은 사람들이 누군가 또는 어떤 기관에 반대하여 행동하기로 동의한 계획—'공모, 모사, 음모'"
- συνωμοσία: "공모자들을 결속하는 맹세를 함의한 채, 누군가나 어떤 기관에 반대하여 비밀스러운 행동을 취하기 위한 계획, 행동을 취하기 위한 계획—'음모, 공모'"

4. 저는 항목의 나열을 명사 형태로 제한했습니다.

**6. 신약성경과 칠십인역에서 그 단어의 쓰임을 살펴보라.** 불의한 청지기 비유의 한 단락에 οἰκονομία가 세 차례 사용됩니다. 각각의 경우에 이 단어는 가계를 관리하는 일을 지칭합니다—그래서 이 용법은 에베소서 1:10과 다릅니다.

> 주인이 그를 불러 이르되 "내가 네게 대하여 들은 이 말이 어찌 됨이냐 네가 관리하던 일(οἰκονομίας, management)을 셈하라 청지기 직무를 계속하지 못하리라" 하니, 청지기가 속으로 이르되, '주인이 나의 관리하는 일(οἰκονομίαν, management)을 빼앗으니 내가 무엇을 할까? 땅을 파자니 힘이 없고 빌어 먹자니 부끄럽구나. 내가 할 일을 알았도다. 이렇게 하면 관리하는 일(οἰκονομίας, management)을 빼앗긴 후에 사람들이 나를 자기 집으로 영접하리라' 하고. (눅 16:2-4)

이와 유사하게 칠십인역에서 이 단어는 동일한 문맥에서 단 2회만 나타납니다. 주께서는 이사야 22장에서 자신의 직위/지위(office)를 남용하는 자들을 벌하십니다. 결과적으로 주께서는 저들의 직위/지위를 빼앗아 택한 종들에게 주신다고 합니다. 또다시 이 단어는 에베소서 1:10에서 발견되는 용법과는 다릅니다. "그리고 너는 네 직위[οἰκονομίας, office]와 네 지위를 잃게 될 것이다. … 그리고 [내가] 네 옷을 그에게 입히고 네 관을 그에게 줄 것이며, 내가 네 권세와 직위[οἰκονομίαν, office]를 그의 손에 줄 것이다. 그리고 그는 예루살렘에 거하는 자들과 유다에 거하는 자들에게 아버지가 될 것이다"(사 22:19, 21 NETS을 수정함).

**7. 이로써 발견된 것을 간명하게 서술해보라.** οἰκονομία라는 단어는 세 가지 기본적 의미를 지닙니다. (1) 관리/경영 행위, (2) 관리/경영되는 것(즉, 계획), (3) 관리자의 직위(직분)가 그것이지요. 칠십인역(사 22장)과 신약성경의 (바울서신이 아닌) 다른 곳(눅 16장)에서 사용될 때 이 단어는 분명 직위(office)를 가리킵니다. 바울은 이 단어를 하나님께서 자신에게 주신 특별한 사도직(apostolic office)을 언급하는 데 3회 사용합니다(고전 9:17, 엡 3:2, 골 1:25). 바울서신에서 2회는 자신의 주권적 목적을 위한 하나님의 능동적 행동을 가리킵니다. 이 단어가 에베소서 1:10에서 전치사 εἰς의 목적어로 번역될 때, '관리/경영/집행'(administration)이라는 번역어가 아마 가장 적절할 것 같습니다.[5] κατά가 예상될 만한 곳에서,[6] 더욱 수동적인 의미를 가지는 '계획'(plan)이라는 번역어와 대조해볼 때 조금 더

---

5. Harold W. Hoehner, *Ephesians: An Exegetical Commentary* (Grand Rapids: Baker Academic, 2002), 218.
6. Best, *Ephesians*, 139; William J. Larkin, *Ephesians: A Handbook on the Greek Text*, Baylor Handbook on the Greek New Testament (Waco: Baylor University Press, 2009), 12; Andrew T. Lincoln, *Ephesians*, WBC 42 (Dallas: Word, 1990), 32 [=『에베소서』, 솔로몬, 2006]; Frank Thielman, *Ephesians*, BECNT (Grand Rapids: Baker Academic, 2010), 64 [=『에베소서』, 부흥과 개혁사, 2020].

능동적인 역할을 전달하기 때문이지요. 더욱 자유로운 번역 입장을 취하고 εἰς οἰκονομίαν을 동사 개념으로 번역하는 영역본들은 저 구의 의미를 포착한 것입니다(CEB, NIV, NJB).[7] 번역어 '섭리'(dispensation)라는 번역은 아마도 사용되지 않는 것이 좋을 것입니다. 이는 라틴어에 기반을 두고 있거니와 독자로 하여금 현대의 '세대주의'(dispensationalism) 개념과 혼동하게끔 할 수 있기 때문입니다. 따라서 이 구절에서 οἰκονομία는 "하나님이 그의 기쁘신 뜻대로 결정하신 계획을 집행하시는 하나님의 행위(God's work of administering the plan)"를 가리킵니다(Thielman, *Ephesians*, 64).

---

7. Hoehner(*Ephesians*, 218)는, "'실행에 옮겨지다'(to be put into effect)라는 NEB와 NIV의 번역은 잘 들어맞는다"라고 언급합니다.

# 제33장
# 주해의 오류
# 요한복음 21:15-17

## 서론

우리 중 많은 이들이 몇몇 그리스어 단어나 구의 본래 의미에 관하여 제멋대로 웅변적으로 설교하는 것을 들어본 적이 있습니다. 그러한 설교자들은 자주 그리스어 본문에 대해 확신을 가지고 주장하지만, 저들의 통찰은 때로 잘못된 정보를 담고 있어서 성서학자들로 하여금 매우 당혹스럽게 만들곤 합니다. 우리는 성서 그리스어에 대한 지식이 성서를 바르게 해석하는 능력을 크게 향상시켜 준다는 것을 쉽게 받아들이는데요, 사실상 이 언어를 충분하게 이해하는 것은 주해적 오류를 피하도록 하는 데 중대한 도움이 됩니다. 자주 논쟁이 되는 한 본문은 예수가 시몬 베드로와 대화하는 요한복음 21:15-17입니다(이하는 HCSB에서 발췌했습니다).

예수: "네가 이 사람들보다 더 나를 사랑하느냐[ἀγαπᾷς]?"

베드로: "네, 주님, 내가 당신을 사랑하는 줄[φιλῶ] 당신이 아십니다."

예수: "네가 나를 사랑하느냐[ἀγαπᾷς]?"

베드로: "네, 주님, 내가 당신을 사랑하는 줄[φιλῶ] 당신이 아십니다."

예수: "네가 나를 사랑하느냐[φιλεῖς]?"

베드로: "주님, 당신은 모든 것을 아십니다! 내가 당신을 사랑하는 줄 [φιλῶ] 당신이 아십니다."

여기서 동사가 ἀγαπάω에서 φιλέω로 전환하는 데 중요한 의미가 있을까요? 아니면 문체상 단순한 변용일까요?

**개관**

메리암-웹스터 사전(Merriam-Webster's dictionary)은 **오류**(*fallacy*)를 '잘못된 믿음' 또는 '거짓된 생각이나 잘못된 생각'이라고 정의합니다. 주해의 오류는 잘못된 생각이 성경 해석과 해설에 결부할 때 발생합니다. 주해의 오류가 발생하는 경우는 다음 네 가지입니다.

1. **어원적 오류**(*Etymological fallacy*). 이 오류는 단어의 본래(최초) 의미가 나중(후대) 용례와 연관되어야만 한다는 믿음과 관련됩니다. 그러나 단어가 사용됐을 당시에 그 단어가 실제로 의미한 바가 무엇인지 이해할 때 단어의 어원적 의미가 도움이 될 수도 있고, 되지 않을

수도 있습니다. 단어의 의미는 시간이 지나면서 변화되는 경우가 많기에 단어의 본래 의미는 후대의 쓰임을 해석하는 데 중요하지 않을 수 있습니다. 예컨대, nice라는 단어는 18세기에는 '정확한'(precise)을 의미했는데요, 본래는 '무지한'(ignorant)을 의미하는 라틴어 단어(*nescius*)에서 유래한 것입니다. 통상 회자되는 성경의 예는 다음과 같습니다. ὑπηρέτης("종/일꾼", "돕는 자")는 ὑπό("아래에")와 ἐρέτης("노 젓는 자")라는 두 단어에서 나왔습니다. 그렇기 때문에 ὑπηρέτης가 "노 젓는 자 아래에" 또는 "배에서 노를 젓는 승무원의 일부분이 되는 사람"을 의미한다고 가정하는 사람이 있습니다. 그러나 바울이 고린도전서 4:1에서 "사람이 마땅히 우리를 그리스도의 일꾼[ὑπηρέτας]이요 하나님의 비밀을 맡은 자로 여길지어다"라고 쓰면서 어원의 의미(노 젓는 메타포)를 염두에 두었는지는 의심스럽습니다.

2. **후대의 의미 오류**(*Subsequent meaning fallacy*: 의미론적 시대착오). 이 오류는 나중의/후대의 의미를 앞서 사용된 단어에서 읽어내는 것과 관련됩니다. 우리의 목적은 단어가 나중에/후대에 다른 단어들의 의미나 형성에 어떤 영향을 주었는지가 아니라 이 성경의 단어가 사용됐을 당시에 무엇을 의미했는지 밝히는 데 있습니다. 예를 들어 그리스어 δύναμις(힘)가 영어 단어 **다이너마이트**(*dynamite*)와 관련이 있다고 언급하는 것은 부적절하며, 심지어 이 그리스어 용어 이해를 오도하게끔 합니다. 또한 ἱλαρός(cheerful, "즐거운")라는 그리스어 단어가 영어 단어 hilarious("우스운", "재미있는")로 발전했다는 이유

만으로 "하나님은 우습게/재미있게 주는 자를 사랑하신다"(고후 9:7)라고 주장하는 것 역시 도움이 되지 않습니다.

3. **적절하지 않게 전체 의미를 부여하는 것**(*Illegitimate totality transfer*). 이 오류는 단어가 가지는 모든 (또는 많은) 가능한 의미를 구체적인 문맥에서 어떤 한 단어의 의미로 부여하는 것과 관련됩니다. 많은 단어들이 보통 다양한 폭의 의미를 가지고 있지만 하나의 주어진 맥락에서는 저 가능한 의미들 중 단 하나의 의미와만 관계됩니다.[1] 따라서 구체적인 맥락에서 단어의 의미는 단어가 가질 수 있는 의미 범위만큼 넓지 않을 수 있습니다. 이는 단어들이 가질 수 있는 여러 의미들을 포함시켜 놓은 '확대성경'(Amplified Bible)의 (의도치 않은) 오류이지요. 예를 들어, 산상수훈의 팔복에서 '복되다'(μακάριος, 마 5:3)라는 용어는 (1) "영적으로 번영하는/풍성한", (2) "행복한", (3) "선망을 받는"(to be envied)이라는 추가적인 의미가 있습니다. 확대성경에서는 팔복의 이어지는 여덟 절(마 5:4-11)에서 이 그리스 단어의 또 다른 확장된 의미 14개를 나열합니다.

4. **동의어 사이의 부적절한 관계**(*Improper relationship between synonyms*). 이 오류는 문구(wording) 사이에 나타나는 모든 변화들이 신학적인 동기를 가지고 있고, 단순히 문체상 변화가 아니라는 가정에 근거합니다.[2]

---

1. 물론 이 '규칙'에는 예외가 있는데, 특히 요한복음에서 그러합니다.
2. 주해의 오류들에 관한 개관을 위해서는, D. A. Carson, *Exegetical Fallacies*, 2nd ed. (Grand Rapids: Baker, 1996) [=『성경 해석의 오류』, 성서유니온, 2002]; Andreas J. Köstenberger and Richard D. Patterson, *Invitation to*

**해석**

흔히 회자되는 이야기는, ἀγαπάω는 신적인 사랑 또는 희생적인 사랑을 가리키고 φιλέω는 형제간의 사랑을 나타낸다는 것입니다. 결과적으로 요한복음 21:15-17에서 예수는 (또는 더 정확하게 말하자면 저자 요한은) 처음에 신적 유형의 사랑을 가리키는 ἀγαπάω를 2회 사용한 반면, 베드로는 단순히 형제간의 (또는 더 열등한) 사랑의 유형(φιλέω)으로 대답한 것이지요. 그러나 세 번째에 예수는 문턱을 낮추시고 베드로에게 형제간의 사랑으로 자신을 사랑하는지 물으신 것이 됩니다. 이러한 본문 해석이 그릇된 것이라고 판단할 만한 두 가지 주요한 이유가 있습니다.

첫째, 요한은 두 가지 다른 단어를 사용하지만 저들의 의미 범위는 겹칠 수 있습니다. Ἀγαπάω는 거의 언제나 긍정적인 의미로 사용되고요, 전형적으로 신적인 사랑 내지 희생적 사랑을 가리킵니다(예, 요 3:16).[3] 대조적으로 φιλέω는 부정적인 맥락과 긍정적인

---

*Biblical Interpretation: Exploring the Hermeneutical Triad of History, Literature, and Theology* (Grand Rapids: Kregel, 2011), 630–50 [=『성경해석학 개론』, 부흥과개혁사, 2017]; Andrew David Naselli, *How to Understand and Apply the New Testament: Twelve Steps from Exegesis to Theology* (Phillipsburg, NJ: P&R, 2017), 212–16 [=『신약, 어떻게 읽을 것인가?』, 죠이북스, 2019]; Grant R. Osborne, *The Hermeneutical Spiral: A Comprehensive Introduction to Biblical Interpretation*, rev. and exp. (Downers Grove, IL: InterVarsity, 2006), 82–93 [=『성경해석학 총론』, 부흥과개혁사, 2017].

3. 칠십인역에서 이 용어는 부정적 맥락에서 등장하며(예, 삼하 13:15, 암논이 이복 누이 다말을 근친 성폭행한 사건), 신약에서는 데마의 "세상에 대한 사

맥락 모두에서 사용됩니다. 그래서 (1) 이기적인 유형의 사랑(예, 마 23:6), (2) 가족의 사랑(예, 마 10:37), (3) 입맞춤의 행동(예, 마 26:48), (4) 신적인 사랑 내지 희생적인 유형의 사랑(예, 요 5:20; 16:27; 고전 16:22)을 가리킬 수 있는 것입니다. 그러나 두 개의 거의 같은 동의어가 서로 다른 의미들을 **가질 수 있다**고 해서(φιλέω는 "입맞춤하다"를 의미할 수 있지만 ἀγαπάω는 그럴 수 없음), 이 둘이 서로 다른 의미를 **가져야만 하는 것**은 아닙니다. 위에서 언급한 것처럼 φιλέω는 ἀγαπάω라는 단어가 예상될 만한 문맥에서 사용될 수 있습니다. 이러한 상호 교환(overlap) 현상은 요한복음에서도 발견할 수 있는데요, 거기서 두 용어가 교호적으로(interchangeably) 사용됩니다. 예컨대, 이 두 단어가 모두 아들을 향한 아버지의 사랑(3:35; 5:20)과 나사로를 향한 예수의 사랑(11:5, 36)에 사용되지요. 요한복음에 나타나는 이러한 상호 교환 현상으로 인해 신약학자들은 요한복음 21장에서 ἀγαπάω와 φιλέω를 구분하지 않습니다. 예컨대, D. A. 카슨(Carson)은 "거기에 의도된 구분이 있는지 너무나도 의심스럽다"라고 주장하지요.[4]

둘째, 만일 우리가 ἀγαπάω와 φιλέω 사이의 의미론적 구분을 주장한다면, 구분이 의도되지 않은 본문에 들어 있는 용어들 사이에 의미론적 구분을 주장할 수도 있습니다. 아래 표에서 볼 수 있

---

랑"을 가리킬 때 나오기도 합니다(딤후 4:10).

4. Carson, *Exegetical Fallacies*, 51. 또한 다음을 보십시오. D. A. Carson, *The Gospel according to John* (Grand Rapids: Eerdmans, 1991), 676-77 [=『요한복음』, 솔로몬, 2017].

듯, 이 단락에는 세 쌍의 단어들이 포함되어 있습니다. 그러나 그것들 사이의 의미 차이를 증명하기는 대단히 어려울 것입니다.

| 첫 번째 질문과 대답 | 두 번째 질문과 대답 | 세 번째 질문과 대답 |
|---|---|---|
| ἀγαπᾷς | ἀγαπᾷς | φιλεῖς |
| οἶδας | οἶδας | γινώσκεις |
| βόσκε | ποίμαινε | βόσκε |
| ἀρνία | πρόβατα | πρόβατα |

베드로가 "내가 당신을 사랑하는 줄 당신이 **아십니다**"라고 대답할 때 처음 두 차례는 οἶδα가 사용되지만, 세 번째 대답에서는 동사는 γινώσκεις로 바뀝니다. 우리가 해석함에 있어서 이러한 변화를 강조해야 할까요? 아니면, 이것이 단순한 문체상 변화일까요? 마찬가지로 예수는 베드로에게 "내 어린양[ἀρνία, lambs]을 먹이라[βόσκε]", "내 양[πρόβατα, sheep]을 치라", "내 양[πρόβατα]을 먹이라[βόσκε]"(HCSB)라고 말씀하심으로 베드로를 회복시키셨습니다. 이러한 변화는 다른 지시 대상을 가리키거나 강조하도록 의도된 것일까요? 아니면 단순한 문체상의 변화일까요? 우리가 이러한 변화들 사이에서 어떤 의도된 구분을 확인하기가 대단히 곤란하기 때문에, 여기서 ἀγαπάω와 φιλέω 사이의 차이는 단순히 문체상 변화를 준 것일 가능성이 큽니다. 가장 좋은 것은 이 두 단어가 (다른 세 쌍의 단어와 마찬가지로) 사실상 동의어로 사용됐다고 보는 것입니다.

이 단락의 초점은 용어의 변화가 아니라 예수가 베드로에게 질문을 던진 횟수에 있습니다. 앞서서 베드로가 예수를 아느냐고 질문을 받았을 때 예수를 모른다고 세 차례 부인했던 것(요 18:17, 25-27)과 마찬가지로 예수는 베드로에게 자기의 구원자에 대한 사랑 여부를 세 차례 물으심으로 베드로를 회복시키셨습니다. 곧, F. F. 브루스(Bruce)가 언급한 것처럼, "중요한 것은 베드로가 주를 향한 자신의 사랑을 다시 확인하고, 다시 갱생되어, 다시 보내진다는 것"입니다.[5]

5. F. F. Bruce, *The Gospel of John* (Grand Rapids: Eerdmans, 1983), 405 [=『요한복음 1-2』, 로고스, 2009].

# 제34장
# 담화분석
# 히브리서 1:4-5

## 서론

성경의 장절 구분이 본래 있던 것이 아니라 후대에 성경을 읽고 연구하는 데 도움이 되도록 첨가했다는 것은 상식입니다. 신약에서 장의 구분은 캔터베리의 대주교였던 스티븐 랭턴(Stephen Langton, 약 1150-1228년)에 의해 구성됐습니다. 그는 파리대학교에서 강의하면서 라틴어 본문에 저 구분들을 첨가했고 이후 이어지는 번역본과 출판물들이 그가 만들어 놓은 형식을 따랐던 것이지요. 절 구분은 더 후대에 라틴어와 그리스어 이중 언어로 쓰인 본문 형태에 덧붙여졌는데요, 1551년 파리의 인쇄업자인 로버트 스테파누스 에스티엔(Robert Stephanus Estienne)에 의해 수행됐습니다. (아마도 결코 변경되지 않을) 이러한 유용한 구분에 대해 분명 감사해야겠지만, 때로는 가장 좋은 부분에서 구분지어진 것은 아니라는 점을 기억할 필요가 있습니다. 히브리서 3-6장을 예로 들 수 있습니다. 이 네 장은 다음과 같이 나누어진다면 더욱 좋을 것입니다: (1) 3:1–6; (2) 3:7–4:13; (3) 4:14–5:10; (4) 5:11–6:12; (5) 6:13–20. 장 구분을 하는 데 있어서 가장 좋은 위치는 4, 5, 6장의 시작하는 부분이 아닙니다. 그렇다면 단락의 시작과 끝은 어떻게 결정할 수 있을까요? 이 논의에 담화분석이 꽤나 유용한 것으로 입증됐습니다.

### 개관

담화분석은 저자가 의도한 메시지를 밝히기 위해 본문이 주변의 문맥과 어떠한 관련이 있는지 이해하는 것을 목표로 하는 본문 분석 행위(또는 어떤 조직화된 의사소통 행위)입니다. 담화는 "하나의 완전한 사고를 전달하는 하나의 문장보다 통상 더욱 길기 때문에 문장보다도 더욱 긴 발화의 단위를 가집니다"(Young 247). 또한 모세 실바(Moisés Silva)가 관찰한 바와 같이 "담화분석은 의미를 전달하기 위해 절, 문장, 단락이 서로 형식적으로 관계 맺는 방식을 이해하고자 노력합니다."[1] 살펴보아야 몇 가지 주요한 특징은 다음과 같습니다(Young 251–55, 262–64).

- **담화의 경계**(*Discourse boundaries*): 내용(문법, 어휘, 정보 또는 목적)의 일관성, 개시 표지(방향 지시자[orienteers], 호격, 주제 진술 또는 접속사), 마감 표

1. Moisés Silva, *Explorations in Exegetical Method: Galatians as a Test Case* (Grand Rapids: Baker, 1996), 82.

지(송영, 요약 또는 미두 연결[tail-head links]).

- **중요도**(*Prominence*): 어순, 특정 단어, 문법적 특징, 비유법, 수사학적 질문 또는 담화 비율(discourse proportion).
- **결속성**(*Cohesion*): 전체와 더불어 다양한 조각의 통일성, 사고의 흐름 등등.

**해석**

두 담론의 주요 경계에는 **고리 단어**(*hook words*: 표제 단어[catch-words])의 사용과 더불어 **개시 표지**(*initial markers*)와 **마감 표지**(*final markers*)가 포함됩니다. 거스리(Guthrie)는 고리 단어의 기능을 이렇게 설명했습니다. "저자는 두 부분(sections) 사이에 전환을 만들어 낼 때 한 부분의 끝과 다음 부분의 시작에서 공통적인 단어를 사용한다."[2] 이어서 그는, "한 부분 끝에서 이 고리 단어를 사용하면 두 부분 사이의 전환이 자연스럽게 형성된다"라고 말합니다.[3]

---

2. George H. Guthrie, *The Structure of Hebrews: A Text-Linguistic Analysis* (New York: Brill, 1994), 96.
3. Guthrie, *Structure of Hebrews*, 96. 이 개념은 '꼬리-머리 연결'과 비슷합니다. Young(254)은, "저자는 한 부분을 닫으면서 다음에 발생하게 될 것을 예상할 수 있다. 따라서 한 부분의 마감부와 다음 부분의 시작부에 무언가가 언급될 것이다"라고 말합니다. 또한 다음을 보십시오. Steven E. Runge, *Discourse Grammar of the Greek New Testament: A Practical Introduction for Teaching and Exegesis* (Peabody, MA: Hendrickson, 2010), 163; Stephen H. Levinsohn, *Discourse Features of New Testament Greek: A Coursebook on the Information Structure of New Testament* Greek, 2nd ed. (Dallas: SIL International, 2000), 197.

히브리서 1:4과 1:5 사이의 연결은 이 문학적 특징에 대한 실례가 됩니다. 1-4절에서 히브리서 저자는 예수가 구약의 예언자들보다 얼마나 뛰어난지를 기술합니다. 그리고 "그가 **천사들**보다 훨씬 뛰어남은 그들보다 더욱 아름다운 이름을 기업으로 얻으심이다"라는 어구로 4절을 끝맺습니다.[4] 그러고 나서 이미 앞 단락 끝에서 언급된 천사 주제를 이어지는 부분에서 반복함으로써 다음 부분을 시작합니다. "하나님께서 어느 때에 **천사들** 중 누구에게 [이렇게] 말씀하셨느냐?"(1:5). 이 연결은 다음과 같이 설명될 수 있습니다.

> 그가 천사들보다 훨씬 뛰어남은 그들보다 더욱 아름다운 이름을 기업으로 얻으심이다(1:4).
>
> 하나님께서 어느 때에 천사들 중 누구에게 [이렇게] 말씀하셨느냐? "너는 내 아들이라 오늘 내가 너를 낳았다." 또다시 "나는 그에게 아버지가 되고 그는 내게 아들이 되리라"(1:5).

이 문학적 특징에 관하여 엘링워스(Ellingworth)는 이렇게 썼습니다. "천사들에 대한 언급은 … 1-4절과 5-14절 사이의 전형적인 '고리 단어'(hook-word)로 기능한다."[5] 거스리(Guthrie, *Structure of Heb-*

4. 이 부분의 강조는 제가 첨가한 것입니다. 다음 부분도 마찬가지입니다.
5. Paul Ellingworth, *The Epistle to the Hebrews*, NIGTC (Grand Rapids: Eerdmans; Carlisle, UK: Paternoster, 1993), 103.

*rews*, 100)는 주장하기를, 히브리서 1:4이 “고리화된 핵심 단어”(Hooked Key Word)의 분명한 예를 제공하며, 이는 “첫 번째 단위 말미에서 나타나고 두 번째 단위에서 사용되는 특징적인 용어”에 영향 받고 있는 전환을 가리킨다고 말합니다. 웨스트폴(Westfall)은 또한 “5, 7, 13절에 나오는 ἀγγέλων/ἀγγέλους(천사들)와 1:4에 있는 ἀγγέλων이 결속력 있게 연결된다”라고 언급한 바 있습니다.[6]

(4절이 이어지는 부분에서 발견되는 천사들 주제를 가지고 있음에도) 대부분의 주석가들은 4절 끝에서 본문이 구분된다는 데 동의하지만 모든 사람이 이 입장을 가지고 있는 것은 아닙니다. 예컨대, 몇몇 주석에서는 3절과 4절 사이를 나눕니다.[7] 그러나 고리 단어의 특징에 주목할 때 우리는 본문을 적절한 위치에서 나눌 수 있습니다. 따라서 히브리서를 설교하기로 결정한 목사는 본문을 나누기에 가장 적합한 위치를 결정할 필요가 있을 것입니다. 그렇지만 가장 좋게 나누는 위치를 아는 일은 언제나 쉽지 않고, 또한 번역 성경에 의지하는 것이 가장 좋은 방법도 아닙니다. 결과적으로 담

---

6. Cynthia Long Westfall, *A Discourse Analysis of the Letter to the Hebrews: The Relationship between Form and Meaning*, LNTS 297 (London: T&T Clark, 2005), 92.
7. R. T. France, “Hebrews,” in *The Expositor's Bible Commentary*, ed. Tremper Longman III and David E. Garland, rev. ed. (Grand Rapids: Zondervan, 2006), 13:40; Philip Edgcumbe Hughes, *A Commentary on the Epistle to the Hebrews* (Grand Rapids: Eerdmans, 1977), 50; Arthur W. Pink, *An Exposition of Hebrews* (Grand Rapids: Eerdmans, 1954), 42 [= 『믿음의 깊은 샘 히브리서 1-6』, 청교도신앙사, 2014].

화분석은 성경 저자의 의사소통 구조를 드러내고 유지하기 위해, 본문 나누는 위치를 결정하는 데 유용한 도구가 됩니다.

# 제35장
# 다이어그램
# 히브리서 6:4-6

## 서론

성경의 핵심 가르침은 명료하지만 몇몇 성경 구절들은 해석하기가 어렵다는 점은 모두가 동의하는 바입니다. 아마 이 범주에 드는 사례로 가장 잘 알려져 있고 논쟁적인 본문 중 하나는 히브리서 6:4-6일 것입니다. 이 구절의 어려움은 다양한 영역판이 이 구절을 번역하는 방식에서도 증명되지요.

- 한 번 빛을 받고, 하늘의 은사를 맛보고, 성령에 참여자가 되고, 하나님의 선한 말씀과 올 세상의 능력을 맛본 자가, 타락한다면(if they fall away), 그들을 다시 새롭게 하여 회개하게 할 수 없다. (NKJV)
- 한 번 빛을 받고, 하늘의 은사를 맛보고, 성령 안에 참여하고, 하나님의 말씀의 선하심과 올 세상의 능력을 맛본 사람의 경우에, 그러

고 나서 그들이 타락하면(then have fallen away), 그들을 회복시켜 다시 회개하게 할 수 없다. (ESV)

- 한 번 빛을 받고, 하늘의 은사를 맛보고, 성령 안에 참여하고, 하나님의 말씀의 선하심과 올 세상의 능력을 맛본 자와 타락한 자(who have fallen away)는 돌이켜져서 회개할 수 없다. (NIV)

위의 번역들 중 어떤 것이 그리스어 본문에 가장 충실한 것일까요? 이 단락에 나타나는 모든 문제에 답해주는 것은 아니지만, 문장이나 구를 도식화(diagramming: 이하 '다이어그램하기' 또는 '다이어그램화'로 옮깁니다—역주)하는 것은 그 문제들 중 일부를 해결하는 데 분명 도움이 됩니다.

### 개관

다이어그램의 주요 이점 중 하나는 독자로 하여금 속도를 늦추고 본문의 다양한 어구 사이의 관계를 살펴보게 한다는 것입니다. 그렇게 하면 저자가 말하고자 하는 핵심을 밝히는 데 도움이 되지요.[1] 다이어그램의 목적 중 하나는 그리스어의 구문론적 구조

1. 다이어그램에는 선형(line) 다이어그램과 호형(arcing) 다이어그램과 같은 다양한 유형의 다이어그램이 있지만 이 장에서는 구(phrase) 다이어그램에 초점을 둘 것입니다(이것은 때때로 '문장-흐름'[sentence-flow] 또는 '사고-흐름'[thought-flow] 다이어그램으로도 불립니다). 또한 다음을 보십시오. Gordon D. Fee, *New Testament Exegesis: A Handbook for Students and Pastors*, rev. ed. (Louisville: Westminster/John Knox, 1993), 65–80 [= 『신약성경 해석 방법론』, 크리스챤출판사, 2003]; George H. Guthrie and J.

를 시각적으로 돋보이도록 제시하는 것입니다. 이 개념에서는 본문을 구(phrases) 단위로 쪼갭니다. 그래서 가장 왼쪽에는 주요 명제(들)를 포함하는 구를 배열하고, 의존하는 구들 또는 종속된 구들은 조금 더 오른쪽으로 들여쓰기 하여, 일반적으로 이들이 수식하는 단어(들)를 아래에 배열합니다. 하나의 구가 다른 구와 문법적으로 평행하게 되면 이는 동일한 간격의 들여쓰기로 표현됩니다.

### 해석

위에서 언급한 원칙을 가지고 우리는 히브리서 6:4-6의 다이어그램을 구 단위로 만들 수 있습니다(다음 페이지에 나오는 다이어그램을 보십시오). 다이어그램에 기초하면 주 명제는 ἀδύνατον … πάλιν ἀνακαινίζειν("다시 새롭게 하는 것은 … 불가능하다")가 됩니다. 일반적으로 주요 명제는 직설법 또는 명령법 동사를 가지고 있지만,[2] 여기서 주요 명제는 동사로 기능하는 부정사 ἀνακαινίζειν 및 서술 형

---

Scott Duvall, *Biblical Greek Exegesis: A Graded Approach to Learning Intermediate and Advanced Greek* (Grand Rapids: Zondervan, 1998), 27-53; Douglas S. Huffman, *The Handy Guide to New Testament Greek: Grammar, Syntax, Diagramming* (Grand Rapids: Kregel, 2012), 84-106; KMP 451-58; Benjamin L. Merkle, *Ephesians*, EGGNT (Nashville: B&H, 2016), passim; William D. Mounce, *A Graded Reader of Biblical Greek* (Grand Rapids: Zondervan, 1996), xv-xxiii; Thomas R. Schreiner, *Interpreting the Pauline Epistles*, 2nd ed. (Grand Rapids: Baker Academic, 2011), 69-96 [= 『바울서신 석의 방법론』, CLC, 2017].

2. 주 명제는 명령법으로 기능하는 가정법의 두 용법을 포함합니다(즉, 권유의 [hortatory] 가정법 또는 금지[prohibitory]의 가정법).

용사(predicate adjective)로 기능하는, εἰμί("~이다")를 내포하고 있는 ἀδύνατον을 가지고 있습니다(문자적으로, "다시 새롭게 하는 것[은] 불가능[하다]"). 또한 관사 τούς가 일련의 등위접속사들로 연결된, 다섯 개의 부정과거 분사(실명사 역할을 함)를 모두 지배하는 구조입니다(τοὺς ... φωτισθέντας, γευσαμένους τε ... καὶ ... γενηθέντας ... καὶ ... γευσαμένους ... καὶ παραπεσόντας). 그렇기 때문에 저는 이것들이 서로 평행하다는 것을 명료하게 보여주기 위해 (부정사의 주어[형태는 목적격]로 역할하는) 다섯 개의 분사를 관사 아래에 놓았습니다. 마지막으로 전치사구 εἰς μετάνοιαν은 목적이나 결과를 표현함으로써 πάλιν ἀνακαινίζειν을 수식하고요, 두 개의 현재 분사(부사 역할), 곧 ἀνασταυροῦντας와 παραδειγματίζοντας는 왜 그러한 사람이 새롭게 되어 회개할 수 없는지 원인이나 이유를 전달합니다.

**Ἀδύνατον** γὰρ τοὺς ἅπαξ<br>
φωτισθέντας,<br>
γευσαμένους τε τῆς δωρεᾶς τῆς ἐπουρανίου<br>
καὶ μετόχους γενηθέντας πνεύματος ἁγίου<br>
καὶ καλὸν γευσαμένους θεοῦ ῥῆμα δυνάμεις τε<br>
μέλλοντος αἰῶνος<br>
καὶ παραπεσόντας,<br>
πάλιν **ἀνακαινίζειν**<br>
εἰς μετάνοιαν,<br>
ἀνασταυροῦντας ἑαυτοῖς τὸν υἱὸν τοῦ θεοῦ καὶ<br>
παραδειγματίζοντας.

그런데 다이어그램화하는 것이 위에서 제기한 해석 문제를 해결하는 데 어떻게 도움이 될까요? 첫 두 번역(즉, NKJV와 ESV)은 다섯 개의 부정과거 분사 중 마지막 것(παραπεσόντας)을 부사적 기능을 하는 것으로 보면서, 첫 네 분사와의 평행을 완전히 무시했습니다. 만일 παραπεσόντας가 부사적이라면, 조건문으로 볼 수 있고요("만일 그들이 타락하면", NKJV; 또한 KJV), 또는 시간문으로 볼 수도 있습니다("그때 그들이 타락했다", ESV; 또한 NASB, NRSV). 그러나 문법적 구조(6:4의 τούς에 의해 지배되는 다섯 개의 부정과거 분사)는 그 분사를 실명사적 용법으로 읽기를 선호합니다(CSB도 그렇게 읽지요). 이 경우 저자는 배교자의 다섯 가지 특징을 나열하는 것이 됩니다. "한 번 빛을 받은 자, 하늘의 은사를 맛본 자, 성령 안에 참여한 [자], 하나님의 말씀의 선하심과 올 세상의 능력을 맛본 [자], 그리고 타락한 자는"(HCSB). 이 해석은 대니얼 월리스(Daniel Wallace 633)와 같은 다른 문법학자들에 의해서도 확증됐는데요, 그는 "παραπεσόντας는 종종 조건문으로 해석된다(KJV에 나타나고, 또한 대부분의 현대 역본들 및 많은 주석가들에 의해 반복되는 전통). 그러나 이것은 정당화되기 어렵다. … 이 분사를 부사적 용법으로 보면 앞에 연이어진 두 개 또는 세 개의 분사 역시도 동일한 방식으로 보아야 하는 것이 아닐까? 이러한 불일치를 주장하기에는 근거가 빈약하다. 그보다도 παραπεσόντας는 [부사적인 아닌] 형용사적(adjectival)으로 보아야 하고, 따라서 [나열된] 전체 항목에 대한 추가적이고 본질적인 성질을 전달한다"(또한 Young 156을 보십시오).

그러므로 이 단락의 구문론적 구조에 근거하여 분사 παραπεσόντας를 가설적 상황이 아니라 실제로 발생한 일(즉, '타락한 자')에 대한 언급으로 해석하는 것이 가장 좋습니다. 언약 공동체의 일원으로 참된 믿음의 증거를 보였던 어떤 사람들은 믿음에서 떨어져 나와 예수가 메시아이심을 거부했습니다. 제 생각에 저자는 현상학적 언어(phenomenological language)를 사용하여 이미 발생한 일을 묘사하는 것 같습니다. 이 사람들이 진정으로 구원됐는가 하는 문제는 이 본문이 답을 주지 않는 또 다른 문제입니다. 그보다도 핵심은 "우리 하나님은 소멸하는 불이시니"(히 12:29) 믿는 자들이 성경의 경고를 신중히 받아들여야 한다는 것이지요. 그러나 저들의 "확신을 끝까지 견고히"(3:14) 잡고 있는 자들은 하나님의 영원한 안식에 들어가게 될 것입니다(4:3).

구약성경



신약성경

**마가복음**



**누가복음**



**요한복음**

**사도행전**



**로마서**



**고린도전서**

**고린도후서**



**갈라디아서**



**에베소서**



**빌립보서**

**골로새서**



**데살로니가전서**



**데살로니가후서**



**디모데전서**



**디모데후서**



**디도서**



**빌레몬서**



**히브리서**

**야고보서**



**베드로전서**



**베드로후서**



**요한일서**



**요한이서**



**유다서**



**요한계시록**



**구약외경/위경 및 기타 문서**

**마카비1서**



**바룩3서**



**시빌라의 신탁**
(Sibylline Oracles)



**아리스테아스의 편지**
(Letter of Aristeas)



**이그나티우스**(Iganatius)
**스뮈르나인들에게 보낸 편지**
(To the Smyrnaeans)



**헤르마스의 목자**
(Shepherd of Hermas)
**계명**
(Mandates)